Heureux
vous les pauvres !

DU MÊME AUTEUR

Les pauvres sont l'Église, entretiens avec Gilles Anouil, Le Centurion 1983.

Enrayer la reproduction de la grande pauvreté (Rapport de mission au Ministre d'État, Ministre du Plan et de l'Aménagement du Territoire), La Documentation française 1983.

Pologne, que deviennent tes sous-prolétaires ? Editions Science et Service, 1980.

Père Joseph
Wresinski

Heureux vous les pauvres !

Préface de Jean Bazaine

L'Évangile lu par...

cana

Note de l'auteur

Ont contribué à cette méditation :
Alwine de Vos van Steenwijk -
Gabrielle Erpicum - Germaine Quéméré -
André Modave - Pierre Davienne -
Jean-Claude Caillaux,
et tous les volontaires
du mouvement A.T.D. Quart Monde
avec lesquels, depuis vingt-cinq ans,
j'ai vécu l'Évangile de Jésus Christ
au cœur de la misère.

76 *bis*, rue des Saints-Pères, 75007 Paris
ISBN 2-86335-048-X

En reconnaissance au Quart Monde,
ce peuple du courage, duquel j'ai reçu
l'Évangile.

NOTICE BIOGRAPHIQUE

Joseph Wresinski

est né de parents immigrés (père polonais, mère espagnole) à Angers dans un quartier populaire de la France de 1917. Il a grandi dans une famille marquée par l'exclusion et la grande misère. Ayant passé son certificat d'études, il est apprenti pâtissier à treize ans. En 1934, il entre dans la Jeunesse Ouvrière Chrétienne (JOC).

Prisonnier en 1940, il réussit à s'évader, puis entreprend des études de préparation au sacerdoce au séminaire de Soissons. Prêtre en 1946, il est détaché dans la paroisse de Tergnier comme vicaire. En 1948, il rejoint la Mission de France. Après un séjour en sanatorium, il est nommé curé à Dhuizel (Aisne) et organise des missions de prédication sur la pauvreté dans différentes régions de France.

En 1956, il est envoyé en mission au Camp des Sans-Logis de Noisy-le-Grand. Avec la population, il fonde le mouvement Aide à Toute Détresse et en 1961 un institut de recherche sur la pauvreté. Très vite le mouvement s'implante dans de nombreux pays d'Europe et aux U.S.A., à la suite de voyages et de conférences du Père Joseph Wresinski. Il développe son action auprès de nombreuses instances nationales et internationales, intervient dans des colloques et des commissions et suscite la création et la formation d'un volontariat permanent. En 1978, il lance le forum permanent sur l'extrême pauvreté dans le monde, et des implantations dans les pays du Tiers-Monde. En 1979, il est membre du Conseil Economique et Social.

Le mouvement ATD-Quart Monde compte aujourd'hui 300 permanents, implantés dans 16 pays et 4 continents, des femmes et des hommes qui rejoignent les familles les plus éprouvées et les plus rejetées et partagent leur condition.

Depuis bientôt trente ans, le Père Joseph Wresinski intervient et agit pour faire reconnaître la voix des familles en proie à la misère et enrager la lutte contre l'exclusion par le partage du savoir et l'accès à l'instruction et aux métiers d'avenir.

L'Éditeur

PRÉFACE

L'homme d'un choix irréversible

La foule misérable des Galiléens qui suivait, harcelait le Christ, cette foule n'est plus anonyme. Le Père Joseph était au milieu d'eux, et aussi sa mère, et ses voisins d'enfance de la rue Saint-Jacques. Nous y reconnaissons également, entre bien d'autres, Mme Estampe, Mme Larmand, M. Paquignon, M. Lebrun, M. Radier, Héléna (qui venait de fort loin), Janine (qui s'appelait alors Marie-Madeleine), la grand-mère Lassagne… Deux mille ans plus tard, leur condition est la même : ils marchent toujours, ignorés des nantis, généralement méprisés par les détenteurs du savoir, méconnus par les détenteurs du pouvoir.

Mais le Père Joseph poursuit sa longue marche à

leur côté, partageant, depuis plus de trente ans et d'un libre choix, comme le fit le Christ, leur vie, leur misère, s'efforçant de les arracher à leur destin d'exclus, de leur rendre leur statut d'homme, leur dignité d'homme, ils ont un nom qui n'est pas entaché d'infamie, et dont ils peuvent être légitimement fiers, puisqu'ils sont les plus proches du Christ : ils sont le Quart Monde.

Je me souviens de ce « camp » de Noisy-le-Grand à ses débuts : un plateau nu, à l'entrée, un écriteau maladroit qui consacrait la condition d'exclus de ses habitants, des sentiers qui portaient des noms de fleurs mais qui étaient des rivières de boue, bordés d'igloos malsains et qui prenaient l'eau, sans hygiène, sans eau (un seul poste pour 252 familles), sans un arbre, bien entendu sans une fleur. Au centre, une très modeste chapelle bâtie par les usagers du « camp ». Et le Père Joseph, aussi mal logé que les plus pauvres, dans la soutane maculée qu'il n'a jamais abandonnée, allant inlassablement de l'un à l'autre, faisant tous les métiers, séparant à l'occasion des hommes ou des femmes que la misère rendait fous (il lui arrivait de revenir le visage tuméfié). Où puisait-il son courage, sa compréhension sans limite ? Ce livre en témoigne. Je ne lui ai jamais entendu proférer un mot de reproche à qui que ce soit. Je ne l'ai vu pleurer qu'une seule fois : le matin où il trouva l'entrepôt modeste, où il s'efforçait d'entasser des vêtements pour les plus nécessiteux, incendié par ceux-là mêmes qui en étaient les destinataires. Geste de désespoir sans borne, qui échappe à notre logique de nantis, mais que lui, il comprit.

C'est dans ce contexte sans espoir qu'il me demanda un jour de réaliser des vitraux pour la chapelle. À ces êtres à qui manque tout le nécessaire, il faut, disait-il, donner ce qui n'est pas du superflu, quelque chose de gratuit, une parcelle de beauté. Nous décidâmes que ces vitraux, en hommage à la population, représenteraient les mystères glorieux. Je les exécutai donc, persuadé que – (comme cela m'est arrivé ailleurs), et connaissant la sourde violence des enfants et des adolescents du camp – , ces vitraux auraient la vie brève : vingt-cinq ans après, ils existent toujours, endommagés par les intempéries, non par les hommes.

C'est dans ce même esprit, ce même désir d'élever ces êtres à un niveau qui les mette à égalité avec le meilleur de ce qu'ont donné les hommes, qu'il demanda, quelques années après, à une comédienne, Catherine de Seynes, de leur proposer de monter et de jouer une pièce de théâtre. Celle-ci leur lut tour à tour l'Antigone de Sophocle et l'Antigone d'Anouilh : tous choisirent Sophocle (« c'est plus carré », disaient-ils). Et je n'oublierai jamais la petite Éléonore Aparicio – 14 ans – qui fut la plus sublime Antigone que l'on pût voir. Elle mourut dix ans plus tard.

Ces Galiléens de Noisy-le-Grand, je les retrouve quelques années plus tard, naturels, dignes, discrets, dans les salons pompeux du ministère des Finances, reçus par M. Giscard d'Estaing. Je les vois montant l'escalier d'honneur du Théâtre Français, entre deux haies de gardes républicains, attendus par le Président Pompidou et les Ministres d'alors, au cours d'une représentation de Molière en leur faveur…

Ces quelques souvenirs ne prétendent pas rendre compte de ce livre bouleversant, débordant de foi et d'amour. Encore moins de l'action sans cesse élargie du Père Joseph, de sa démarche, lucide et rigoureuse, infatigable.

Dès son enfance, il avait connu la pauvreté et tout ce qui l'accompagne : l'incompréhension, le mépris, la jalousie, la haine. Plus tard, il aurait pu rester le curé de ce petit bourg minier, participant aux grèves, mais découvrant qu'il y avait plus pauvres encore que les ouvriers, les manœuvres, auxquels ces grèves n'apportaient rien. C'est vers ceux-ci qu'alors il se tourne, encourant parfois l'hostilité des ouvriers : il avait découvert la misère.

Lorsqu'il demanda à son évêque la permission d'exercer son ministère parmi les plus déshérités, celui-ci lui proposa le bidonville de Noisy-le-Grand. Et il ajouta : « Si vous parvenez à y rester trois mois, ce sera déjà beau. » Il y resta trente ans.

Mais Noisy-le-Grand, c'était pour le Père Joseph une sorte de microcosme de l'immense misère du monde. Et il voulut connaître tous les foyers les plus virulents de cette misère, s'efforcer d'en déceler les causes, d'y trouver des remèdes. C'est ainsi qu'il parcourut les immenses continents où s'entassent – ou meurent dans la solitude – les plus misérables, favellas d'Amérique du Sud, villes des Indes ou villages d'Afrique. En même temps, il harcelait les hommes de pouvoir de tous pays.

Que dire du Père Joseph qui ne soit fragmentaire, qui ne rapetisse, ne dessèche la générosité en même temps que la rigueur de son action ? Il a la ferveur, la passion. Mais cette passion n'est pas aveugle, il possède aussi l'intelligence des moyens : deux forces souvent opposées qui, chez lui, se renforcent et s'enrichissent. Il y a l'homme rempli de l'amour de Dieu, de l'amour de l'homme, tout en un. L'homme d'un choix irréversible. Plein d'une confiance que l'échec même, comme dans toute vie de créateur, anime et fortifie : ferment et support de la création à venir. Comme l'est également la conscience d'une quête sans fin, d'un but qui semble s'éloigner à mesure que nous avançons : ce qui seul compte, c'est la marche, l'aller vers : ce n'est pas cela, c'est vers cela.

L'autre homme en lui, c'est le bâtisseur. Comme furent, avant lui, à travers les temps, les grands Fondateurs de l'Église, ces grands révolutionnaires. Un être d'intelligence profonde, lucide, *Incarnée.* Sa foi n'a rien d'un quiétisme, son action est celle d'un constructeur, qui ne refuse pas les problèmes de son temps, qui prend clairement la mesure des hommes et des choses. Dès le début du « camp » de Noisy, il se définit de l'enthousiasme volontiers anarchique de la charité, il s'entourait de sociologues, de psychologues, voulant, disait-il, structurer.

La défense des pauvres est sans cesse et inlassablement à réinventer, parce que les menaces qui pèsent sur eux, les plaies qui les rongent changent avec le temps, prennent inlassablement des formes nouvelles.

Je ne puis que terminer sur deux phrases que le Père Joseph m'écrivait récemment, et qui, je crois, résument toute son action :

« Les humbles et les petits nous mènent, et nous ne savons pas où ils nous conduisent. Qu'importe ! puisque nous savons qu'ils ne veulent rien d'autre que la vérité. »

Jean Bazaine,
25 juillet 1984.

INTRODUCTION

L'Évangile lu par les plus pauvres

« L'Évangile lu par... », quelle chance offerte à un prêtre, de participer à cette collection ! Chance d'être conduit à se redire et à dire à d'autres, comment il a appris à reconnaître la lumineuse unité, la cohérence sans faille, l'universalité faisant, pour lui, de l'Évangile, la Bonne Nouvelle de tous les temps et pour tous les hommes. Par qui et comment cette grâce lui est-elle arrivée ? Car c'était de ce don de Dieu surtout, qu'il s'agissait pour moi, et de l'écrire m'était paru depuis quelques années déjà un devoir dû à l'Église.

Pourtant, sollicité à collaborer, étais-je sûr d'avoir bien compris la demande ? « L'Évangile lu par... », n'était-ce pas un Évangile *relu* et même *re-écrit* par des experts pour des lecteurs eux-mêmes très avertis ?

Certaines présentations de la collection pouvaient le faire croire. « Inventer d'autres mots, pour redire aujourd'hui le message évangélique, ce n'est plus seulement faire une traduction, mais déjà une adaptation, une nouveauté (...). Composer une parabole comme aujourd'hui, Jésus en raconterait une (...). Chaque génération, chaque groupe humain, chaque homme n'est-il pas invité à composer sa prière, à écrire son programme de bonheur ? Finalement, à écrire "son" Évangile ? » Passage trouvé au dos de *L'Évangile lu par Xavier de Chalendar*, auquel s'ajoutait tel autre, dans la préface à *L'Évangile lu par Georges Wierusz Kowalski* : « Il y a plusieurs façons de se souvenir de Jésus, plusieurs façons de vivre en disciple, de mettre en pratique le message de Jésus (...). »

A inventer d'autres mots, d'autres paraboles, à traduire l'Évangile pour en faire une nouveauté, beaucoup investissent, en effet, le meilleur d'eux-mêmes. Ils vont à la recherche de l'Évangile au fin fond de son histoire, non certes pour en changer l'esprit mais pour en remettre à jour le langage, afin de le rendre intelligible aux hommes d'aujourd'hui. Effort nécessaire, puisque des hommes en ressentent le besoin. Mais pour aboutir à quoi, pour remettre à jour le langage de qui, au profit de qui ? Et d'abord, le langage de l'Évangile, à qui s'adressait-il, au temps de Jésus ? Sommes-nous certains qu'il était *le* langage de son temps, immédiatement accessible à *tous* dans la société juive très hétérogène de son époque ? Et si le Seigneur avait choisi de parler dans des termes, de prendre des exemples, de poser des gestes d'emblée compréhensibles à certains, demandant un plus grand effort d'écoute à d'autres ? En nous exerçant à des traductions, sommes-nous certains de nous conformer à son dessein ?

Toutes ces questions me rendaient perplexe. J'hésitais d'autant plus à me joindre à cette démarche vers l'Évangile comme vers un pays du passé dont la langue était à traduire, que mon propre cheminement depuis mon jeune âge avait été tout le contraire. Aller vers l'Évangile avait été, depuis toujours, comme de retourner vers une terre natale. Dans l'univers où allait et venait le Seigneur, je me retrouvais chez moi, comme dans un environnement familier, tout à fait présent. Enfant pauvre, grandissant dans un foyer où nous mangions rarement à notre faim, auprès d'une mère constamment humiliée pour son dénuement, je retrouvais dans l'entourage de Jésus les visages et les voix des miens, comme je ne les retrouvais pas à l'école ni parmi les habitants plus aisés du quartier Saint-Jacques où j'habitais. C'était dans le monde qui m'entourait, plutôt que dans l'Évangile, que j'avais besoin de traduction.

Dans ce monde entourant mon enfance, j'ai d'abord rencontré l'Église par les hommes et les femmes qui la représentaient dans mon quartier : le curé de la paroisse, un très saint homme qui, plus tard, devint mon évêque ; les religieuses du Bon Pasteur où j'étais enfant de chœur avant mes cinq ans. C'était une Église dont j'ai parlé ailleurs*, une Église pauvre, souvent diffamée, sans la moindre superbe à mes yeux d'enfant. Elle respectait ma mère dans son extrême

* *Les Pauvres sont l'Église,* éd. du Centurion, 1983.

misère comme ne le faisaient pas toujours les voisins, ni surtout les notables qui l'employaient comme femme de ménage. La prière, la confiance en Dieu le Père, je les apprenais de ma mère elle-même, immobile sur sa chaise le soir, dans le taudis que nous occupions, demandant au Seigneur des solutions qui, sûrement, devaient relever du miracle, dans la pauvreté où nous nous trouvions. Peut-être aussi lui demandait-elle simplement de l'aider à supporter les problèmes sans solutions, à savoir s'en accommoder, songeant « qu'il y avait toujours plus pauvre encore que soi » ? J'appris ainsi l'Église, humble elle-même et respectant les plus humbles, Dieu, un Père capable de comprendre et d'aider, pour moi ne faisait aucun doute. Des aides arrivées en toute extrêmité, même si je les inventais moi-même, me faisaient croire en un Dieu qui n'abandonnait pas ma mère. C'est par là qu'a commencé mon instruction religieuse d'enfant. Pour l'enfant pauvre que j'étais, l'Église des pauvres existait, bien avant Vatican II. Vers l'Évangile parole de pauvre, l'Évangile pour les plus pauvres, je fus conduit plus progressivement. Vers lui, les plus pauvres de notre temps guidèrent mes pas.

Dans ma famille toujours menacée de dislocation par le placement des enfants chez les Orphelins d'Auteuil, auprès de ma mère dépendante de l'aumône et donc jamais libre de ses gestes, grandissant à la lisière d'un quartier malfamé pour sa misère et d'un autre, plus populaire, je découvris peu à peu ce que pouvait être la foule entourant Jésus, ce que pouvait signifier sa parole pour les uns et les autres. La Samaritaine, la Cananéenne, le bon larron, le publicain au fond du Temple, la femme faisant tant de bruit pour une drachme retrouvée, tous et toutes m'étaient tellement familiers. La foule des humbles, avec en permanence dans son sillage des misérables, toujours en retard et se poussant, gênant tout le monde, exposant leurs plaies, leurs maladies, leurs souffrances..., rien de tout cela ne me surprenait, au contraire. J'avais l'impression de les avoir déjà rencontrés et c'était exact. Les plus pauvres de la basse ville d'Angers, tantôt absorbés par la foule, tantôt rejetés, refluant vers leur quartier, leurs mansardes, leurs logements sur cour sans soleil ni sanitaire, ne me paraissaient pas différents. Leur langage, leurs comportements étaient les mêmes. Grâce à eux, j'apprenais à être chez moi dans l'Évangile. Cette familiarité n'était pas une question de l'espace ou de l'époque où naissaient les hommes, mais de leur condition sociale dans le monde de leur temps. C'était d'être pauvre ou de condition aisée qui faisait la différence : les uns comprenaient ou même pouvaient bondir de joie ; les autres n'y étaient pas du tout, ils pouvaient critiquer les paroles, les miracles, refuser de les entendre et d'y croire.

J'avais pour ma part, cette chance insensée de fréquenter, très jeune, ceux qui mieux que quiconque pouvaient prendre toute la mesure du miracle. J'étais entouré d'hommes et de familles susceptibles de saisir ce que le choix de Jésus pour les plus pauvres avait d'incroyable, de totalement insolite et d'inédit. Je n'avais pas à chercher, à imaginer ceux vers qui semblaient aller si souvent les pas et le regard du Seigneur. Les boiteux, les aveugles, ceux qui pleuraient de honte ou se précipitaient derrière Jésus sans prévoir d'emmener quelque nourriture, je les connaissais. Je peux dire que je leur dois l'Évangile. Non pas du tout d'en maîtriser toutes les complexités historiques et spirituelles, ni de savoir en faire une exégèse détaillée satisfaisante à l'intelligence. Je dois à ces hommes et ces femmes tellement malmenés, parfois rendus méconnaissables par la misère, de me sentir comme en permanence dans l'Évangile, le Seigneur juste au-delà du tournant d'une ruelle, ses préférés autour de moi, son Esprit partout, un miracle toujours sur le point de se produire. La conversion, le salut étaient présents derrière les larmes d'une mère ou l'angoisse d'un homme venant me dire : « Père, je n'en peux plus... » Je crois profondément que les plus pauvres étaient au temps de Jésus et sont demeurés en tous les temps l'Évangile vécu, présent au jour le jour. Ils n'en ont pas nécessairement toutes les explications intellectuelles, mais ils en saisissent d'emblée l'essentiel, la vérité fondamentale. Ils ont — en raison même de leur misère — l'intuition du dessein de Dieu comme le seul possible, alors que d'autres se posent mille questions : « Était-ce vraiment cela que Jésus voulait dire ? » Les plus pauvres, mieux que nos frères plus favorisés, nous introduisent à la contemplation, à la méditation. Ils font cesser nos critiques et nos raisonnements pour laisser la place au mystère de l'amour dont l'Évangile est la plus parfaite histoire vivante, se déroulant telle quelle, aujourd'hui comme hier.

Bien plus tard seulement, j'ai compris qu'il pouvait y avoir malentendu à ce sujet, à cause d'une confusion sur la condition sociale à attribuer à Jésus lui-même. Le rang social de quel homme avait-il choisi ? Dans la personne, dans l'existence de quel homme était-il né et s'était-il moulé ? Jusqu'à quel point s'y était-il coulé vraiment ? Fils de Dieu, s'était-il placé « du côté des humbles » par stratégie, par pédagogie ? Ou s'était-il fait homme pauvre, modelé en homme pauvre « en toutes choses sauf le péché » ? Et s'il s'était vraiment fait pauvre, plutôt que de se déclarer du côté des pauvres seulement, de quelle condition de pauvre s'agissait-il ? Jésus était-il un pauvre parmi d'autres, ressortissant d'un peuple pauvre et opprimé, fils d'un artisan ayant sa place assurée dans son humble communauté ? Beaucoup le présentent ainsi. Pourtant, sa naissance et sa mort hors-cité, mais aussi toute son existence et son enseignement n'appellent-ils pas une identification plus poussée ?

Fils d'un tâcheron aux travaux du bois que les paysans ne voulaient pas faire eux-mêmes ; d'un tâcheron se présentant à l'auberge sous l'apparence d'un pauvre que l'on pouvait diriger sans scrupule vers une grotte... Enfant né comme ne naissaient que les enfants de bandits ou de bergers, populations arriérées et « a-sociales » s'il en fut, au regard d'un peuple passé à la sédentarisation et l'exploitation ordonnée du sol, où le vol mais aussi les métiers pouvant induire au vol entraînaient l'état d'impureté. Fils élevé dans l'errance, ses parents conduits dans le Négeb où l'étranger était condamné au chômage, à moins d'accepter des travaux d'esclave... Jeune enfant de retour au pays où son père devait trouver une place dans une communauté elle-même en voie d'appauvrissement, méprisée pour son dénuement et son manque de culture... Que signifiait d'être charpentier au cœur d'une population dépouillée de ses champs par les Romains, parmi des hommes sans terre réduits au chômage, assis au bord du chemin à attendre le propriétaire qui, peut-être, les embaucherait pour la journée ? Dans ce Nazareth un peu plus pauvre tous les jours, quelle clientèle pouvait se constituer le travailleur du gros bois ? Jésus Juif, mais quel Juif ? Jésus de famille davidique, certes, mais aussi Galiléen, fils d'un peuple suspecté d'impuretés rituelles, insoumis et révolté, envahi d'ailleurs de communautés païennes, d'étrangers non circoncis. Jésus de cette Galilée que les pharisiens et le clergé de Jérusalem évitaient pour son ignorance et sa réputation douteuse. Jésus parmi les plus pauvres de ce peuple-là et dont on pouvait penser qu'adolescent, il connaissait déjà des Grecs impies...

Comment ne pas reconnaître que Dieu n'avait pas monté une comédie ni un « jeu de rôles », comme le font les psychologues aujourd'hui ? Comment oser le soupçonner d'une quelconque mise en scène pour l'édification de l'humanité ? Comment ne pas admettre que Dieu soit allé jusqu'au bout de son amour, introduisant son Fils dans le monde par le bas, en plus pauvre parmi les pauvres ? « Des exclus, me disait encore un ami ces jours-ci, il n'en existait pas au temps de Jésus. » Mais est-ce là une lecture sérieuse de la vie du Dieu fait homme ? Est-ce même seulement une connaissance sérieuse de l'homme, de l'homme pauvre, de la pauvreté et de l'oppression qui, tôt ou tard, incite les hommes à opprimer à leur tour les plus faibles d'entre eux ?

S'il est vrai que Dieu est allé jusqu'au bout de son amour, s'il ne s'agissait pas d'un faire semblant mais d'un plein accomplissement de son engagement envers les hommes, alors les gestes et le langage du Christ épousaient ceux des plus pauvres. Ils leur étaient parfaitement compréhensibles. Et mieux : eux-mêmes pouvaient lui parler, lui répondre en toute simplicité, le disputer même. Le disputer, mais non pas à la manière des riches, en lui tendant des pièges. Ils pouvaient l'interpeller comme on défie l'autre et le pousse dans ses retranchements, pour qu'il confirme ce que vous espérez et vous dise ce que vous voulez entendre de lui. Dans l'Évangile, Jésus parle et agit en homme totalement à l'aise au milieu de ses semblables et ceux-ci lui répondent et se comportent envers lui sans artifice. Ceux qui fréquentent les plus pauvres aujourd'hui peuvent en témoigner. Les façons d'être et de parler de part et d'autre sont demeurées parfaitement reconnaissables et compréhensibles pour les plus pauvres à travers les âges.

C'est de la vie quotidienne, de la parenté entre les plus pauvres et Jésus, des propos qu'ils lui tiennent, de leur lecture de sa vie, que nous voudrions essayer de parler en ce livre. Nous découvrirons la parenté entre les plus défavorisés d'hier et d'aujourd'hui, rendant superflue toute médiation, toute transposition. Grâce à eux, l'Évangile, plus qu'un texte à lire, est devenu une terre où me rendre, où rencontrer des hommes et des femmes aux mots et aux gestes familiers, à la personnalité infiniment digne d'amour. Parce que j'aime les personnes, les familles mutilées par la misère autour de moi, j'ai toujours hâte de rejoindre celles qui bousculaient le Christ et qui, tout naturellement, sont également chères, également émouvantes à mon cœur. Méditer et aimer Jésus dans l'Évangile (je n'ose pas dire : le fréquenter), en fréquentant, en aimant, en me sentant une gratitude infinie pour ceux dont il a eu tant pitié, c'est une grâce incalculable. Seuls, les plus pauvres eux-mêmes peuvent l'obtenir pour leurs frères plus favorisés. Dans l'Évangile, il y a ma mère, mes voisins de la rue Saint-Jacques, puis ces innombrables familles tellement pauvres, tellement méprisées, connues par la suite, toute ma vie de prêtre durant. C'est de cet Evangile aux rencontres souvent à la fois douloureuses et heureuses, que je peux témoigner uniquement. Je n'en connais pas d'autre et je ne connais celui-ci que par la méditation et l'amour que les plus pauvres m'ont enseignés. C'est une connaissance par les yeux du cœur, comme disait saint Paul, car les plus pauvres n'en ont pas d'autres.

Un tel témoignage ne peut être qu'acte de grâce, tout comme le furent les témoignages précédant le mien dans cette collection. Ma lecture, celle des plus pauvres de l'Évangile, ne contredira nullement la leur. Tous les essais sincères d'entrer dans le vif de l'Évangile sont faits pour se rencontrer et se compléter. Puisque le Seigneur, parlant en homme de la misère, dialoguant avec les plus pauvres, parlait aussi, *avec la même tendresse*, aux nantis, aux riches, aux plus riches d'entre eux. Il s'adressait aux intellectuels, aux puissants, à ceux qui, entre puissants et pauvres, figurent comme « le commun des mortels ». Il parlait à tous les hommes, qu'ils soient de bonne volonté ou qu'ils le soient moins, *sans exclusive aucune*, mais exigeant des uns un plus grand effort pour comprendre ce qu'il révélait tout de suite aux autres. Il attendait des grands, des détenteurs du savoir et du pouvoir, un effort pour saisir ce qu'il dévoilait tout de suite aux humbles et aux petits. Il en est toujours ainsi et de cela aussi, nous pourrons essayer de nous rendre compte à travers le regard des plus pauvres de notre temps. L'essentiel étant qu'en demandant des efforts différents selon la condition des hommes, le Christ témoigne d'un amour égal pour tous. En proposant d'autres exigences aux nantis, Jésus-Christ les honore. Ils sont autant concernés et il les a autant aimés que les petits qui sont introduits d'emblée dans son enseignement. A travers la lecture de l'Évangile par les plus pauvres, cet amour prend toute sa splendeur.

Nous découvrirons, enfin, chemin faisant, que si l'entendement de la Bonne Nouvelle est plus aisé aux humbles et aux petits, l'achèvement du Royaume n'est pas nécessairement plus facile pour eux. Eux-mêmes semblent profondément d'accord que la paix, l'unité, l'amour entre les hommes soient payés un certain prix, compte tenu des possibilités de chacun. Ils ne demandent pas à Dieu des droits. Ils ne pensent pas que des privilèges leur soient dus. Ils demandent le pardon et ils aspirent à pouvoir participer à l'effort. Sur cela aussi, nous essaierons de nous expliquer. Quels enseignements, quelles lignes de conduite les plus pauvres retiennent-t-ils de l'Évangile, pour eux-mêmes et pour tous les hommes ?

La lecture, l'expérience de la Bonne Nouvelle telles que les plus pauvres m'ont appris à les méditer dans l'Évangile : oui ! Mais n'oublions pas que leur intimité avec le Christ demeurera, à jamais, un mystère dont aucune plume d'homme ne saura jamais rendre compte.

CHAPITRE PREMIER

La tentation au désert ou le choix irréversible

Un homme né dans un foyer, dans un milieu de pauvres au point de vivre constamment dans le désarroi et l'humiliation, ne peut pas souhaiter spontanément demeurer dans cette condition. Ni le sentiment de leur appartenir, ni même la conviction de leur devoir la solidarité dans leurs combats pour une vie meilleure, ne peuvent suffire pour lui faire accepter d'être un homme méprisé. Cela est contre sa nature et sa vocation d'homme. La pauvreté, le dénuement matériel, l'oppression infligée par plus fort que soi, sont difficiles à supporter. Mais est proprement insoutenable — les familles du Quart Monde nous l'apprennent tous les jours — le mépris, le rappel perpétuel d'être un inférieur et totalement inutile.

Est intolérable d'être traité, même par ses proches, comme un homme sans dignité. « On nous considère comme des moins que rien... nous ne sommes pas des chiens, pour être insultés de la sorte à la mairie... »

La différence entre pauvreté et misère est là. L'homme misérable est dans une situation insupportable, tenu pour quantité négligeable ou même pis : pour un être néfaste qui n'aurait jamais dû naître, alors qu'au plus profond de lui, il sait qu'il est pourtant un homme. Vouloir la dignité, rêver d'être quelqu'un et se le voir refuser même par ceux qui ne sont pas beaucoup plus riches que soi, tels le voisin, l'épicier, le facteur..., c'est cela la misère. Et c'est ce qui marque la frontière entre pauvreté et exclusion.

J'ai dû l'apprendre très tôt, en voyant prendre leurs distances les uns des autres des gens qui avaient pourtant tout avantage à s'unir. Je voyais l'ambiguïté des relations entre ma mère et la voisine, encore plus abandonnée qu'elle, ayant succombé à la boisson. J'assistais à des scènes de violence dans le quartier Saint-Nicolas voisin du mien. Des familles, toutes également démunies, se montraient mutuellement du doigt : « Je ne suis pas comme eux, ce sont des voleurs, je ne les connais même pas ; voyez un peu l'état où ils laissent leurs enfants ! » Les enfants, bien sûr, on les accueillait à sa table, comme le faisait ma mère pour le fils de la voisine, pour peu qu'il y eût à manger chez nous. Mais de là à se déclarer amis, à rechercher la compagnie de l'autre au nom du voisinage ou de l'appartenance à une même condition, il y avait un pas presque infranchissable. Comme si choisir pour plus pauvre que soi signifiait se nier soi-même, renoncer à sa propre dignité.

Est-ce cette leçon de la vie quotidienne qui me fait retourner inlassablement, toujours avec la même crainte, mais aussi avec le même émerveillement, vers Jésus tenté au désert ? L'événement et son mystère me paraissent trop grands pour nos yeux d'hommes. Je ne puis pourtant pas résister à la nécessité d'y être sans cesse présent. Le destin du Fils de Dieu dans le monde, la libération des plus pauvres et, par conséquent, de toute l'humanité, se jouent là, définitivement. L'évangéliste Matthieu nous fait assister à l'incroyable, en quelques phrases saisissantes par leur sobriété :

> *Alors Jésus fut conduit par l'Esprit au désert,*
> *pour être tenté par le diable.*
> *Après avoir jeûné quarante jours*
> *et quarante nuits, il finit par avoir faim.*
> *Le tentateur s'approcha et lui dit :*
> *« Si tu es le Fils de Dieu,*
> *ordonne que ces pierres deviennent des pains. »*
> *Mais il répliqua :*
> *« Il est écrit :*
> *Ce n'est pas seulement de pain*
> *que l'homme vivra,*
> *mais de toute parole sortant de la bouche de Dieu. »*
> *Alors le diable l'emmène dans la Ville Sainte,*
> *le place sur le faîte du Temple et lui dit :*
> *« Si tu es le Fils de Dieu,*
> *jette-toi en bas, car il est écrit :*
> *Il donnera pour toi des ordres à ses anges*

et ils te porteront sur leurs mains
pour t'éviter de heurter du pied quelque pierre. »
Jésus lui dit :
« Il est aussi écrit :
Tu ne mettras pas à l'épreuve
le Seigneur ton Dieu. »
Le diable l'emmène encore
sur une très haute montagne ;
il lui montre tous les royaumes du monde
avec leur gloire et lui dit :
« Tout cela, je te le donnerai,
si tu te prosternes et m'adores. »
Alors Jésus lui dit :
« Retire-toi Satan !
Car il est écrit :
Le Seigneur ton Dieu tu adoreras
et c'est à lui seul que tu rendras un culte. »
Alors le diable le laisse,
et voici que des anges s'approchèrent
et ils le servaient.

(Matthieu 4, 1 - 11)

Comment ne pas être pris de vertige, imaginant le renversement que Jésus opère ici dans le cours des affaires du monde. Plus rien ne sera désormais comme avant, tout devient possible, pour les riches, les pauvres et les exclus *également*. Crainte, timidité et gratitude sans borne se mêlent en moi, après avoir tant appris des plus pauvres dans ma jeunesse et sans cesse depuis.

Avant d'en arriver aux tentations, nous savions la volonté de Dieu que son Fils devienne homme parmi les plus petits. À Bethléem, c'est Dieu qui parle. Puisqu'à l'évidence, n'importe quel couple arrivant à l'improviste, n'eût pas été dirigé vers une grotte, même en temps d'afflux exceptionnel. N'importe quelle mère n'eût pas été enjointe, sans façon, de mettre au monde son garçon premier-né, là où ne naissaient que des enfants de bergers et les petits des agnelles. La Vierge Marie fut orientée là-bas, parce que selon la volonté de Dieu, Son Fils devait naître parmi ces hommes nomades, ne participant pas aux rites religieux, suspectés, tenus pour impurs à cause de leur métier et dont le témoignage n'était pas recevable devant les juges. A travers ces bergers ne fréquentant pas le Temple, c'était Dieu lui-même qui parlait. Comme il nous parle aujourd'hui, nous rappelant son dessein sur le monde, à travers ces familles rabrouées au tribunal : « Taisez-vous donc... Comment voulez-vous être pris au sérieux, vivant comme vous le faites dans un vieux camion, à faire de la ferraille ! » Dieu nous parle encore, sans équivoque, à travers ce foyer des Burnier, jeune couple sans abri ni travail régulier, auquel, en plein hiver, une mairie d'Ile-de-France offre pour logement une toile de bâche, alors que dans la même municipalité et au même moment, la famille Meunier dont le père, soudeur à l'arc, offre des garanties de paiement, se voit attribuer un logement HLM. En cet hiver de 1983, un fils Burnier naît sous la tente, les moyens faisant défaut pour se rendre à l'hôpital, quand l'heure sera venue.

Bethléem puis Nazareth furent la Parole de Dieu choisissant pour un foyer de travailleur manuel sans estime ni sécurité aucune, même pas celle de garder en vie son enfant. Jésus vivrait son enfance aux abords de la misère. Il aurait le temps de la connaître à fond, d'en faire le tour si j'ose dire. Il saurait ce que peut être le climat d'une famille en état d'errance, ayant à mendier travail et subsistance parce qu'exilée et en fuite. Il découvrirait la vie du charpentier de retour au pays où il avait perdu sa place en même temps que sa dextérité à l'ancien métier. Il fera l'expérience de l'existence d'un foyer plus pauvre encore que bien d'autres, eux-mêmes mal lotis. Dans cette Galilée tout entière déconsidérée par les autorités de Jérusalem, il sera au plus bas de l'échelle sociale, là où, dans toutes les régions et cultures, à toutes les époques, aux hommes sans terre, aux tâcherons autochtones, viennent souvent se mêler des hommes à l'identité moins certaine, étrangers, errants de toutes sortes, suspects d'une façon ou d'une autre d'impureté.

Etre pauvre, vivre dans un plus ou moins grand dénuement matériel au sein d'une communauté tout entière réduite à l'austérité, c'est une chose. Vivre plus pauvre que les autres, mal enraciné, traité avec condescendance ou même suspicion, c'est encore différent. Il semblerait que Dieu ait voulu que Jésus le sache, qu'il fréquente, tout jeune les victimes de la pauvreté extrême, apprenant ce qu'ils portent de misère intérieure, de rudesse, de maladresse et de désespoir. La misère, l'exclusion ne rendent ni bons ni attrayants les hommes. Elles ne leur confèrent pas un langage distingué ni la maîtrise du geste, ni la démarche assurée. Elles font d'eux des hommes cassés, comme brisés dans l'âme, totalement dépendants des humeurs d'autrui, ne sachant jamais à quoi s'en tenir, que pouvoir attendre des autres et même de soi-même. Jésus saura la différence entre la pauvreté et la misère. Et dans sa famille, il apprendra l'incommensurable effort nécessaire pour demeurer une famille à travers l'errance, la marginalité et l'humiliation. Il grandira auprès de parents réputés justes parce qu'ils supportent les pires conditions de solitude, d'appauvrissement, d'insécurité, de mépris, pour demeurer fidèles aux voies de Dieu.

Ce Jésus proche des plus pauvres pour avoir connu et ressenti leurs afflictions, nous allons le retrouver au désert où aura lieu la tentation. Celle-ci devait arriver tôt ou tard. Il fallait bien que vînt le moment où le Fils choisirait librement, à son tour, le dessein conçu pour lui par le Père. Et pour que l'obéissance soit totale, le choix devait être fait en pleine connaissance de cause.

Le choix du Christ le fut et il paraît pour cela presque incroyable, inacceptable encore aujourd'hui, pour bien des croyants. Le Seigneur ne savait pas seulement la condition qu'il choisissait. L'heure de la tentation ne fut pas seulement celle du choix d'une situation à assumer dans le monde. Elle fut celle de l'option délibérée pour les hommes et les femmes qui la subissaient. Dans la foule des pauvres, les préférés de Jésus seraient ceux que personne d'autre que lui ne choisirait, à savoir les boiteux, les lépreux, les malfamés, les prostituées, les paralytiques, ceux que les pauvres eux-mêmes préfèrent ignorer et qui sont, pour cela, les plus malheureux, les plus faibles. De cela aussi, nous-mêmes sommes témoins, tous les jours, dans toutes les régions et cultures du monde. Nul besoin d'une mise à jour des images, des paraboles ; elles valent pour tous les âges.

Qui est plus malheureux, en effet, que l'homme ne pouvant même pas se dire « un travailleur » et qu'aucune solidarité ouvrière ne sollicite ni ne défend. Homme de main aux occupations solitaires, serviles, occasionnelles, il n'est bon qu'à balayer, à décharger, à charrier pour un employeur souvent lui-même en retard sur la vie économique de son époque. Aujourd'hui, il devient chômeur de longue durée, sans même avoir connu un vrai passé de travailleur. Existe-t-il plus malheureuse que sa femme qui n'est pas son épouse devant la loi, obligée de cacher sa grossesse à l'assistante sociale et de renoncer aux visites prénatales, de peur qu'on lui soutire la garde du nouveau-né. Qui de plus malheureux que son fils aîné fréquentant l'école primaire et s'entendant dire par ses camarades de classe : « Tire-toi de là, tu sens trop mauvais ; d'ailleurs, ma mère ne veut pas que je joue avec toi, tu n'es qu'un pouilleux ! »

Les estropiés sont toujours dans les chemins creux, les intouchables dans la rue, la nuit, à attendre le passage de la camionnette d'Emmaüs ou de l'Armée du Salut, distribuant la soupe et le yaourt. Comme sont dans les rues des villes au sud du Sahara, les enfants et les jeunes, chassés de chez eux, non par les leurs mais par la famine. Comme sont dans les chemins creux ou abritées sous un vieux hangar les femmes répudiées, les veuves accusées de sorcellerie, les orphelins devenus des bouches inutiles dans un village atteint par la désertification. Les lépreux sont toujours là, à travers le monde. Soignés et blanchis comme ils ne l'étaient pas au temps de Jésus, les plus pauvres d'entre eux demeurent pourtant hors d'atteinte ou enfermés dans de tristes enclos, chassés de la communauté ou attachés à un arbre, là où les soins font défaut. Nous rencontrerons encore, dans les chapitres suivants, beaucoup de ceux pour qui le Seigneur a opté et qu'il connaissait si bien. Nous-mêmes pouvons facilement les reconnaître autour de nous.

Pourrions-nous douter que Jésus-Christ ait épousé leur condition et opté pour eux ? L'exclusion, nous disent certains, n'existait pas à l'époque. L'exclusion serait un phénomène des temps modernes, spécifiquement occidental d'ailleurs. Cette affirmation fait beaucoup de tort aux plus pauvres, exclus dans les pays en développement. Elle nous conduit à ignorer leur malheur extrême de ne pas être comptés parmi les pauvres susceptibles de voir arriver le changement un jour. Et ignorer ce malheur, n'est-ce pas aussi une manière de nier leur place privilégiée dans le Royaume ?

Mais notre désir légitime de voir les pauvres solidaires entre eux ne risque-t-il pas aussi de faire tort au Christ ? Lui-même ne cesse pas de dissiper le rêve, tirant de l'ombre les plus rejetés du peuple. Ils existaient et l'Evangile nous dit la tendresse toute particulière de Jésus pour eux. Et s'ils existaient, alors comme aujourd'hui, n'est-ce pas outrager le Seigneur que de prétendre qu'il se soit arrêté à mi-chemin dans son incarnation ? Dieu ne s'était pas arrêté à mi-chemin en le faisant déposer dans une mangeoire. A l'heure de choisir l'obéissance parfaite à son Père, les réponses de Jésus au tentateur contiennent-elles des réserves ? Le Seigneur aurait-il fixé des limites à son amour, décidant d'aller jusqu'à un certain point mais non pas au plus profond de la condition humaine ?

Le texte de Matthieu, par sa sobriété, ne semble pas laisser de place à pareille interprétation.

« *Si tu es le Fils de Dieu, ordonne que ces pierres deviennent des pains* » (Mt 4,3). Jésus affamé, frère des affamés, refuse de changer la moindre pierre en pain. Il ne refuse pas « un certain pouvoir », il renonce à *tout* pouvoir économique temporel. Une voix venant du ciel, il y a tout juste quarante jours, a révélé : « *Celui-ci est mon Fils bien-aimé, celui qu'il m'a plu de choisir* » (Mt 3,17). Jésus, plongé depuis trente ans dans sa condition de pauvre, va-t-il tirer un profit de ce choix du Père ? « *Ce n'est pas seulement de pain que l'homme vivra, mais de toute parole sortant de la bouche de Dieu.* » Jésus lui-même est parole de Dieu. Face à cette réalité, la question de savoir si des pierres vont être changées en pain perd tout sens et n'a plus lieu d'être posée.

Le diable offre alors le pouvoir politique, la gloire et la puissance parmi les hommes sous un autre jour. « *Jette-toi en bas, car il est écrit : « Il donnera pour toi des ordres à ses anges...* » Jésus, frère des plus humbles, songe-t-il à prendre une revanche sur le monde ? « Tu ne mettras pas à l'épreuve le Seigneur ton Dieu. » Impossible, pour le Christ, de confondre le dessein de Dieu avec de quelconques intérêts personnels. En fait, Jésus dit : il ne peut exister, pour moi, d'autres intérêts que ceux de mon Père.

Le diable l'emmène enfin sur une montagne pour lui montrer les royaumes du monde : « *Tout cela, je te le donnerai, si tu te prosternes et m'adores.* » C'est le plein pouvoir politique offert au Galiléen profondément conscient des exactions, des oppressions. Il devait mesurer le soulagement que pouvait supporter, dans l'immédiat, un pouvoir politique remis entre ses mains. Pourtant, « *Retire-toi Satan ! Car il est écrit : Le Seigneur ton Dieu tu adoreras et c'est à lui seul que tu rendras un culte.* » Ce « retire-toi » n'exprime-t-il pas un choix inconditionnel et irrévocable ? Jésus n'affirme-t-il pas de la façon la plus claire sa volonté de demeurer près de ceux qui non seulement ne lui apporteront ni prestige ni renom, mais qui, au contraire, l'enfonceront dans l'ignominie ? Les plus pauvres d'hier comme ceux d'aujourd'hui ne peuvent non seulement lui apporter aucun concours, ils vont renforcer la suspicion à son égard. Comble d'abandon, ils vont être conduits à le renier et le Christ le sait. Il connaît assez bien les siens pour savoir combien la misère pousse les hommes à trahir les seuls êtres qui pouvaient être leurs amis.

Comment penser que Jésus ait gardé par devers lui quelque sécurité, si faible soit-elle ? En présence de son triple renoncement sans équivoque à tout pouvoir, le doute ne deviendrait-il pas injure ? Seule, notre propre peur de le voir choisir la faiblesse absolue et d'avoir à le suivre jusque-là, me semble pouvoir expliquer nos interprétations prudentes, notre hésitation à accepter l'ampleur du sacrifice. Tout comme seule, notre propre peur de nos frères les plus défigurés peut expliquer notre refus d'admettre qu'en choisissant la faiblesse sans recours, le Christ se rangeait du côté des plus faibles. Choisir la condition sans choisir les victimes, cela eût encore été une manière de s'arrêter à mi-chemin, de s'attribuer une exclusivité, une notoriété : je vivrai leur condition mais je ne la vivrai pas en partage avec eux. Cela eût été une façon de se faire un nom en usant de son pouvoir de décision.

Jésus eût alors échappé, malgré tout, à la condition la plus humiliante, celle de ne pas avoir le choix et de supporter l'opprobre pesant sur tous les plus diffamés à ses côtés. C'est ce que nous apprennent, au jour le jour, les familles refoulées dans des cités sous-prolétariennes. D'être là avec les autres rend comme inévitable la honte que chacune, seule, arriverait peut-être encore à écarter. Ce n'est pas un hasard si le Christ se compromet, par la suite, si souvent publiquement avec les misérables au sein de ce peuple de pauvres.

Comment lever les yeux sur le Christ choisissant ainsi librement, sans être pris de vertige ? Les plus pauvres eux-mêmes n'eussent pas été capables de prendre pareille option. Pour ma part, ce qui m'a nourri et fait croire à la divinité de Jésus, ce ne sont pas tant ses miracles ni sa doctrine, mais le fait qu'il ait osé ce qu'aucun homme n'eût osé, qu'il ait fait ce qu'aucun homme avant lui n'avait fait ni ne fera après lui. Il est passé au-delà de la pauvreté choisie qui demeure privilège, pour s'identifier pleinement à ceux qui furent et qui sont toujours au pied de l'échelle sociale : les lépreux hors cité, les infirmes sans recours, les paralytiques sans aide, les possédés du démon ou tenus pour tels et bannis dans des grottes, les prostituées honnies, en un mot : tous ceux qui, hier comme aujourd'hui, sont tenus pour des marginaux. Pour moi, c'est en cela d'abord que Jésus n'a cessé de se manifester Fils de Dieu, faisant des plus rejetés le levain dans la pâte et les premiers artisans du Royaume. « Les pécheurs et les prostituées vous précèdent... » Or, nous savons combien le péché, l'impureté et la pauvreté extrême s'entremêlaient, se renforçaient mutuellement, dans la vie du peuple juif de l'époque. La conviction que sont maudits ceux qui ignorent la loi provoque le mépris et la discrimination non seulement religieuse mais sociale et économique. Une bonne partie du peuple s'en trouve réduite à la pauvreté et les plus réprouvés sont totalement exclus, taxés d'impureté irrévocable de père en fils. N'est-ce pas en s'identifiant à eux, que Jésus manifeste sa condition divine ? Les païens, dit-il, tous ceux que vous assimilez à eux et que vous rejetez du Temple à cause de leur ignorance, seront devant vous.

Il me semble qu'au moment de la tentation, Jésus a fait le choix qui proclame sa divinité. Choix d'autant plus bouleversant qu'il savait pourquoi, pour qui il optait et aussi ce à quoi il renonçait. Sa décision fut prise en *toute* connaissance de cause, puisqu'il avait en quelque sorte la double expérience : celle de la misère mais également celle du contraire, de la puissance, de la gloire.

Jésus a refusé d'être puissant, tout en sachant qu'il pouvait l'être. Il sait la joie, la fierté de passer au voisin ce dont on avait autant besoin que lui. De ces gestes, la vie des plus pauvres est remplie. Ils donnent ou ils prêtent, parce qu'ils vivent eux-mêmes l'insupportable privation de l'indispensable et qu'ils ne l'acceptent pas, ni pour eux-mêmes ni pour les autres. Mais ils donnent aussi parce que donner est la plus pure gratification, celle qui vous fait un peu plus homme. Il suffit pour s'en convaincre de voir ces gestes apparemment insensés : celui de passer la nourriture au voisin quand il n'y en a pas assez pour le repas du soir, celui de donner un billet au facteur apportant une lettre ou au pompier faisant la collecte annuelle, alors que dans la bourse familiale il n'y a pas de quoi remplacer les chaussures des enfants. Ils donnent ce qu'ils n'ont pas, ils se retirent le pain de la bouche, comme disait ma mère. Elle le faisait pour ses enfants mais aussi pour le fils de la voisine qui buvait, pour la veuve abandonnée plus haut dans la rue Saint-Jacques et qui, un jour, fut retrouvée morte de faim, quinze jours après son décès.

Changer des pierres en pain, quel bonheur ! Pouvoir rassasier les hommes, quelle tentation pour un pauvre ! Jésus en a conscience et il renonce. Certes, l'heure viendra où il fera des miracles, multipliera les pains. Mais ces miracles auront alors une signification inverse de celle que voulait leur donner le tentateur. Ils seront autant de gestes disant aux pauvres que le Christ est un des leurs. Ces gestes m'ont toujours émerveillé. Ils révèlent combien Jésus savait quels signes permettaient aux plus pauvres de lire sa vie et son message, de reconnaître ce que personne ne pouvait leur dire en paroles, à savoir qu'il les connaissait et les aimait. Ces miracles exprimant toute l'intimité, toute la connivence entre Jésus et la foule des pauvres et des misérables, ne furent toujours qu'une parole d'amour, jamais une prise de pouvoir.

Jésus n'accepta pas non plus d'user de son savoir, pour s'investir d'un pouvoir temporel. Il réalisait pourtant ce que signifiait d'être écouté, admiré pour ses connaissances. N'avait-il pas étonné les plus savants du Temple, lui, l'adolescent du peuple de Galilée méprisé pour son ignorance ? Quelle revanche encore sur le monde, quelle satisfaction, quelle sécurité de pouvoir enseigner en provoquant l'admiration, le respect et non pas l'indignation, la peur et la haine.

Dieu avait donné à Son Fils les moyens d'acquérir toute connaissance. Il lui avait donné de pressentir le pouvoir qu'elle pouvait conférer. Là encore, Jésus savait et avait renoncé.

En somme, Jésus connaissait tout ce dont avaient soif les exclus et tous les pauvres de son peuple, et il était conscient d'avoir la possibilité de le leur donner. Il pouvait entreprendre une nouvelle organisation de la société, donner la sécurité matérielle à tous les hommes. Il pouvait créer un nouvel ordre social, assurer leur dignité, offrir de nouvelles techniques pour soulager leurs peines quotidiennes et démultiplier leur créativité. Il pouvait renverser des structures pour en fonder d'autres, à condition d'entrer dans le jeu des systèmes du monde. Paradoxalement, il avait toutes les possibilités, à condition de soumettre sa divinité aux règles du monde. C'était bien cela que lui proposait le tentateur et si sa proposition n'eût pas contenu de possibilités réelles, il n'eût pas été question de tentation. Le diable dit avec raison : tu as le pouvoir d'obtenir des honneurs, de gagner les attributs d'un roi, de supplanter le pouvoir de tes adversaires ; ton verbe est assez prenant pour éblouir les foules et elles ne demandent qu'à te suivre. Tu ne crains rien en ce monde, tu ne pourras pas échouer ni tomber de ton trône. A condition de jouer le jeu, le mien : celui de la force des armes, de la police, de la répression… A condition de m'adorer.

La promesse faite par Satan est sans doute parmi celles qui donnent le plus de fil à retordre aux croyants, aux militants de toutes les causes humaines, à l'Eglise. Pour devenir un homme politique épris de justice, un homme d'Etat marquant le cours des affaires du monde et laissant derrière lui un nom qui ne périsse pas dans l'histoire, il faudra d'une façon ou d'une autre pactiser avec ce qu'on voulait combattre. Après un soulagement immédiat de la condition des opprimés, après un enthousiasme éphémère du peuple, viendra le temps d'adorer Satan, celui du sang, de la remise à feu du monde, de la reprise des suprématies et des privilèges des uns, du musellement et de l'imposition injuste des autres. Reviendront inéluctablement la médisance, la haine, la corruption, la subversion...

Le diable joue cartes sur table avec Jésus et l'Évangile en fait autant avec nous, offrant ainsi la meilleure leçon politique de tous les temps. Le royaume bâti sur les pouvoirs du monde sera un trompe-l'œil pour les hommes qui souffrent. Il produira peut-être du pain et quelqu'élan d'euphorie. Mais très vite, l'humanité se retrouvera dans ce qui sera l'anti-royaume, le contraire de la justice, de la fraternité, de la vérité. Il est impossible que le Christ accepte. Suivre les voies de Dieu, nous dit la tentation, signifie n'avoir d'autre recours que Lui, être totalement dépendant de Lui comme le sont les exclus. Nous n'en apprenons pas plus, pour le moment. L'Évangile nous invite à nous incliner devant le Christ qui renonce aux pouvoirs du monde, sans encore savoir où il nous conduira. Vouloir le savoir trop tôt nous ferait d'ailleurs manquer ce rendez-vous crucial. Nous pressentons que les affaires du Père ne seront plus à confondre avec celles du monde comme les entend Satan. Mais au demeurant, l'essentiel n'est pas de chercher à comprendre où cela va nous conduire. Nous avons d'abord à prier simplement le Christ annonçant son choix déroutant.

L'Evangile me semble en effet nous proposer, ici, un temps d'arrêt et de silence pour intérioriser la personne de Jésus.

C'est certainement la pensée des plus pauvres parmi nous aujourd'hui. Jésus choisissant d'être faible comme eux provoque la stupeur, mais aussi l'émerveillement et la joie. Pour eux, c'est un moment à vivre, un événement auquel revenir souvent pour bien s'en imprégner. Pour beaucoup, c'est une fête, une attente obscure soudain comblée. Les familles du Quart Monde m'apprennent cette contemplation qui ne demande pas encore de comprendre la suite. Une suite que nous ne comprendrions pas, si nous ne nous arrêtions pas au désert.

N'est-ce pas de ne pas nous accorder ce temps de méditation qui nous trompe trop facilement sur la suite des événements et sur nos propres lignes de conduite ? Jésus aurait abandonné les pauvres aux injustices des hommes, le Royaume de Dieu commencerait plus tard. Ou alors, Jésus serait, au contraire, assimilable aux révolutionnaires, plaçant la cause des pauvres dans le cadre d'une lutte *contre* d'autres hommes, leur libération au bout des fusils. Autant de conclusions dont la méditation de la tentation doit nous préserver. Le Christ ne met pas la libération des pauvres et le salut des hommes à plus tard. L'Evangile n'autorise pas non plus à réduire le Christ à un « leader » ou, plus grave, à un symbole de « leader » temporel. Le Seigneur change de fond en comble les données de la question, déplace le combat vers d'autres hauteurs, propose d'autres armes. Tout est à repenser, à partir de l'option prise définitivement à l'heure de la confrontation avec Satan.

Plus tard Jésus dira : « Je serai avec vous jusqu'à la consommation des siècles. » Je serai dans le monde, il vous suffira d'ouvrir les yeux pour me voir, vous n'aurez pas à me réinventer. Comment Jésus sera-t-il parmi nous, en qui le reconnaîtrons-nous ? A travers la tentation au désert, il le dit une fois pour toutes, il ne laisse pas son peuple dans l'incertitude. Je serai avec vous dans les *plus* pauvres, les *plus* humiliés, les *plus* ignorés. Je demeurerai comme eux, abandonné, livré sans recours à toutes les injustices. L'homme, la famille, ignorés même des justes, des défenseurs des droits de l'homme, ceux-là seront moi-même.

Jésus nous dit : « Je serai avec vous… », mais il dit aussi : « Vous serez avec moi. » Seront avec moi tous ceux qui choisiront comme je l'ai fait au désert, au faîte du Temple, sur la très haute montagne. À chaque fois que, pouvant user d'un pouvoir pour vous grandir, vous y renoncerez pour demeurer auprès des plus petits des miens, afin qu'ils se libèrent, vous serez avec moi. À chaque fois que vous abandonnerez un privilège, un bien reçu, à chaque fois que vous risquerez votre situation et vos sécurités pour que les plus pauvres se mettent debout, c'est moi que vous suivrez. Dieu vous donnera le choix comme il me l'a donné. Vous pourrez l'accepter ou le refuser.

La tentation nous annonce, en effet, que ce n'est pas seulement par sa naissance et sa crucifixion en homme pauvre, injustement traité en criminel, que le Christ sauvera le monde. C'est par son *libre choix* de ce destin d'exclu et de sa compromission avec les exclus. C'est par son sacrifice parfait parce que librement voulu. Sans doute François d'Assise a-t-il le mieux compris cela et s'est-il le plus parfaitement identifié à Jésus à la fois homme et Fils de Dieu, pauvre et crucifié ? À travers les siècles, ce sera cette identification qui angoissera le plus l'Eglise, elle aussi sans cesse affrontée à la tentation. Comment ne succomberait-elle pas de temps à autre ? Il lui arrivera peut-être de perdre le sens de la nécessaire identification avec les misérables. Ceux-ci viendront à l'occasion lui rappeler son oubli, en pillant ses biens, en brûlant ses édifices comme en un geste désespéré et aveugle de protestation d'avoir été abandonnés par elle. Ses temps forts seront ceux qui l'auront, alors, ramenée au pied de l'échelle sociale en même temps qu'au pied de la Croix. Ses temps forts seront ceux où non seulement elle se trouvera unie aux plus faibles, mais où elle affirmera que ceux-ci sont la partie essentielle d'elle-même et où elle acceptera de se laisser perdre au monde avec eux, pour gagner le monde pour eux. Ce seront les temps où l'Eglise revivra la tentation au désert et où, à l'exemple du Seigneur, pour libérer tous les hommes, elle refusera les pouvoirs du monde.

Cette tentation, moment crucial de la vie de Jésus, l'Eglise, les chrétiens et tous les hommes auront à la revivre. Chacun à sa façon sans doute, chacun selon sa situation mais inéluctablement et peut-être à plusieurs reprises. Les pauvres, les plus pauvres eux-mêmes la connaîtront. Un prêtre né dans la pauvreté et désireux de rester auprès des siens n'y échappera pas. C'est d'en faire régulièrement l'expérience, tout au long de ma vie d'ouvrier puis de prêtre, qui me ramène si souvent personnellement auprès du Seigneur à l'heure de son choix définitif. J'y reviens avec toujours la même crainte et la même humilité, et je

ne suis en cela pas différent de tant d'autres prê[illegible]
d'ouvriers, de croyants confrontés aux injustice[illegible]
notre temps. Qui parmi nous n'est pas tenté un [illegible]r
ou l'autre de se faire leader syndical ou politi[illegible],
d'user d'un don de parole, d'une force d'entr[illegible]-
ment de ses camarades, d'une capacité d'analyse, [illegible]r
se forger une place et un pouvoir pour soi-mên[illegible]u
nom de la justice ?

Je n'ai jamais oublié ces années où, jeune vic[illegible] à
Ternier, parmi les cheminots, je me joignais à[illegible]rs
grèves. Aux femmes qui, dans les cités, restaie[illegible]ur
le pas de leur porte, je posais la question : « Po[illegible]oi
n'êtes-vous pas avec vos maris, vous, les pre[illegible]es
concernées par leur lutte pour obtenir les r[illegible]ns
d'une vie honorable ? » Je me souviens avoir [illegible] la
réserve paroissiale que j'avais eu beaucoup de [illegible] à
remplir de provisions, pour les colonies de va[illegible]es.
Je passais le sucre, les pâtes, le riz, aux fami[illegible]des
grévistes. J'eus ensuite la pénible surprise de v[illegible]eux
qui m'avaient aidé à prévoir les vacances des [illegible]nts
refuser de remplacer les réserves que, d'apr[illegible]urs
dires, j'avais inconsidérément distribuées à [illegible]he-
minots en grève.

Comment admettre que mes propres paroi[illegible] ne
se sentent pas concernés et refusent de pren[illegible]osi-
tion dans de tels combats ? N'était-ce pas [illegible]leur
vocation de vouloir aider à ce que la société [illegible]nne
plus juste, ses structures modifiées en consé[illegible]ce ?
Cela, je le crois toujours. Mais dans ces [illegible]ières
expériences de vicaire dans un milieu de t[illegible]leurs
en lutte, j'ai appris qu'en rejoignant les gré[illegible], en
entraînant leurs femmes, je me trouvais, sans [illegible]ndre
garde, éloigné des travailleurs sous-p[illegible]ires.

Manœuvres sans vrai métier et de loin les plus défavorisés, ils étaient employés aux tâches les plus ingrates, les moins régulières et les plus mal rémunérées, chez Jappy, à Bautor. Les quelques avantages gagnés par les cheminots ne s'étendirent évidemment pas à eux. Il n'étaient pas dans la même catégorie de travailleurs et leur situation s'en trouva dégradée. Sans m'en rendre compte sur le moment, je fus conduit à passer de plus en plus de temps auprès d'eux et de leurs familles, blessés et humiliés de se voir ignorés ou considérés comme ne valant pas qu'on se batte pour eux. Les relations entre les cheminots et ces manœuvres de chez Jappy n'en furent certes pas améliorées.

Fait divers, expérience circonstancielle ? Pour moi qui, en temps ordinaire et depuis mes années de séminaire, cherchais à être présent d'abord dans les cités sous-prolétariennes, ce fut une leçon. Je m'étais lancé dans la lutte, j'y avais trouvé ma place et une satisfaction personnelle, et voilà que, déjà, je n'étais plus tout à fait du côté des plus pauvres. J'ai mieux compris et beaucoup aimé, par la suite, ces ouvriers syndicalistes de bas échelons refusant d'être promus à un poste supérieur dans l'usine, parce que celui-ci les eût éloignés de leurs camarades sans qualification et dont les conditions de travail étaient les plus dures. Je crois profondément qu'ils devraient nous servir de modèles dans nos combats pour ceux que l'on appelle aujourd'hui les « nouveaux pauvres ». Ouvriers en surnombre depuis la crise, leur cause doit évidemment être défendue avec énergie. Mais peut-on prendre parti pour ces travailleurs qui, hier encore, avaient leur place et qui peuvent la retrouver demain, en faisant l'impasse de ceux qui, sans instruction et sous-employés depuis bien plus longtemps, n'ont aucune chance de participer, demain, à la restructuration industrielle ? Se laisser entamer, laisser entamer — apparemment — l'efficacité d'un combat ouvrier par ces travailleurs-là, les prendre pour point de départ de toutes nos luttes, n'est-ce pas ce que signifie la réponse de Jésus au tentateur ?

La tentation n'est d'ailleurs pas seulement de choisir ses compagnons de lutte parmi les moins faibles ou de mal vérifier qui profitera du combat. J'ai dû, pour ma part, apprendre bien d'autres leçons et me trouver souvent en porte-à-faux par rapport à l'intransigeance de Jésus durant la tentation. Car, quand l'option d'être fidèle aux plus pauvres est prise, reste à choisir les chemins et les armes du combat. La véritable question demeure celle-là, jour après jour. On ne vit pas parmi les plus pauvres en gardant les mains croisées ou en partageant seulement leurs peines. Être avec les plus pauvres, être l'un d'eux, c'est surtout partager leurs espoirs et tout ce qu'ils inventent et entreprennent pour vivre dans la dignité et se libérer de la misère. Choisir les exclus, c'est déjà choisir un combat qui sera nécessairement pour les choses de la vie quotidienne : la nourriture, le logement, les allocations et secours... Demeurer absent de ce combat-là signifierait demeurer absent de la vie et des espoirs des familles.

Jésus lui-même n'y est pas demeuré étranger. Il est bel et bien intervenu dans la vie de son peuple, mais sans jamais trahir ses réponses à Satan : « L'homme ne vit pas seulement de pain... », « Tu ne tenteras pas le Seigneur ton Dieu... ». « C'est à lui seul que tu rendras un culte. » J'ai dû me le répéter de plus en plus souvent, à mesure que grandissait ce Mouvement ATD Quart Monde qu'avec les familles les plus démunies, nous avions fondé. En devenant membre du Conseil Économique et Social, en rencontrant régulièrement des Chefs d'État, en m'adressant à un des Conseils de l'ONU, en obtenant des aides publiques de la Communauté Européenne ou du Conseil de l'Europe, j'occupais malgré tout une place dans la vie publique. Étais-je alors encore fidèle aux options de Jésus ? Les familles du Quart Monde sont mon peuple, je ne puis pas imaginer ma vie en dehors d'elles. Mais suis-je encore avec elles comme me le demande l'Évangile ? Suis-je la voix de mon peuple qui souffre et espère ou suis-je devenu un personnage à mon compte ? Le prestige gagné, si tant est qu'il y en ait, est-il *leur* prestige, *leur* dignité enfin reconnue ?

Plus important que tout : les familles retrouvent-elles en moi ce que je leur propose, à savoir de toujours se détacher des avantages et des statuts obtenus, des structures créées, pour aller vers plus pauvre, plus abandonné encore qu'elles ? Suis-je capable de renoncer moi-même, comme le Christ et toujours à nouveau, à toute forme de pouvoir et de système ? Suis-je demeuré libre de découvrir, d'aimer, d'agir sans entrave parmi ceux qui, par excès de misère et de solitude, demeurent en dehors de toutes les structures, y compris celles du Mouvement ATD Quart Monde ? Les familles peuvent-elles lire ma vie ainsi, savoir que mes homélies et mes paroles dans leurs réunions ne sont pas les miennes mais dictées par l'Esprit qui détermine aussi ma vie de tous les jours ?

Voient-elles que ce que Dieu m'a confié pour les servir sert toujours d'abord aux plus rejetés, aux plus réprouvés d'entre elles, quitte à les décevoir ? Suis-je toujours des leurs, sachant que je ne suis rien ni ne puis rien sans elles ?

Comme d'autres engagés, je suis tenté de mesurer mon efficacité à l'ardeur des militants se formant autour de moi, à la fréquentation par les familles de nos universités populaires, où elles s'exercent à la réflexion et la prise de parole communes. Alors que je devrais la mesurer au cœur des hommes, à la façon dont ils voient le prêtre que je suis, à la manière dont — croyants ou non — ils se laissent guider par l'Esprit qui est en chacun. Je songe à une audience privée accordée, en 1982, par le Saint-Père à une délégation de quatre-vingts jeunes du Quart Monde de quatre continents. Nous étions quelques adultes à les accompagner et nous aurions pu être tentés de nous mettre en avant, allant saluer nous-mêmes Jean-Paul II. Nous sommes restés en retrait, car c'était l'heure de la rencontre entre le Pape et les jeunes les plus pauvres du monde. C'était *leur* fête, non pas la nôtre. En montant les marches à Castel Gandolfo, comme en bien d'autres occasions, je me l'étais répété : « Ce n'est pas ton œuvre, c'est celle de l'Esprit. » Je remerciais intensément le Seigneur pour ces jeunes, pour leurs pères chômeurs et leurs mères s'affamant pour nourrir leurs enfants. Je priais, sachant que si j'oubliais un seul instant de n'être qu'un instrument dans les mains de Dieu, je quittais la voie tracée par Jésus au moment de la tentation. Je ne serais plus, alors, en présence du mystère de son engagement aux plus pauvres, à ceux qui sont sans intérêt pour le monde.

Je ne serais plus avec un peuple ni avec ces jeunes si pauvrement vêtus, montant devant moi vers cette rencontre avec le Saint-Père qui allait marquer leur vie.

À Castel Gandolfo, j'ai revécu les dangers de la tentation. Et parce qu'ensemble, nous avons refusé de jouer aux leaders, d'être autre chose que des instruments, témoins sans prestige de l'honneur fait au Quart Monde, jamais les liens entre ces jeunes ne furent plus forts ni plus limpides. Quatre-vingts adolescents et adolescentes avaient pu voir qu'au Vatican, au milieu des grands de l'Église, nous ne cherchions rien pour nous-mêmes, ayant pour seul souci leur dignité et leur joie. Jamais leur unité entre eux ne fut plus éclatante, croyants et non-croyants sans distinction d'ethnie ou de langue affluant à la messe quotidienne pour chanter et être heureux ensemble. Avec ces jeunes, nous pouvions désormais, sans risque de nous faire mal comprendre, discuter du service et de l'amour qu'eux-mêmes devaient à leur tour à leurs familles, leurs cités, leurs camarades.

Serons-nous ou ne serons-nous pas en priorité, tous ensemble, unis autour des moins efficaces qui sans arrêt remettent en question le peu de sécurité acquis dans nos combats ? N'est-ce pas là le dialogue devenu possible et même inévitable, après la tentation du Christ au désert ? Ce sera, me semble-t-il, le dialogue constant de Jésus lui-même avec les foules auxquelles il va désormais se mêler. Pour ma part, je témoigne que la moindre défaillance face à la question me fait perdre l'intimité avec le Seigneur, la joie de me savoir sur ses traces. Tout oubli de ses réponses au tentateur, si involontaire soit-il, me fait perdre l'intimité avec les familles les plus déshéritées.

De là, sans doute, l'importance attachée à cet événement qui précède immédiatement l'entrée de Jésus dans la vie publique. Nous n'en mesurons pas encore les conséquences mais il me semble qu'il présage tout ce que sera l'Église, dans le monde sans être du monde, tout ce que devront être les croyants et les consacrés. La vie du Christ ne sera dorénavant qu'explication, illustration, approfondissement de l'engagement pris alors pour toujours.

CHAPITRE II

La foule, toujours au premier rang

Jésus a confirmé son engagement à Dieu et aux hommes. La vie que son Père lui destinait va désormais leur appartenir. Où va-t-il diriger ses pas, à qui annoncer la Bonne Nouvelle ?

Ayant appris que Jean avait été livré,
Jésus se retira en Galilée.
Puis abandonnant Nazara,
il vint habiter à Carpharnaüm, au bord de la mer,
dans les territoires de Zabulon et de Nephtali,
pour que s'accomplisse
ce qu'avait dit le prophète Esaïe :

« (...) Galilée des Nations !
Le peuple qui se trouvait dans les ténèbres
a vu une grande lumière ;
pour ceux qui se trouvaient
dans le sombre pays de la mort,
une lumière s'est levée ».

(Matthieu 4, 12-16)

« Galilée des Nations » dit Esaïe ; et les commentateurs du Nouveau Testament* ajoutent que Matthieu insiste, ici, sur le ministère de Jésus qui choisit de prendre contact avec *toutes les nations*. Cette partie du monde est comme une zone frontalière toujours menacée d'invasions païennes ; des communautés étrangères s'y sont installées. À travers elles, le Christ parlera à tous les peuples. C'est sans doute ce qui arriva et pourtant le commentaire me paraît incomplet.

Galilée des Nations, terre de rencontres et d'ouverture ? Les Galiléens, pauvres et méprisés parmi leurs frères juifs, un carrefour de cultures ? Notre besoin profond de nous trouver sur les chemins de Jésus, de sentir autour de nous toute cette humanité choisie pour ses premiers enseignements nous conduit à la contempler pour la mieux connaître. Par elle, nous allons pouvoir comprendre les suites données par Jésus aux engagements pris au désert. C'est important. Il en va de lignes de conduite cruciale pour l'Église, les croyants et tous les hommes, jusqu'à la consommation des siècles. Les plus pauvres d'aujourd'hui nous

* *Traduction œcuménique de la Bible*, Éd. du Cerf, 1975.

demandent d'ailleurs de rencontrer, de connaître, de pouvoir être en communion avec ces populations qui eurent la préséance dans la vie du Christ. Comment nous les représenter ?

Je tourne le regard vers les lieux de misère de l'Europe, d'Afrique, d'Amérique latine. Voici une cité sous-prolétarienne sur un bout de sol aux confins de Marseille, un quartier vétuste destiné à une rénovation qui n'en finit pas de s'accomplir, dans la ville de La Haye. Voilà, plus loin, un village très pauvre, entouré de hameaux plus misérables encore, dans un pays d'Amérique latine. Je vois aussi une région de brousse bordant une frontière entre deux pays au sud du Sahara : une rivière qui se dessèche, un sol qui ne sera bientôt plus que poussière et craquelure... Et dans tous ces lieux, un mélange d'ethnies, un va-et-vient d'hommes et de familles ne partageant pas une même culture ni les mêmes moyens d'expression. À Marseille, à La Haye comme dans toutes les zones de pauvreté d'Europe Occidentale, se retrouvent au plus bas de l'échelle sociale des autochtones, les plus pauvres parmi les immigrés ou les travailleurs migrants, les plus défavorisés parmi les familles d'origine nomade et les étrangers entrés illégalement dans le pays, mêlés à d'autres interdits de séjour. Le village d'Amérique latine auquel je songe est habité par une population que l'on appelle des latinos, pauvres certes mais détenant les meilleures terres et aussi les modestes postes de notables. Dans les hameaux alentour vivent les descendants d'un peuple indien, tellement dépourvus qu'il ne leur reste, de leurs origines, aucun signe extérieur, aucune coutume vestimentaire, tout au plus une langue qui n'en est pas une, un patois à usage quotidien et non plus un moyen d'expression de la pensée et des sensibilités des hommes. Quant à la zone de désertification au sud du Sahara, seuls les plus fatigués et les plus démunis restent accrochés à ce sol. Sont souvent de passage des réfugiés de la faim ou de la guerre, des soldats, déserteurs ou non, des commerçants que l'on retrouve dans toutes les zones de misère du monde, tirant profit de l'ignorance et du dénuement des pauvres.

Les familles sous-prolétariennes de nos villes occidentales, les ruraux sans terre cultivable aux confins des pays en développement, les ethnies minoritaires paupérisées en différents continents du monde partagent ainsi une même condition. Ils sont souvent mêlés les uns aux autres, sans distinction des nationalités et sans beaucoup de possibilités de vivre, chacun, sa culture. Ils nous invitent à méditer sur la Galilée d'autrefois. Venant de choisir pour les plus faibles, Jésus va-t-il proclamer la Bonne Nouvelle d'abord à un croisement de routes où « les nations » sont représentées dans leurs richesses culturelles ? Ou va-t-il privilégier plutôt une terre où se rassemblent des hommes pauvres de culture, des déracinés ayant apparemment peu de chance de servir d'agent de transmission au nom de leur appartenance à une nation ? Le Christ ne les aurait-il pas choisis, sachant qu'au-delà d'un certain seuil de pauvreté, de rejet et de déracinement culturel, les hommes pouvaient être immédiatement réceptifs à son message, agents de la grande nouvelle, en raison même de leur misère ? Moi-même, je n'ai jamais pu voir Jésus en Galilée autrement.

Galilée *des nations*, sûrement, puisqu'alors comme aujourd'hui, nous retrouvons les pauvres constamment sur la route, traversant au besoin des frontières à la recherche d'une vie plus clémente. Mais alors, Galilée *des pauvres des nations*, y compris ceux des Juifs. « Le peuple qui se trouvait dans les ténèbres » comportait une majorité de Juifs circoncis, dont on ne pouvait pas dire qu'ils étaient dans l'obscurité comme les païens, faute de toute connaisssance de Dieu. Ils étaient dans les ténèbres, parce que les pharisiens, les légistes empêchaient les pauvres d'entrer dans la connaissance véritable et vécue de la Loi. Jugés impurs, pécheurs, nous ne sommes pas surpris de les trouver au « sombre pays de la mort », confinés dans une terre frontalière où coulait parfois le sang à la suite d'invasions d'autres populations. Il s'agit bien d'une de ces terres où se jouent les conflits entre ethnies sur le dos des pauvres. Le pays est aussi un foyer d'insurrections contre les oppressions des puissants, depuis que la terre a été enlevée aux communautés rurales, aux petits paysans, pour être remembrée en propriétés toujours plus vastes à mesure que les exploitants sont forcés de les abandonner, faute de pouvoir payer les impôts et rembourser les dettes.

Si toutefois des nantis demeuraient dans cette Galilée-là, n'était-ce pas au moins en partie en raison de la surabondance des très pauvres ? Ceux-ci étaient facilement exploitables, sans défense face aux détenteurs du savoir religieux, face aux grands propriétaires et aux commerçants habiles. Cette réalité accompagne l'humanité à travers les siècles. Ce ne sont pas nécessairement les très riches qui profitent des très pauvres.

Ce sont souvent des exploitants, des commerçants que les très riches eux-mêmes méprisent, tout en les utilisant comme intermédiaires. À moins que ce ne soit des pauvres faisant figure de possédants, parce qu'en situation d'exploiter plus pauvres encore qu'eux-mêmes. Une telle situation de déséquilibre social ne pouvait que s'aggraver, à mesure que l'expropriation et le changement des relations à la terre modifiaient de plus en plus profondément les relations entre les hommes, dans les familles et les communautés. Le nombre des saisonniers, des travailleurs occasionnels et des chômeurs se gonflait démesurément, de nouveaux rapports de travail, souvent incertains et déshonorants, remplaçaient l'estime et les sécurités anciennes. Tout cela devait influer aussi sur les rapports avec les communautés étrangères.

Peuple en pleine dislocation, grevé de dîmes devenues insupportables, doublées d'impôts iniques nouveaux, son ordre social progressivement demantelé, telle était cette Galilée dont Jésus allait sillonner les chemins. Il me semble l'avoir choisie comme lieu de prédilection pour une raison tout à fait précise. Tous les acteurs, tous les témoins y étaient en place autour de l'enjeu essentiel : libérer les hommes de la misère, de l'oppression totale et sans recours. Libération qui, seule, allait pouvoir faire imaginer la totalité de l'amour de Dieu. En Galilée, le Christ allait non pas libérer les plus faibles mais *être, lui-même, leur libération*.

Suivons le Christ, désormais livré aux foules. Matthieu, toujours bref et sobre, ne semble pas perdre une seule occasion de nous placer devant ce Jésus prisonnier des humbles. *« Et de grandes foules le suivirent, venues de Galilée et de la Décapole, de Jérusalem et de Judée, et d'au-delà du Jourdain...* » « *À la vue des foules, Jésus monta sur la montagne...* » « *Comme il descendait de la montagne, de grandes foules le suivirent...* » « *Voyant les foules, il fut pris de pitié pour elles...* » « *De grandes foules se rassemblèrent près de lui...* » « *L'ayant appris, les foules le suivirent à pied de leurs diverses villes...* » « *Les gens de cet endroit le reconnurent, firent prévenir toute la région, et on lui amena tous les malades...* » « *Des gens en grande foule vinrent à lui, ayant avec eux des boiteux, des aveugles, des muets et bien d'autres encore...* » « *De grandes foules le suivirent, et là il les guérit...* » « *En entendant cela, les foules étaient frappées de son enseignement...* » « *Le peuple, en foule, étendit ses vêtements sur la route...* » « *Et les foules répondaient : '' C'est le prophète Jésus, de Nazareth en Galilée ''...* » (Mt 4, 25 ; 5, 1 ; 8, 1 ; 9, 36 ; 13, 2 ; 14,13 ; 14, 35 ; 15, 30 ; 19, 2 ; 7,28 ; 21, 8 et 11)

Le premier Évangile ne laisse aucun doute : la foule, puis les plus pauvres dans la foule, sont les premiers collaborateurs du Seigneur. Matthieu nous fait rencontrer Jésus bousculé, harassé par les foules de façon si répétitive que nous croyons entendre le bruit, les cris. Nous voyons les hommes et les femmes se presser, se pousser, écartant même sans cesse les disciples de leur Seigneur pour l'approcher de plus près, pour le toucher. Ce sont d'ailleurs des familles entières, père, mère et enfants accourant sur la route. Des familles en foules, parfois venues de loin, parfois rassemblées en toute hâte. Pour se soustraire à elles, à l'occasion, Jésus doit prendre ses mesures, s'extraire de force.

Pour souffler, pour prier, sans doute doit-il les fuir, comme je le fis souvent, accablé et n'ayant qu'un désir : ne plus voir ces hommes et ces femmes. Sa patience devait être sans bornes. Il va dans les villes pour enseigner dans les synagogues, parlant aux pharisiens. Les sadducéens essayent de le prendre à part pour le questionner. Il se rend dans une maison particulière. Et la voilà encore là, cette foule, à la sortie ou s'infiltrant à l'intérieur des lieux, à écouter, à s'étonner, à s'émerveiller, à parler, à jaser. Jésus s'adresse aux sadducéens et les « foules sont frappées de son enseignement ». Est-il attablé avec ses disciples dans sa maison ? Voici que « beaucoup de collecteurs d'impôts et de pécheurs » viennent prendre place avec lui, sans façon. Comme si le Seigneur, où qu'il soit, quoi qu'il fasse et quel que soit son auditoire, n'en avait que pour cette foule lui portant ses misères, déposant à ses pieds ses estropiés et ses aveugles. Comme si cette masse de gens, bruyants et désordonnés, toujours à se pousser au premier rang, était réellement première dans son souci, son cœur, sa tendresse et son plan de salut tout entier. Toute sa patience, tout son enseignement pour ceux-là d'abord. Pour les autres aussi, pour *tous* les hommes, mais jamais sans ceux-là.

Les commentateurs de l'Évangile font volontiers ressortir la variété des auditoires : il y aurait les amis et les ennemis, les possédants et les humbles, les instruits et les ignorants, les Juifs et les païens. En suivant Jésus, nous nous apercevons pourtant que, si les auditoires peuvent se succéder, la foule et les disciples sont là en permanence. La foule ne sera écartée qu'un court instant, par les grands prêtres lors de l'arrestation : « *Ils tombèrent d'accord pour arrêter Jésus par ruse et le tuer. Toutefois, ils disaient : " Pas en pleine fête, pour éviter les troubles dans le peuple "* » *(Mt 24, 4-5).*

La foule, terre natale, lieu d'appartenance du Seigneur : d'après l'Évangile, Jésus parle à ses propres disciples à travers la foule, avant même de les réunir en particulier pour leur dire leur mission. Pourquoi la foule lui sert-elle de première illustration, de premier canal de transmission, même envers les apôtres choisis pour compagnons ? Je pense qu'elle devait aider à comprendre la mission qu'ils allaient recevoir et qui ne manquera pas d'intriguer les exégètes :

(...) Ne prenez pas le chemin des païens
et n'entrez pas dans une ville de Samaritains ;
allez plutôt vers les brebis perdues
de la maison d'Israël.
En chemin, proclamez
que le règne des cieux s'est approché.
Guérissez les malades,
ressuscitez les morts,
purifiez les lépreux,
chassez les démons.
Vous avez reçu gratuitement,
donnez gratuitement.

(Matthieu 10, 5-8)

Pourquoi Jésus, enseignant lui-même la « Galilée des nations », enjoignit-il aux apôtres de ne pas aller dans des villes étrangères ? Certains commentateurs se posent la question. Y avait-il une différence entre la démarche du maître et celle proposée aux disciples ? Je ne le pense pas du tout. L'essentiel était — Jésus le dit — d'aller vers les brebis perdues. Vers celles de la maison d'Israël, pour parler à tous les Juifs. Vers celles de Samarie, pour parler à tous les Samaritains. Je l'ai compris peu à peu, moi-même, grâce aux plus pauvres qui m'aidèrent à approcher Jésus dans la foule de son temps.

Mes souvenirs me ramènent à un froid matin de 1960, au Camp des Sans Logis à Noisy-le-Grand. On a souvent pensé que ce Camp avait été, dès ses débuts, ce qu'il fut vers la fin des années 60, au comble de la misère : un rassemblement de foyers totalement paupérisés et à l'abandon. Il ne l'était pas encore en 1960, hébergeant, en « igloos » alignés dans la boue de l'hiver, des familles à des degrés de pauvreté divers : familles ouvrières françaises à très bas salaires, ne pouvant pas payer un loyer d'HLM ; familles rapatriées, « pieds noirs » provisoirement déracinées ; familles de travailleurs migrants en chômage ou d'origine nomade à peine sédentarisées ; familles misérables, enfin, frappées de père en fils de sous-emploi, d'ignorance, de maladie, manquant de logement et de ressources depuis le début du siècle ou même avant. Ce matin-là, tous étaient dehors, les plus pauvres comme les plus valides et les plus organisés, tous rassemblés autour d'un délégué du Préfet.

Étaient là l'homme veilleur de nuit, rentré de son travail au petit matin, et celui qui, sans emploi, poussait une charrette où s'entassait quelque ferraille récupérée. Était là ce père de famille sans travail n'ayant même plus la force de « faire les poubelles » ou de dénicher quelques chiffons à la décharge publique et qui restait couché sur son matelas à même le sol, des journées entières. Étaient là les femmes, les enfants non-scolarisés malgré leur âge d'écolier. La grand-mère Lassagne avait amené ses deux petits-enfants handicapés mentaux que, normalement, elle cachait aux regards des services sociaux. Le violoniste aveugle suivait en tâtonnant le mouvement des voisins. Ce matin d'hiver, ils étaient tous dans le chemin, foule réunie, à crier leur pauvreté, leur malheur d'être dans ce lieu maudit.

J'étais là, leur prêtre, essayant moi aussi de raisonner le délégué et de le protéger de ces gens qui le bousculaient et le menaçaient. Et en les regardant, me vinrent à l'esprit, comme un choc, ces paroles de l'Évangile : *« Voyant les foules, il fut pris de pitié pour elles, parce qu'elles étaient harassées et prostrées comme des brebis qui n'ont plus de berger »* (Mt 9,36).

Cette foule, je la voyais aussi, plus ou moins nombreuse, au Chemin de la Croix qu'avec les familles du Camp nous continuions à poursuivre, le soir du Vendredi Saint, parce qu'elles y accouraient toujours. Je l'accueillais à la messe du dimanche, ou en plus grand nombre, dans la nuit de Noël et de Pâques. Elle devint d'ailleurs de plus en plus pauvre, à mesure que les années passèrent et que les familles les mieux armées furent relogées en dehors de cet enfer. Elle exposait de plus en plus des boiteux, des corps déformés par les rhumatismes, les scolioses ou le rachitisme, des membres tremblants, des dentures abîmées dès le jeune âge. Hommes, femmes, enfants qui m'accostaient à chaque tournant de rue, que je ne pouvais éviter, qui faisaient un détour pour m'aborder ou frappaient à ma porte la nuit : « Père, venez vite, mon enfant va mourir… » « Père, je n'ai plus de quoi acheter du lait pour les enfants… » C'était en 1960 et dans les années suivantes, à mesure que le Mouvement grandissait, je retrouvais la foule ailleurs, dans les cités « La Cerisaie » et « Le Moulin Neuf » à Stains, « Les Émouleuses » à Créteil, « La Campa » à la Courneuve, « Les Francs Moisins » à Saint-Denis. Je rencontrais cette foule progressivement à travers toute la France et les autres pays de la Communauté Européenne.

En tous ces lieux de misère diffamés, me revenait sans cesse à l'esprit la prophétie : « Il sera appelé Nazaréen » et la réprobation attachée à cette indication d'origine : « Que peut-il sortir de bon de Nazareth ? » N'étais-je pas toujours en présence du même mépris encouru par tous les pauvres de tous les temps et de tous les pays ? « Si je donne mon adresse à la cité, le patron me mettra à la porte, vite fait… » « Nos enfants, rien que pour habiter la cité, sont mis au fond de la classe. » Un jour de Noël, une mère m'expliqua sa panique : « Cette nuit, j'ai accouché mais le bébé était déjà mort. Je n'ose pas le déclarer, que va-t-il encore nous arriver ? Il suffit qu'ils sachent qu'on est du bidonville, pour qu'ils disent qu'on l'a tué ! » Jésus, les familles en foules de Galilée, les familles pauvres des cités sous-prolétariennes dans nos pays industrialisés…, où commençait, où finissait l'Evangile ? Pour moi, c'était tout un.

Foule trop malheureuse pour être discrète, foule qui pouvait surgir à tout moment parce qu'elle n'avait pas d'occupations importantes réglementant sa journée… Les tant soit peu nantis, les travailleurs réguliers, les commerçants ne peuvent pas s'attrouper ainsi à l'improviste, à la recherche de l'inattendu, de la chance. Eux, je ne les avais pas vus dans mes paroisses précédentes, quitter leur logement inopinément : « Mme Fontaine me dit que c'est le dimanche des Rameaux, faut que j'y aille... » « Les gens de l'ATD passent faire une réunion au jardin d'enfants, j'y vais tout de suite... » Celui qui a ses champs à cultiver, sa carte à faire poinçonner, son commerce à tenir, mène une vie ordonnée. Il est à son affaire et, éventuellement, aux affaires de Dieu, à des heures précises, prévues d'avance. Pour le prêtre et le lévite de la parabole du Bon Samaritain, ce n'était pas l'heure de s'attarder auprès d'un blessé. N'en a-t-il pas toujours été ainsi ?

Mais surtout, ceux qui ont les moyens d'ordonner et de maîtriser à peu près leur vie, n'ont pas besoin d'accourir quand s'annonce un messager. Ils ne sont pas harassés, angoissés au point d'être toujours sur le chemin d'une nouvelle, d'une aide ou — pourquoi pas ? — d'un sauveur. Quels sont ceux qui attendent l'homme qui va tout changer, le guide et le maître, sinon les humbles, les pauvres, les exclus ? Les exégètes ont beaucoup parlé des raisons pour lesquelles différents groupes de la population juive de l'époque se sont rassemblés autour du Christ. Ils rappellent les courants proprement politiques à la recherche d'un leader qui libérerait le peuple d'Israël, fondant une société nouvelle comme l'avait annoncé le prophète. Songeons-nous assez que la foule des plus pauvres participait à ces courants à sa manière ? Elle n'avait sûrement pas la conscience politique des groupes plus favorisés, mais elle vivait l'attente fondamentale d'un sauveur. Pour ma part, je n'ai jamais rencontré de populations très pauvres, en France ou à Haïti, aux Pays-Bas ou en Centrafrique, au Guatemala ou en Thaïlande, qui ne manifestent pas cette sorte d'attente d'un sauveur ne changeant pas seulement certaines conditions de vie mais la vie des hommes tout entière.

Ainsi, dès mes années de sacerdoce au sein d'un peuple sous-prolétaire français, être parmi ces familles devint, pour moi, être dans la foule entourant Jésus. Que pouvaient-elles être sinon cette foule de pauvres que lui-même voyait « harassés et prostrés comme des brebis qui n'ont pas de berger » ? J'y pensais encore, il y a peu de semaines, en parcourant quelques hameaux aux fins fonds de la brousse africaine. Nous avions décidé d'y implanter une équipe. Avec la première de nos volontaires là-bas, au bout d'une piste impraticable, nous nous accroupissions sous l'arbre ou la paillotte, pour parler avec les villageois. « Alors, vous restez avec nous ? » — « Nous ne restons pas encore, nous vous rendons visite et, si vous êtes d'accord, nous reviendrons. » — « Mais alors, pourquoi ne restez-vous pas tout de suite ? » Oh, il n'y avait certes pas foule, dans cette région désertifiée et dépeuplée ! Mais il y avait toujours la même hâte, malgré la fièvre et la chaleur, toujours cet espoir de l'inattendu. Des femmes posaient leurs mains sur les bras de Ruth, la volontaire qui viendrait : « Reste avec nous ; demain, c'est Noël. » Qu'espéraient-elles de cette jeune femme blanche qui n'apportait même pas la nivaquine, qui ne parlait pas encore leur langue ?

Les pauvres d'aujourd'hui, ne nous introduiraient-ils pas au cœur de l'Evangile, tout près du Seigneur tenant le regard sans cesse fixé sur la foule des humbles d'alors ? Elle me paraît tellement semblable à celle d'aujourd'hui. Elle va et vient dans l'Evangile, elle quitte les villages, pressée, sans se soucier du lendemain. Elle marche pendant des heures, comme font aujourd'hui ces villageois en Centrafrique, parcourant des kilomètres avant l'aube, pour assister à la messe. Elle a des réactions spontanées, s'étonne, s'émerveille et, jamais, n'essaie d'engager Jésus dans un débat d'idées. Aussi, quelle tendresse du Seigneur pour elle, quelle sensibilité à ce qu'elle est, ce qu'elle porte, ce qu'elle attend ou peut comprendre. Il s'établit entre Jésus et les foules un accord si profond, qu'aussitôt dispersées, elles se reforment, partout où il passe. Elles le suivent, allant jusqu'à prophétiser : « Hosanna au Fils de David », suscitant toujours plus l'indignation des grands prêtres.

Pourtant, peut-on parler d'un accord profond, puisque l'heure viendra où la foule désertera ? Elle a trahi son Sauveur, nous dit-on, ou encore : « Le peuple juif refuse de croire en lui.»* Les familles des cités sous-prolétariennes de notre temps nous apprennent un autre regard, conduisant à une tout autre méditation. Elles nous disent, certes, que sans grande culture ni même instruction scolaire élémentaire, il est difficile de développer une pensée logique, des opinions élaborées et des attitudes fermes. Les foules sont crédules comme des enfants, a-t-il été dit à travers les siècles, ou encore : les foules sont versatiles, sans pensée profonde, faciles à distraire. Donnez-leur

* *Traduction œcuménique de la Bible*, Nouveau Testament, Introduction à l'Evangile selon saint Matthieu, p. 40.

du pain et des jeux et elles vous laisseront en paix. Insulte faite à l'homme pauvre, dont le vrai malheur est de ne point avoir d'instruction ni d'information objective des faits. Les détenteurs du savoir gardent pour eux ces moyens-là. En 1983, dans les Etats membres de la Communauté Européenne, quelque 8 millions de citoyens sont à la fois pauvres et illettrés. En ces conditions, les ignorants font le meilleur usage possible de leur expérience quotidienne, de leur mémoire, de leur sentiment des choses. Si seulement on les laissait faire dans les zones de pauvreté, ils finiraient par bâtir leur logique, par ordonner toujours mieux leur mémoire. Ils se confirmeraient en ce qu'ils sont, en ce que Jésus a voulu qu'ils soient, à savoir des experts de la misère, des maîtres en humanité. Ils seraient d'emblée sur la longueur d'onde du Christ ayant choisi d'être misérable parmi eux, avec eux.

Mais on ne laisse pas tranquilles les familles du Quart Monde en nos villes et villages. Pas plus que les scribes et les pharisiens ne laissaient tranquilles les pauvres de la maison d'Israël. Il y a toujours une instance, des personnes pour leur dire qu'elles ne comprennent rien à rien, qu'elles font tout de travers et qu'elles ne devraient pas vivre comme cela. « Votre enfant, vous feriez mieux de le placer, cela vous ferait moins de charges... » « Pourquoi vous obstinez-vous à rester avec votre mari, puisqu'il ne travaille pas et qu'il boit ? Je pourrais vous faire déclarer mère seule au foyer. » La mère, effrayée, n'a pas de réponse. Elle viendra me dire, tard dans la soirée : « Mais, Père, mon mari et moi, on s'aimait ; il est le père de mes enfants et il a été bon pour moi. Je ne vais pourtant pas le quitter maintenant qu'il est malheureux ? »

Mais nous savons, elle et moi, que si elle ne mobilise pas un véritable trésor de fermeté et d'invention, elle sera poussée à se plier à une autre logique. C'est d'avoir vu tant de familles mobiliser d'incomparables ressources de résistance, pour finalement céder quand même devant les arguments des instruits, qui m'empêche d'accepter les jugements portés sur la foule qui aurait abandonné Jésus.

Lui en tous cas n'a jamais dit que les foules « refusaient de croire » et il va faire la différence entre ceux qui le refusent : les pharisiens, les légistes, les scribes..., et ceux qui, par eux, sont empêchés de croire : les pauvres, les plus faibles surtout. Impuissants face à l'existence, ils ont besoin plus que quiconque de pouvoir croire et espérer en quelque chose, en quelqu'un. Celui qui l'ignore, ne peut comprendre leurs enthousiasmes, leurs engouements irréfléchis pour des personnes fortes et puissantes. Il ne peut accepter leur attente obstinée du miracle. Mais Jésus qui connaissait si bien les siens n'a pas ignoré qu'ils ne demandaient qu'à croire. Lui, s'est rendu compte que « bouleversées, toutes les foules disaient : « Celui-ci n'est-il pas le Fils de David ? » Il ne leur a pas facilité le chemin vers Dieu en taisant les exigences de la foi. Mais il n'a jamais manqué d'établir la différence entre les gardiens de la doctrine et de la légalité et cette foule crédule, vite impressionnée, facilement soumise en raison même de son ignorance. Sa condamnation de ceux qui empêcheront les humbles de croire sera terrible.

Malheureux êtes-vous scribes et pharisiens hypocrites,

vous qui barrez aux hommes l'entrée
du royaume des cieux !
Vous-mêmes en effet n'y entrez pas, et vous ne
laissez pas entrer ceux qui le voudraient !

(Matthieu 23, 13)

Malheureux êtes-vous, légistes,
vous qui avez pris la clé de la connaissance :
vous n'êtes pas entrés vous-mêmes,
et ceux qui voulaient entrer,
vous les en avez empêchés !

(Luc 11, 52)

Comment les uns et les autres ont-ils écarté ainsi les hommes de bonne volonté ? Les pharisiens et les scribes en ne pratiquant pas la miséricorde, les légistes en chargeant les hommes de fardeaux accablants auxquels eux-mêmes ne touchent pas « d'un seul de leurs doigts ». La précision est importante, car elle dit aussi qui étaient les hommes empêchés de s'approcher de Dieu, de croire en Jésus : ceux qui étaient accablés de fardeaux que les nantis n'avaient pas à porter, ceux qui avaient besoin de voir pratiquer la miséricorde pour y croire et s'en voyaient constamment privés.

Jésus sait que les petits, pas plus que les grands, ne sont vertueux, ni justes, qu'ils ne sont pas nécessairement miséricordieux ni fraternels pour les plus faibles d'entre eux. Il n'a pas rejoint le monde de la misère parce que celui-ci était le monde de la vertu mais parce qu'il était et demeure le monde de la souffrance, sans défense face au malheur. Parce qu'en lui convergent toutes les vicissitudes de la vie et toutes les erreurs de la société, toutes les injustices, les exploitations et oppressions et aussi — c'est important — toutes les récupérations. C'est pour cela qu'en toute humilité nous pouvons nous sentir tellement proches de Jésus quand nous-mêmes, abandonnant nos privilèges, nous allons à la recherche de la brebis perdue dans les lieux de misère. Lui savait ce que nous expérimentons au jour le jour : l'accaparement, la méfiance, l'hostilité et surtout cette tentation permanente des pauvres de brutaliser ou de délaisser plus faibles que soi pour s'en sortir soi-même. Mais il connaissait les raisons de leur fragilité, leur facilité à se laisser berner, leur manque d'arguments nécessaires pour défendre une conviction face aux instruits.

Jésus réalise que les plus pauvres, quoi qu'ils ressentent au plus profond d'eux, seront à la merci des hommes qui, par leur supériorité intellectuelle et sociale, les obligeront à crier : « Barabbas ! » Ce ne seront pas seulement les pharisiens, les scribes, les légistes qui pousseront ainsi la foule. Ce sera aussi cette partie du peuple juif qui — petits paysans, commerçants, artisans — a développé une conscience politique l'incitant à attendre de Jésus qu'il libère le pays de l'occupant. Profondément déçus de ne pas trouver en lui l'homme qui boutera les Romains hors des frontières et ramènera la prospérité économique, les moins pauvres seront facilement entraînés à exiger sa mise à mort. A leur tour, ils entraîneront les plus démunis. Ils sont plus proches d'eux que les pharisiens, ils leur servent en quelque sorte de modèle : « Si eux renient Jésus, c'est qu'ils ont peut-être des raisons… »

De la difficulté des très pauvres à faire valoir ce à quoi ils voudraient croire, j'ai fait maintes fois l'expérience moi-même, particulièrement au Camp de Noisy-le-Grand. Les autorités publiques s'évertuaient à faire dire aux familles que tout irait mieux si je quittais les lieux. Le soir, les fonctionnaires repartis, nous nous retrouvions en tête-à-tête, les familles, les premiers volontaires du Mouvement et moi-même. Alors, comme Nicodème honteux, des hommes, les mêmes qui faisaient signer une pétition pour que je parte, venaient me voir : « Père, vous n'allez pas nous quitter... » « Père, s'ils vous prennent votre baraque, nous partirons ensemble, nous vous construirons une belle cabane, vous allez voir. » Comment Jésus n'eût-il pas compris infiniment mieux que moi ce désarroi des pauvres de ne jamais savoir où sont leurs sécurités ni à qui faire confiance ?

Jérusalem, Jérusalem, toi qui tues les prophètes
et lapides ceux qui te sont envoyés,
que de fois j'ai voulu rassembler tes enfants
comme une poule rassemble ses poussins sous ses ailes
et vous n'avez pas voulu...

(Matthieu 23, 37)

Dans l'esprit de Jésus, qui lapidait ? Quel était ce rassemblement et, par conséquent, quelle était la désunion que le rassemblement devait effacer ? S'il y avait eu rassemblement, miséricorde, partage des fardeaux, la foule eût-elle été conduite à abandonner son Seigneur ? Jésus rejeté par les siens ? En regardant autour de moi les familles du Quart Monde et aussi les pauvres moins exclus de notre temps, il me paraît insupportable de voir ainsi nier l'alliance profonde et indestructible entre Jésus et les foules à travers les âges. C'est pour nous tous une perte incalculable de voir ainsi se fermer la porte d'une contemplation de la foule des humbles, non pas tant versatiles que vulnérables jusque dans leur recherche de Dieu. Jésus ne les aimait-il pas pour cette vulnérabilité même ? En présentant mal ces familles si peu maîtresses de leurs idées, nous perdons une chance d'approfondir nos propres responsabilités et de nous bâtir en humilité, en présence de la misère. Toute la vie de Jésus a été refus de leur esclavage non seulement matériel mais surtout intellectuel et spirituel. Sans cesse, le Christ a défendu l'intelligence et la foi des humbles.

Son alliance avec eux est d'autant plus profonde qu'elle est lucide. Jésus-Christ ne confond pas la sensibilité extrême à l'injustice et la capacité de pratiquer la justice soi-même. Quand la pauvreté devient misère, il ne reste pas toujours beaucoup de place ni de possibilités pour la volonté d'être juste, fraternel ou miséricordieux. Les plus pauvres en sont conscients et mènent une recherche désespérée de se racheter, d'être sauvés. Aussi, le Christ n'érige-t-il pas les pauvres en justes. Ils seront les premiers à s'entendre dire : convertissez-vous, Dieu est amour et *pardon*.

Que de fois ai-je entendu un homme proclamer à un employé de mairie, un représentant du syndicat, un inspecteur de police ou une préposée du Secours Catholique : « Mon voisin, ce fainéant, je ne le connais même pas. Je ne m'occupe pas de ces gens, ce sont d'ailleurs des vrais gangsters. » Et il était vrai que des vols avaient été commis, des coups échangés. Pourtant, le lendemain l'homme qui trahissait son voisin la veille lui prêtait sa bicyclette, accueillait à sa table ses enfants, sachant que, « gangster » ou non, la famille d'à côté n'avait plus de quoi leur préparer la soupe. Sans doute, les très pauvres de Galilée et Judée n'étaient-ils pas mieux armés contre ces trahisons, pas moins tiraillés entre la nécessité de s'en sortir en reniant le voisin et le besoin profond de vivre en frère avec lui ? Quand la pauvreté, l'impuissance et l'insécurité dépassent un certain seuil, elles usent le meilleur dans les hommes. Leurs efforts de ne pas se laisser détruire m'en paraissent d'autant plus bouleversants. J'ai souvent été conduit à m'émerveiller de la capacité d'hommes, dans une cité de misère aux abois, de continuer à poser des gestes d'amitié, d'entraide, d'amour. Il faut d'ailleurs avoir le regard et le cœur attentifs pour les reconnaître, tellement ces gestes apparaissent parfois modestes, maladroits ou même, pour celui qui ne comprend pas les entraves, insignifiants et négligeables.

L'essentiel n'est d'ailleurs pas de savoir estimer à leur valeur exacte ces efforts toujours renouvelés. Nous n'avons pas à nous substituer à Dieu. L'essentiel n'est-il pas d'être témoin et de pouvoir dire : « Je te vois responsable de tes actes, tu peux choisir et voilà que tu choisis pour le bien de ton frère. » L'intimité mystérieuse entre Jésus et la foule semble s'exprimer sans cesse dans cet accord profond sur ce dont l'homme est responsable et qui le grandit, et ce dont il ne peut pas être maître et où Dieu intervient, comprend, pardonne, guérit et sauve. Jamais la moindre fausse note dans ce dialogue constant, par-dessus les têtes des autres auditoires : voilà ce que Dieu donne et voilà ce dont vous, les humbles, lui êtes vous-mêmes redevables en fils de Dieu responsables. C'est dans ce dialogue que les *plus* pauvres vont jouer un rôle central.

Car dans la foule ou dans son sillage, nous allons découvrir des êtres plus accablés, plus démunis et aussi plus exclus que les autres. Eux, vont rendre tout à fait compréhensible cette mise en garde de Jésus parlant à la « foule nombreuse » qui l'écoutait « avec plaisir » :

> *(...) Prenez garde aux scribes qui tiennent*
> *à déambuler en grandes robes, à être salués*
> *sur les places publiques,*
> *à occuper les premiers sièges dans les synagogues*
> *et les premières places dans les dîners.*
> *Eux qui dévorent les biens des veuves*
> *et font pour l'apparence de longues prières...*
>
> (Marc 12, 38-40)

Prenez garde, ne faites pas comme eux, vous aussi êtes tentés, et de suivre leur exemple vous attirera, comme à eux, « la plus rigoureuse condamnation ». En d'autres termes : vos maîtres vous montrent un mauvais chemin, mais cela ne fait pas de vous des justes qui n'auraient pas à prendre garde eux-mêmes.

Le souci des plus pauvres et leur place dans la communauté vont être au cœur de tout ce qui va se passer et se dire entre Jésus et les foules se pressant autour de lui, angoissées, émerveillées ou folles d'espoir. Foules essentiellement pauvres, où la ligne de démarcation entre pauvreté et misère demeurait ténue et changeante, aux valides se mêlant les lépreux et les estropiés, aux femmes respectées les prostituées. Contemplons Jésus parmi elles. Il ne cessera plus jusqu'à la fin des temps de porter auprès du Père leur espérance.

CHAPITRE III

« De grandes foules vinrent à lui, avec des boiteux, des aveugles, des estropiés, des muets et bien d'autres encore... »

Tous les croyants ne voient pas de la même manière ces hommes et ces femmes obstruant le chemin, se hâtant avec leurs enfants le long de la rive, sans savoir où ils allaient ni pour combien de temps. Vivre, prier et agir en Quart Monde est un chemin privilégié vers la rencontre du Christ parmi les hommes choisis pour son entourage. Comment l'aimer sans aimer ses préférés ? Et comment aimer ceux-ci si nous ne pouvons pas distinguer leurs visages ? Les familles du Quart Monde m'ont offert un chemin, des poteaux indicateurs, des signes de reconnaissance. Les plus pauvres me paraissent de bons guides. Mais de nombreux contemporains se laissent conduire par d'autres hommes, vivant d'autres réalités. Ils n'aboutissent pas toujours à la même figure du Christ renonçant à toute efficacité politique, ni aux mêmes foules harassées et prostrées, ni aux mêmes exclus peuplant les chemins creux. Cela ne devrait surtout pas nous amener à des débats contradictoires. Je suis persuadé que tous cherchent le visage de Jésus à travers ceux qu'ils considèrent les plus accablés, les plus abandonnés. L'essentiel n'est-il pas de poursuivre cette recherche, ensemble, sans jamais nous arrêter à une population connue qui pourrait en cacher une autre, plus démunie encore. Tout comme les foules du temps de Jésus cachaient aux confins des villages, dans les campagnes et les grottes, des lépreux, des estropiés, des possédés, plus anéantis encore que les autres.

L'Église a repris cette démarche enseignée par le Christ, à travers les âges. Elle a toujours été témoin de la mystérieuse communauté de destin entre les zones de misère de son temps et les foules dont eut pitié le Seigneur, les plus pauvres qu'il guérissait. Elle a pris à cœur tout au long de son histoire l'avertissement : « Des pauvres, en effet, vous en aurez toujours avec vous. » Sa faiblesse est d'avoir mauvaise mémoire, de mal garder en mémoire les visages, la vie, les signes universels de la misère. De là, bien des affirmations inutiles. « Les pauvres du temps de Jésus ne sont en rien comparables aux pauvres que l'on rencontre de nos jours dans les villes d'Europe occidentale ou d'Amérique latine... » « Les pauvres d'aujourd'hui n'ont rien de commun avec ceux du Moyen Age... » « On ne peut pas comparer la pauvreté en Afrique à celle régnant à New York ou Chicago... » Qu'en savons-nous ? Sur la base de quelles observations, de quelle mémoire, de quelle contemplation soutenonsnous de telles affirmations ? Nous ne devrions pas avoir à en débattre ; nous-mêmes et l'Église devrions simplement pouvoir *nous souvenir* des pauvres et des plus démunis de tous les siècles, héritiers des foules de Galilée et de Jérusalem.

De ne pas pouvoir le faire est notre faiblesse et celle de toute l'Église ne tenant pas à jour sa mémoire sur cette partie de l'humanité, si essentielle pour elle. Elle ne lui a jamais été infidèle, même si elle n'a pas toujours assez proclamé sa fidélité. Mais elle est sans défense contre les critiques et les attaques dénonçant sa collusion permanente avec les plus favorisés, puisqu'elle connaît mal l'histoire des pauvres dans laquelle elle-même est pourtant partie prenante. Elle ne l'enseigne pas. D'où peut-être aussi une certaine difficulté à bien connaître et enseigner l'histoire des pauvres et des exclus autour du Christ ? Car comment aller vers lui, vers eux, si ce n'est par ceux qui demeurent leurs témoins dans le monde ? L'Eglise garde, aujourd'hui comme hier, pour mission de se retrouver de plain-pied dans sa recherche des plus démunis, se remémorant les leçons, les signes appris depuis deux mille ans.

A cette tâche de l'Église de remettre de l'ordre dans l'incommensurable héritage de connaissances simples et quotidiennes, nous pouvons tous collaborer. A condition de progresser dans la contemplation et l'amour du Christ misérable (« Jésus *était* misérable », nous disait Jean-Paul II, à la rencontre des jeunes du Quart Monde à Castel Gandolfo, en 1982). A condition aussi d'être proche de ceux qui de tout temps, incarnent la misère parmi les hommes. Pour ma part, à force de vivre en milieu très démuni, j'ai appris à me rendre compte combien plus malheureux encore qu'ailleurs, combien sans défense y sont les infirmes, les aveugles, les handicapés. Je ne pouvais pas ne pas affronter la question des estropiés, des paralytiques, des sourds-muets au temps de Jésus. Les boiteux, les épileptiques, les handicapés mentaux dans les cités sous-prolétariennes m'ont alors servi de leçon et de guides.

Eux, m'obligeaient à regarder de beaucoup plus près les handicapés dans les chemins creux de Galilée. D'abord, ils m'enseignèrent de ne pas considérer les invalides de nos jours tous également frappés de pauvreté et de mépris. Ils m'apprirent, ensuite, à mieux regarder leurs semblables dans les pays pauvres d'Afrique et d'Asie. Même dans des peuples démunis, la condition des malades et infirmes peut infiniment varier, ceux qui appartiennent à une famille, un village, un quartier relativement organisé trouvant tout au moins quelques protections, alors que les invalides dans les groupes très dépourvus vivent en enfer.

Ceux-là se trouvent plus souvent sur les chemins, à tendre une écuelle sur la place du marché ou à l'entrée du Temple. Ceux-là sont exposés à la vue de tous, même chez les peuples où la coutume est de garder les handicapés dans la case ou la cour familiale. Les plus pauvres parmi les infirmes ou plutôt : les infirmes des milieux les plus pauvres sont plus souvent que les autres livrés à eux-mêmes, à se traîner sur les places à la recherche de quelque aumône. A l'occasion, leurs proches les pousseront à cette exposition honteuse, étant eux-mêmes dans l'impossibilité de les nourrir. Des épileptiques sont encore jetés dans le feu, dans certains endroits du monde où l'on ne voit, pour eux, aucune possibilité de vivre.

Ces réalités humaines étaient-elles très différentes au temps de Jésus ? En rencontrant, dans l'Evangile, le paralytique sans ami et incapable d'atteindre la source quand l'eau tourbillonne, je ne puis m'empêcher de penser à cet aveugle, refoulé au Camp de Noisy-le-Grand. Personne ne pouvait plus le conduire au métro à Paris où, en grattant un violon délabré, il gagnait encore de quoi survivre avec sa mère, infirme elle aussi. Quand je m'approche de la foule de l'Evangile, se pressant toujours plus à déposer aux pieds de Jésus ses malades, ses possédés, comment ne pas me dire : si Jésus traversait nos villes, aujourd'hui, ce serait la foule des cités d'urgence, des courées, des cités de relogement qui accourrait ainsi en tout premier. C'est elle qui viendrait, comme alors, dans la cohue et le bruit des voix, sans heure ni ordre, dans cette confiance un peu folle qui peut agir dans le cœur d'une population dépourvue de pouvoirs, de connaissances et par conséquent, de scepticisme.

Il faut se rendre compte de la confiance qu'exige cette exposition des plaies, des maladies qui effrayent, des malformations et défigurations qui choquent et rebutent les meilleures âmes. Les hommes ne montrent pas ainsi leurs infirmités dans la haine et la révolte. Ils ne les montrent même pas du tout, dans aucune culture, quand ils peuvent l'éviter. L'initiative de certains de demander à Jésus de venir à domicile ne doit pas nous étonner ; il s'agit de personnes ayant quelque aisance et considération tel le centurion. Seuls, les très pauvres peuvent être conduits à amener leurs invalides en masse, l'impuissance totale faisant surgir à la fois les initiatives les plus désespérées et les espoirs les plus insensés. Les pauvres, plus nombreux que les non-pauvres dans les terres où va Jésus, les malades pauvres plus nombreux que les malades d'un entourage moins démuni, les pauvres, les plus pauvres et leurs malades plus facilement entraînés par Jésus... Comment ne pas voir le Seigneur constamment entouré non pas tant par le « bon peuple », que par une masse d'hommes, de femmes et d'enfants dont l'état était pitoyable ? Et alors, comment ne pas s'incliner devant l'extraordinaire compréhension et la connivence entre Jésus et ces pauvres harassés, conduisant toujours à cette même parole : « Tu es guéri, tu es sauvé. »

Guérir les plus pauvres qui, par la force des choses, lui apportaient la confiance la plus totale, semble en effet devenir comme un langage constant entre Jésus et les foules. « Va, ta foi t'a guéri... Tu as cru en moi et en Dieu, alors tout est devenu possible. Dieu n'abandonne pas ceux qui viennent ainsi à lui, sans autre recours que lui. » Eût-il pu parler et agir ainsi avec d'autres, moins prostrés ? Le message n'eût-il pas été complètement altéré ? Certes, nous l'avons dit, Jésus a guéri ou même ressuscité à l'occasion des non-pauvres. Mais ils sont l'exception et la raison particulière du miracle est, à chaque fois, précisée. Nous sommes tentés de penser que, pour la foule et ses plus rejetés, l'explication était superflue. Le seul geste de guérir disait la solidarité liant Jésus. Solidarité qui n'avait rien d'abstrait : je connais ta condition, car je la partage ; je sais que tu veux guérir et que tu ne peux le demander qu'à Dieu, le monde t'ayant abandonné.

À regarder les pauvres d'aujourd'hui, les plus pauvres à leurs côtés ou rejetés même par eux, je me rends compte qu'il ne pouvait pas y avoir d'autre relation que celle de la miséricorde. Jésus eût-il pu faire autrement ? Aujourd'hui comme hier, la miséricorde de Dieu fait l'objet de réflexions rationnelles. Les pharisiens s'étaient arrangés pour l'assortir de réserves et Jésus le leur reprocha amèrement. Aujourd'hui, nous avons aussi nos manières de la rationaliser, de la rendre conditionnelle pour être efficace. Jésus n'est-il pas venu pour rétablir l'efficacité de Dieu ? « Parce que tu n'as personne d'autre que lui, Dieu ne peut pas t'abandonner. »

Je pense à ces femmes qui venaient dans mon bureau en état perpétuel d'exposition de leur misère, le corps déformé par de difficiles grossesses, le visage rougi par la boisson. Elles restaient là, sur une chaise, parfois des heures durant, se plaignant d'une chose ou d'une autre, me demandant quelques sous. Puis suivaient de longs silences, avant qu'elles ne me posent leurs vraies questions : « Père, mes enfants ne me respectent pas... Père, mes voisins me haïssent... Mon mari m'a encore battue. C'est vrai que les enfants n'ont pas de chaussures ; je me donne du mal pourtant, mais vous savez que je suis malade... » Je savais aussi que dans le logement de l'une d'elles, il n'y avait plus de poêle, un voisin ayant offert un bon prix à un moment où entre manger et se chauffer, il fallait choisir. Chez une autre, le mari était parti. Toutes ces mères cherchaient auprès de moi un conseil, un signe de compréhension. Mais à moi, il fallait toujours du temps pour arriver à l'essentiel. Avec Jésus, me disais-je, elles se seraient fait comprendre sans paroles.

Il eût posé le geste qu'il fallait pour leur dire : je sais, je comprends. Les meilleurs moments avec l'une d'elles, Mme Estampe, furent quand elle restait silencieuse, son visage se faisant beau peu à peu, après quoi elle me quittait en disant : « Merci, Père. » Comme si tout avait été dit et compris, la vie s'en trouvant revalorisée.

À de tels moments, on se sent un peu plus proche de Jésus, frère des plus pauvres et remettant bon ordre dans les affaires et la miséricorde de son Père. J'avais donné à Mme Estampe l'argent qui me restait et que, sans doute, j'aurais dû investir autrement. J'avais pris tout mon temps, quand l'efficacité m'ordonnait de le calculer, de le répartir soigneusement. Mais dans la cité, une mère de famille désespérée savait deviner ce qu'il y avait de plus profond dans sa peine, sa demande, son espérance. On me dira que j'étais loin de toute idée de changement de structures, de révolution, de justice. Je n'en sais rien. Je sais seulement que j'étais à la source d'un renversement de l'ordre du monde, moi-même abandonnant une fois de plus l'efficacité et la maîtrise des choses, pour que des familles du Quart Monde se sachent importantes. Elles comptaient d'abord sur un dessein de fraternité, de dignité, de respect de la pensée d'autrui.

Mme Estampe est morte maintenant. Son mari, resté auprès d'elle malgré les disputes, est devenu quelque temps un militant Quart Monde dans le Mouvement, une de ses filles est aujourd'hui active dans un parti politique. Beaucoup de parents et de jeunes connus à l'époque ont pris des chemins similaires. Mais je dirais qu'ils n'ont pas eu besoin de moi pour cela. Ce dont ils avaient besoin, avant tout, c'était de savoir que la misère n'avait en rien altéré leur condition d'hommes, fils de Dieu. Ils devaient être rassurés d'abord que les maladresses, les brutalités, l'impossibilité de vivre en paix entre époux ou voisins étaient effacées. Ils devaient se savoir pardonnés à chaque geste de réconciliation, à chaque interrogation désespérée : « Comment vais-je faire pour que mes enfants puissent être fiers de moi et m'aimer ? Comment vais-je faire pour que mon mari ne crie plus ? » C'était cela, Mme Estampe face à moi dans mon bureau : « Je ne peux plus porter tout cela dans la honte, me sentir perpétuellement coupable devant les miens, méprisable devant le voisinage. Je sais que je les insulte, que je laisse aller à vau-l'eau mon ménage. » Pour me dire cela, elle avait d'ailleurs sa manière, me rappelant à l'occasion sans raison apparente qu'elle avait appris à distinguer le bien du mal, à vivre dans l'honneur : « J'ai été élevée chez les bonnes sœurs. » Ce n'était pas une façon de se faire valoir aux yeux du prêtre. C'était me rappeler à quel niveau devait se situer nos relations.

Si Mme Estampe s'était trouvée sur le passage du Christ, elle et ses enfants auraient fait partie de la foule, des plus pauvres parmi elle, pour qui le seul message convaincant était double : « Dieu te guérit, Dieu te sauve… » D'autres pouvaient se satisfaire d'être guéris ou d'être sauvés seulement. Pour les très pauvres, l'un sans l'autre ne pouvait avoir de sens réel, ni les libérer. Jésus tint les propos et posa les actes qui leur étaient indispensables, alors qu'ils pouvaient en deviner toute la portée. « *Convertissez-vous : le règne des cieux s'est approché* » (Mt 4, 17). Eux avaient les oreilles pour entendre le messager qui

« *proclamait la Bonne Nouvelle et guérissait toute maladie et toute infirmité parmi le peuple* » (Mt 4, 23).

Jean-Baptiste, pour sa part, eut une réponse sans équivoque à sa question : « *Es-tu celui qui doit venir ?* » Les disciples lui rapportèrent : « *Les aveugles retrouvent la vue et les boiteux marchent droit, les lépreux sont purifiés et les sourds entendent, les morts ressuscitent et la Bonne Nouvelle est annoncée aux pauvres* » (Mt 11, 3-5). Jean, averti des prophéties, apprenait ainsi qu'une phase significative de l'ensemble du dessein de Dieu avait commencé. D'un dessein d'une rigueur sans faille depuis la naissance du Fils en enfant exclu jusqu'à sa mort honteuse sur la Croix, en passant par la tentation au désert. La guérison et l'évangélisation des pauvres étaient le signe sûr que Jésus était celui qui devait venir pour accomplir le Royaume.

Royaume où la miséricorde immédiate et le salut à terme sont intimement liés. Dans cette perspective et à travers le regard des plus pauvres, nous pouvons d'ailleurs mieux comprendre la réponse de Jésus au tentateur : l'homme ne doit pas penser pouvoir vivre seulement de pain ; il doit songer au salut de son âme. Pour l'homme totalement démuni, c'est déjà l'évidence. Les familles du Quart Monde d'aujourd'hui le répètent sans arrêt : « Il est vrai que de ne pas avoir l'eau et de vivre dans la gadoue rend l'existence épuisante. Mais le pire est d'avoir à monter dans l'autobus, les chaussures couvertes de boue. Alors, tout le monde sait d'où tu viens et te montre du doigt... » « Moi non plus, auprès de ma mère je ne mangeais pas à ma faim. Mes enfants, je n'ai souvent pas de quoi les nourrir, mais c'est différent. Eux au moins, savent qu'ils ont une mère qui les aime. » Que l'homme ne vit pas seulement de pain me paraît un rappel important pour les nantis, afin qu'ils partagent non seulement le pain mais l'honneur. Pour les plus pauvres, le rappel est superflu. Il s'agit d'une réalité évidente, durement vécue.

D'autant plus durement vécue que les familles et populations souffrant le plus de voir sans réponse leurs quêtes de respect, d'amour et de paix, ont aussi le plus de mal à les réaliser dans leurs foyers, leurs quartiers ou villages. Je le disais déjà : elles aussi revivent sans arrêt la tentation de Jésus au désert. « À la mairie, on va faire avancer ma demande de relogement. Le Père Joseph me dit que je pourrais attendre encore un peu, rester là pour continuer à aider les autres. C'est bien beau mais je ne vais pourtant pas laisser passer ma chance… »

Nous retrouvons le sauve-qui-peut ou la tentation d'exploiter le voisin plus démuni encore que soi, dans les quartiers les plus paupérisés et les hameaux les plus affamés d'Amérique latine. Cette cassure de toute solidarité envahit certains villages au cœur de l'Afrique noire, pourtant réputée avec raison pour son sens de la famille et de la communauté. Peut-être aurions-nous dû nous y attendre ?

Est-il probable, en effet, que des hommes dont la misère a miné toute assurance de soi se respectent assez pour être fidèles à la parole donnée et vivre la fraternité due à leurs proches ? Est-il probable que des familles, des quartiers ou villages totalement dépourvus et ne voyant aucune main se tendre vers eux vivent dans la paix, la solidarité, le don de soi ?

A travers le monde, nous voyons le contraire : des lieux de misère où la violence entre proches sévit, par flambées, à toute occasion de désaccord. La haine entre tribus, entre femmes d'un même foyer, se réveille à la moindre jalousie et les plus faibles sont parfois victimes de véritables cruautés.

A observer et méditer tout cela, je me retrouve toujours plus heureux dans l'Évangile. Le Christ épouse si totalement la réalité vécue des humbles et des exclus ! Il apporte, dès son entrée dans la vie publique, des réponses si douloureusement attendues. Jésus parle beaucoup en paraboles, en images, par analogies. C'est déjà dire qu'il s'adressait aux plus pauvres. Il parlait aux nantis aussi, évidemment, pour les enseigner et souvent pour les confondre et battre en brêche leur logique. Mais surtout, il savait que les très pauvres ne sont pas exercés à l'approfondissement de la pensée par abstractions successives, qu'il leur faut des images, des illustrations prises dans la vie quotidienne. Et plus important, ses paraboles faites pour être entendues par les plus pauvres, contiennent des enseignements, des lignes de conduite qui les intéressent au plus haut point. Jésus ne se contente pas de dire qu'il partage leurs peines. Il ne se borne pas non plus à les « conscientiser » au sujet des injustices qu'ils subissent. Il leur parle d'abord de leurs responsabilités, de ce qu'ils doivent à Dieu et au prochain.

Les Béatitudes ne devraient pas nous inciter à une sorte d'angélisme pour les petits et les humbles. La Loi reste la même pour tous : *« N'allez pas croire que je sois venu abroger la Loi ou les Prophètes : je ne suis pas venu abroger mais accomplir »* (Mt 5,17). Et l'ensemble de ce que Matthieu appelle les « instructions » suivant les Béatitudes compte également pour les plus pauvres, les disciples et tout le peuple rassemblé. La réconciliation, le renoncement à la convoitise, la fidélité à l'épouse, l'acquittement de tout serment, l'amour de l'ennemi, la discrétion dans l'aumône, la prière et le jeûne..., comment penser un seul instant que les pauvres n'eussent pas eu le besoin lancinant de s'y entendre encourager. Comment songer que Jésus n'eût pas parlé à eux d'abord, sachant dans son immense tendresse leur besoin d'être réconfortés, revalorisés, « responsabilisés » comme on dit aujourd'hui ? Responsabilisés, non pas à la manière des pharisiens qui jugent d'après des comportements extérieurs et des rites, mais responsables devant Dieu et le prochain de la pureté du cœur et des efforts possibles. Le Christ ne traite pas les pauvres comme s'ils étaient des justes. Il ne leur fait pas non plus l'injure de les traiter en victimes totalement irresponsables, sans rôle dans l'avènement du Royaume de justice, de fraternité et de vérité qu'il vient de proclamer. Bien au contraire, il les déclare fils de Dieu et par conséquent disposant, comme tout enfant de Dieu, d'une liberté de choix, si minime soit-elle : liberté de pardonner, d'aimer, d'être fidèle, de se priver pour autrui. Jésus fait ce dont le monde s'est toujours montré incapable : il fait confiance aux plus pauvres. Ceux-ci vont se libérer eux-mêmes. Jésus leur donne simplement cette extraordinaire promesse sans laquelle, pour eux, l'exhortation aurait pu paraître à la limite de la moquerie : « *Demandez, on vous donnera ; cherchez, vous trouverez ; frappez, on vous ouvrira...* » (Mt 7,7). En d'autres termes : « Je sais que ce sera difficile pour vous, mais n'ayez crainte, Dieu sera avec vous. »

Ma vie m'a conduit à mesurer, tous les jours, combien cette promesse leur était indispensable. Imaginons-nous ce que signifie de demander de se pardonner aux habitants d'un immeuble surpeuplé, aux escaliers jonchés de débris, où chacun doit vivre ses malheurs, ses larmes, ses disputes au vu et au su de tous, où les chiens des autres salissent le pas de votre porte, où les enfants des autres volent les quelques affaires récupérées avec peine et stockées dans la cave ? Imaginons-nous ce que leur coûte, à l'occasion, de ne pas haïr l'existence même du voisin dont les enfants ont provoqué une descente de police, entraîné les vôtres dans une bagarre ? Même les visages marqués par la malnutrition et les voix devenues suraiguës à force d' avoir à se faire entendre dans le bruit, sont non seulement détestables mais proprement insupportables. Etre un inférieur, objet de la risée de tous à cause de votre ignorance et de votre maladresse, être mal vêtu et logé honteusement, comment ne pas en reporter la faute sur le voisinage. « Ce sont eux qui par leurs bêtises me font mal voir par le patron », dira l'un. « C'est de leur faute si la police est venue », affirmera l'autre.

Qui plus que ces familles a besoin de vivre en bonne entente avec son entourage ? Elles sont constamment obligées de demander un coup de main, alors qu'elles ont tant de raisons d'être amères envers leur voisinage. « Ils ont encore cassé les ampoules dans l'escalier, je n'y vois plus rien en descendant avec mes mômes. » « La voisine a encore déversé les ordures devant ma porte. A cause d'elle, on m'a accusée de ne pas balayer le palier. » Pour survivre au jour le jour dans un minimum de sérénité, il faudrait pouvoir pardonner et oublier. Mais justement, quand les torts réels ou imaginés du voisinage vous blessent à ce point, comment ne pas vous enfoncer dans l'amertume ? En Quart Monde, nous pouvons rencontrer une famille perdue de vue depuis plusieurs années et l'entendre répéter les mêmes récriminations contre un parent lui ayant causé la perte d'un emploi ou n'ayant pas remboursé un prêt. Un homme de quarante cinq ans nous dira comme si cela s'était passé hier : « Mon père, il était violent, il brusquait ma mère, c'est à cause de lui qu'elle est tombée malade. Moi, il me disait que je n'avais qu'à débarrasser le plancher.» Il nous l'a déjà dit vingt fois : il recommencera la même lamentation dix ans plus tard. Amaigri, affaibli par un léger déhanchement pour avoir porté de trop lourds fardeaux, nerveux, parlant trop fort, ce n'est pas lui qui peut facilement attirer l'amitié. Sans doute a-t-il besoin plus encore que d'autres de se savoir issu de parents qui s'aimaient et l'aimaient ? Sa rancune en semble d'autant plus démesurée.

Certes, ces animosités qui n'en finissent pas ne sont pas propres aux malheureux. Elles existent dans la plupart des villages. Mais nous les retrouvons surtout là où des familles vivent dans une très grande dépendance les unes des autres, sans recours ni distractions extérieurs. J'ai connu ces inimitiés entre familles, transmises de père en fils, dans mes paroisses rurales. Plus les familles vivaient dans des communautés isolées, plus elles devaient prendre soin de leurs biens pour ne pas tomber dans la pauvreté et plus leur hargne semblait inextinguible. Quant aux familles les plus pauvres, la condamnation parfois très ancienne de la part du village leur collait à l'existence au point de rendre impossible la moindre amitié de leurs enfants avec d'autres enfants d'alentour.

Ces simples réalités de la vie des hommes me paraissent universelles. Je les retrouve dans tous les continents. Aussi, en contemplant Jésus dans la foule, je m'émerveille de la solidarité entre les hommes, les cultures et les âges. J'entends les paroles du Seigneur adressées aux pauvres d'alors, tirées de leur propre vie, et je me dis que ma seule tâche est de les répéter aux pauvres d'aujourd'hui. Je ne connais pas de paroles mieux adaptées aux oreilles, au cœur et à l'intelligence des plus pauvres de notre temps. *« Jamais homme n'a parlé comme cet homme »*, diront les gardes du Temple envoyés pour l'arrêter (Jn 7,46). « Si Jésus parlait comme cela, alors j'y crois », me dira M. Paquignon, père de six enfants habitant une cabane à outils au bord d'un champ près de Bessancourt.

Pas étonnant ce constat de Matthieu : *« Or, quand Jésus eut achevé ces instructions, les foules restèrent frappées de son enseignement, car il les enseignait en homme qui a autorité et non pas comme les scribes »* (Mt 7,28). D'après les exégètes, il s'agit de son autorité de Fils de Dieu. Mais quand les foules accordent au Christ de l'autorité, serait-ce peut-être aussi pour cette autre raison, qu'elles reconnaissaient en lui l'envoyé de Dieu *parlant en pleine connaissance de la vie des hommes ?* Songeons que les pauvres à travers le monde accordent l'autorité surtout à celui qui parle en connaissance des réalités de la vie, de *leur* vie en particulier. « Celui-là, il connaît la vie, il comprend la vie » est une expression de véritable respect parmi des populations ayant appris à hausser les épaules en écoutant les instruits, les intellectuels, les scribes de leur époque. « Eux, ils ne comprendront jamais », disent -ils après tous les discours.

Il me paraît évident que les foules ont vu Jésus comme l'homme qui avait tout compris. Il le prouvait en guérissant les maladies et langueurs des pauvres sur son chemin. Cela ne demandait aucune explication de sa part. C'était le geste premier et essentiel de Dieu envers les hommes dont la peine dépassait la mesure du supportable. Geste non pas pour soulager la misère mais pour la détruire en sauvant les hommes. Parce qu'être aveugle, infirme, lépreux dans la misère, c'est ne plus pouvoir faire le moindre projet pour se montrer enfant de Dieu. La maladie dans la grande pauvreté, c'est la déshumanisation. Le malade ne peut plus avoir ni une pensée ni un geste de fraternité pour autrui et il ne peut pas non plus en susciter de la part de ses proches. Dans la misère, l'infirmité devient insupportable pour l'autre. Dans nos sociétés de bien-être, dans nos hôpitaux modernes, nous pourrions l'oublier. Ne l'oublie pas celui qui séjourne dans une cité sous-prolétarienne à Dublin, dans une ruelle de misère à Glasgow ou dans une cité de relogement dans la périphérie de Barcelone. Pas plus qu'on ne l'oublie dans une zone dévastée par la sécheresse en Centrafrique ou au Tchad. Les corps de la misère sont parfois difficiles à regarder. Imaginez-les, *en plus*, boiteux, aveugles, sourds, lépreux...

Il me semble qu'en guérissant les corps, le Christ se tint strictement aux affaires de son Père. Parmi les très pauvres, il ne pouvait pas faire autrement. Car de deux choses l'une : soit l'homme se laisse rebuter par son frère rendu méconnaissable, soit il l'embrasse. Entre lapider le lépreux s'approchant du village et aller vers lui, les bras ouverts, il ne peut y avoir de moyen terme. L'attitude des volontaires permanents d'ATD Quart Monde autour de moi me paraît le confirmer. Ils ont choisi de vivre pour le service des plus pauvres, pour ces frères les plus fatigués et les plus marqués par la misère. Du coup, aucune odeur, aucun taudis ne semble les rebuter. Je songe à ce jeune Père Jésuite, volontaire depuis plus de dix ans, autour duquel se crée le vide à l'église, quand il amène à la messe un homme sous-prolétaire de Liège. Celui-ci est infirme et il n'a sans doute pas eu l'occasion de se laver ni de se changer depuis longtemps. « En le prenant dans ma 2 CV, moi aussi, j'ai un peu de mal à respirer », dit le Père de Ghellinck, pour excuser les croyants qui, à la messe, se tiennent à distance. Mais il ne saurait imaginer ne pas préférer cet homme-là, à toutes les familles du Quart Monde de sa ville.

Aimer les plus pauvres, toucher les malades, embrasser le lépreux, c'est tout un. N'était-ce pas cela que voulait nous apprendre le Christ ? N'est-ce pas pour cela que vivre en zone de misère et vivre en Évangile, pour peu que nous nous tenions en état de prière, c'est tout un aussi ?

CHAPITRE IV

« Seigneur, si tu le veux, tu peux me purifier »

A l'une des Universités Populaires ATD Quart Monde, j'entends parler les gens. « Tu vois, si j'avais une maison — d'accord, je n'en ai pas, mais si j'en avais une, mettons que j'en aie une — eh bien, je ne laisserais pas dehors le copain. Tu vois, c'est cela la solidarité. Tu as une maison, alors tu ne laisses pas dehors le copain... » « Mettons que la patronne m'ait dit : il n'y a plus de boulot pour toi. Cela t'aurait fait de la peine, pas vrai ? Tu en aurais eu du chagrin. Eh bien, c'est ça l'amitié, que les gens s'inquiètent les uns des autres, qu'ils ne soient pas indifférents.... »

Ai-je tort de penser que Jésus ne parlait pas autrement ? Mais s'il parlait comme un des leurs, il ne le faisait pas comme certains qui en s'adressant à des enfants, adoptent ce qu'ils tiennent pour un langage d'enfant. Il ne se faisait pas pédagogue, empruntant un langage de petites gens, à la façon des étudiants s'en allant dans les campagnes alphabétiser des paysans. Jésus parlait comme il était : un des leurs. Et comme eux, il ne parlait pas seulement en images. Pour bien se faire comprendre, il créait aussi l'image en posant des gestes, des actes.

Comme il descendait de la montagne,
de grandes foules le suivirent.
Voici qu'un lépreux s'approcha et,
prosterné devant lui, disait :
« Seigneur, si tu le veux, tu peux me purifier ».
Il étendit la main, le toucha et dit :
« Je le veux, sois purifié ! »
A l'instant il fut purifié de sa lèpre.
Et Jésus lui dit :
Garde-toi d'en dire un mot à personne,
mais va te montrer aux prêtres
et présente l'offrande que Moïse a prescrite :
ils auront là un témoignage. »

(Matthieu 8, 1-4)

En me rendant dans l'Évangile, allant de l'un à l'autre, m'attardant dans la foule à regarder se mouvoir le Seigneur, je crois retrouver toute sa vérité. Elle est non seulement dans ses instructions et discours, dans les hauts faits de sa vie et les moments forts de son enseignement, mais dans sa manière d'être avec son entourage, dans ses gestes de tous les jours. C'est auprès de ce lépreux parmi tant d'autres, que je retrouve le Christ en personne, vraiment Fils de Dieu et vraiment homme. Le Sauveur n'a jamais triché, jamais sacrifié un seul instant l'une de ces conditions à l'autre. C'est ainsi qu'il nous dit, à tous les croyants mais spécialement aux prêtres, aux consacrés, aux militants laïcs, qu'il est possible et même parfaitement naturel et indispensable d'être à la fois un homme pauvre qui épouse la condition des plus pauvres et pourtant « pas de ce monde », totalement aux affaires du Père.

Certains ont voulu y voir une contradiction, nous en avons parlé. Etre des plus pauvres et refuser d'user d'un pouvoir temporel pour eux, ce serait en quelque sorte « inhumain ». Jésus, par sa vie, dit le contraire. Il se sait Fils de Dieu et il prouve que, Fils de Dieu, il peut tout risquer, même d'échouer totalement dans le monde. En annonçant Dieu aux pauvres, il a déjà gagné. Les plus pauvres sont déjà libérés comme ils ne le seront par aucune révolution. Mais ce n'est qu'en suivant Jésus au jour le jour, dans sa familiarité quotidienne avec son entourage, dans ce commerce avec les humbles dont, à aucun moment, il ne fait un spectacle, que nous pouvons introduire en nous l'évangélisation des pauvres non pas comme une leçon à apprendre mais comme une réalité à vivre. Alors, nous expérimentons qu'évangéliser c'est se libérer soi-même du pouvoir de l'intelligence et de l'argent.

Jésus ne nous apprit pas la vérité, il dit : « Je *suis* la Vérité. » Et pour l'illustrer, il posait des gestes de vérité. Ses gestes, pas plus que ses paroles, n'avaient rien d'un calcul. Il ne se mettait pas en scène, pas plus qu'il ne mettait en scène tantôt un lépreux, tantôt un paralytique... Il était normal qu'il rencontre des lépreux, sans arrêt, étant donné la condition et le chemin choisis par lui. Et il allait de soi qu'il prenne à témoin l'un ou l'autre d'entre eux, puisque son cœur, sa sensibilité, son regard ne pouvaient pas ne pas les distinguer dans la foule. Un ami juif nous disait un jour : « Depuis le temps que je vis aux Etats-Unis en Américain, je n'ai jamais pu me défaire de l'habitude, dans n'importe quelle assemblée, de repérer comme instinctivement les autres Juifs autour de moi. » Ainsi, Jésus se tournait comme instinctivement vers les siens, les sentait derrière lui quand il ne les voyait pas. Personne ne savait mieux que lui les témoins privilégiés qu'ils étaient : de la miséricorde, du pardon, de l'amour de Dieu. Témoins par excellence de cette confiance apparemment insensée dont seuls sont capables les totalement démunis : je me prosterne devant toi, car tu es le Seigneur et si tu le veux, tu peux me guérir.

Jésus dira à plusieurs reprises que la guérison dépend de la foi de l'infirme comme de celle de celui qui le guérit. Et nous savons que des malades, des estropiés misérables sans nombre ont été guéris, se traînant vers lui ou conduits par leurs proches. Ils devaient avoir confiance que lui les guérirait. Le lépreux au pied de la montagne en est un parmi d'autres, mais un parmi les plus malheureux et donc à la fois compagnon choisi et témoin parfait.

Ce compagnonnage du Seigneur m'a toujours paru comme un sujet de méditation essentiel. Jésus, en guérissant devant nos yeux, nous montre un chemin de vérité, dans lequel nous devons le suivre. Aussi, je m'incline souvent devant le mystère qui se joue entre lui et ce lépreux anonyme. La courte rencontre est relatée comme en passant, faisant simplement partie de ces innombrables rencontres où se passa l'extraordinaire miracle : « Tu es guéri, tu es sauvé. » A quelle secrète entente, à quelle promesse, à quelle libération, à quelle muette espérance exaucée assistons-nous, là ?

J'ai vu ma vie durant, tant d'hommes et de femmes placer leur confiance dans le premier venu, en quelqu'un qui passait par hasard chez eux, dans la cité ou le slum, et qui ne pouvait pas, devant tant de dénuement, ne pas faire un geste, laisser quelque argent, promettre de faire une démarche. Les riches que j'ai vus venir dans un quartier ou un bidonville « pour voir » étaient presque toujours dans l'incapacité de baisser la tête en toute humilité et d'admettre : « Je ne peux rien pour vous. Venant d'un autre monde, ignorant, non préparé, qu'aurais-je à vous offrir ? » Ceux qui se sentent, à de tels moments, totalement impuissants et nuls sont de l'étoffe des justes qui ont rejoint Jésus. La plupart se croient, au contraire, redevables de quelque geste spontané, incapables de ne pas chercher dans leur poche une manne à distribuer, incapables de se taire et de ne pas faire de promesse. Et voilà née une certitude folle : « J'ai rencontré quelqu'un, même qu'elle est entrée chez moi et on a parlé. Elle va me faire avoir un logement... » Cela ne dure pas et , bientôt, ce sera l'amertume : « Je savais bien qu'elle nous laisserait tomber. » Mais comment ne pas s'accrocher à ces moments d'espoir qui vous soulèvent, un court instant, au-dessus de la grisaille ?

Était-ce cela, la confiance insensée des plus pauvres suivant la rumeur qui allait de village en village, de quartier en quartier : les boiteux marchent, les aveugles voient, les sourds entendent ? Ou bien y avait-il plus ? Une autre rumeur ne courait-elle pas aussi : « Il n'est pas un scribe ni un grand prêtre, il est un des nôtres ? » J'imagine ce qui se serait dit, de bouche à oreille, dans nos cités d'aujourd'hui : « Il sait de quoi il parle, ses parents ont été expulsés, ils n'avaient pas de quoi nouer les deux bouts. Il n'a rien appris à l'école, pas plus que nos propres gosses. Au temple, ces messieurs étaient étonnés qu'il en savait quand même des choses… » C'est ce que disent des familles, aujourd'hui, en s'expliquant l'Évangile entre elles. Jésus, un des leurs et qui ne peut pas faire autrement que de les aimer puisqu'il est Fils de Dieu.

Jésus reconnu comme celui à qui il suffit de vouloir, mais aussi comme celui qui ne peut pas ne pas vouloir, parce qu'il sait, parce qu'il connaît. A voir vivre les très pauvres, nous éprouvons tous les jours que c'est la seule vision qu'ils peuvent avoir de Dieu et de son Fils. S'il sait ce que je sais, s'il comprend ce que nous vivons, s'il le vit avec nous, il ne peut pas ne pas vouloir comme nous. Il ne peut pas accepter la misère, l'humiliation, le mépris, il est obligé de vouloir y mettre fin. C'est cela, le Dieu des pauvres, celui qu'ils ont à la mémoire, à fleur de tête, à fleur de vie. Peut-être ignorons-nous trop souvent que, d'une façon ou d'une autre, ce Dieu des pauvres est toujours parmi eux. Il ne peut pas ne pas être là, la misère même exige Sa présence. La présence d'un Dieu communiant à leur peine de voir les hommes si peu s'aimer, si peu justes, tellement menteurs. Il n'est pas là parce qu'on vous l'a appris au catéchisme, par les sermons ou parce qu'enfant on vous a dit : fais ta prière. Il est là parce qu'Il ne peut pas ne pas être là, Dieu refusant la désespérance des hommes de ne plus être hommes.

Le lépreux prosterné au bas de la montagne, attendant d'être touché par Jésus, croyait en lui comme aucun homme moins rejeté ne pouvait le faire. En nous inclinant à notre tour devant cette scène presque banale tellement elle était devenue fréquente, nous sentons que douter du cœur du lépreux, ce serait douter du Seigneur lui-même. Ce serait douter du cœur de tous ces êtres guéris, de tout le mystère, de l'insondable fraternité entre Jésus et les pauvres.

Des pauvres, de la foule, Jésus pouvait avoir pitié. Nous-même nous ne le pouvons pas, ou en tout cas pas de la même manière. Pour le moins, notre pitié est-elle mêlée d'humilité et de gratitude. Ils étaient alors et ils sont toujours *devant* nous sur le chemin du Royaume. Sans leur innommable souffrance rendant inéluctable leur reconnaissance du Fils de Dieu, qui nous apprendrait la foi sans limite, l'espérance inconditionnelle ? Sans le lépreux, sans les familles du Quart Monde, nous n'ignorerions sans doute pas le Dieu enseigné, le Dieu codifié par l'Église. Mais ce serait cette part de Dieu enfermée dans les murs de nos temples, dans les limites de notre intelligence et de notre expérience qui nous laissent une certaine maîtrise des choses de la vie. Ce serait un Jésus-Christ appris par cœur, un Dieu-Amour que nous aurions toujours du mal à ne pas voir entouré de garde-fous. Dieu dans le cœur des pauvres déborde tous les cadres, toutes les bornes, toute la raison humaine. C'est le Dieu de Job, la foi-défi acharnée de Job. C'est le Dieu inimaginable, dépassant les limites de l'entendement, celui de l'homme trop malheureux, trop enfoncé dans les ténèbres pour avoir de Lui la moindre représentation. Et c'est en même temps le Dieu qui ne peut pas ne pas exister, parce que les ténèbres créées par les hommes sont trop iniques et insupportables pour qu'un Dieu ne vienne pas y mettre fin. Le lépreux disant au Christ : « Tu peux tout, toi et moi savons que rien ne t'est impossible », m'apprend l'espérance dépassant la raison du monde. Il m'enseigne ce Dieu-Amour qui, comme un torrent, emporte toutes les barrières, pourchassant le mal du mensonge, de l'exploitation et de l'oppression.

A ce lépreux, à tous les lépreux, les sourds-muets, les aveugles en route vers Jésus, je pense d'ailleurs souvent avec désarroi, quand je vois encore aujourd'hui tant d'hommes et de femmes sous-prolétaires se tourner vers les prêtres. S'il en passe parfois un et qu'ils puissent le reconnaître, ils l'accostent comme autrefois les foules accostaient Jésus. Pourtant, on ne dit plus grand bien de l'Église dans les rues et les cités que je fréquente. Les familles ne connaissent plus le clergé comme ma mère connaissait le curé venant à domicile, parlant simplement, écoutant, comprenant qu'à certains moments de la vie ne compte que le discret geste d'entraide... Je vois pourtant, aujourd'hui encore, des pères de famille, des femmes, à des moments d'angoisse, à des tournants de leur vie, se hasarder au presbytère ou aborder tel ou tel prêtre passant dans le quartier. Ils le font pour obtenir des aides précises, car l'homme d'Église demeure encore, à leurs yeux, un homme de pouvoir. Mais ils vont aussi vers lui — j'en suis certain — pour des raisons plus profondes. Parce qu'il est normal qu'un prêtre, homme de Dieu et de prière, soit à la recherche, comme Jésus, de la brebis perdue. D'une façon ou d'une autre, il n'est pas tout à fait pensable que le prêtre ne descende pas jusqu'aux tréfonds du monde, là où les hommes ne sont plus rencontrés ni aimés de leurs frères, là où ils n'ont même pas besoin de se regarder ou de se parler pour se savoir d'une même condition.

Les très pauvres gardent, au fond de leur mémoire, cette image du prêtre, même s'il ne vient plus les voir, les houspiller pour inscrire leurs enfants au catéchisme, les encourager à s'aimer malgré les difficultés sans nombre. Ils en gardent le souvenir, alors que je me demande qu'est-ce qui, aujourd'hui, peut attacher les désespérés à l'Église. La communauté chrétienne de plus en plus organisée peut-elle transmettre aux pauvres le sens de Dieu et créer, avec eux, une mémoire de l'Église ? Peut-elle faire écho de la Bonne Nouvelle en des lieux de souffrance dont elle ne partage pas la vie ? De moins en moins d'échos retentissent de ces paroisses où l'amour vécu au quotidien a pris, plus qu'autrefois, des formes d'organisation et de participation qui font craindre la récupération. D'où vient alors, aux plus pauvres, cette image du prêtre et de la religieuse, consacrés à l'humanité souffrante et à Jésus le Sauveur ? Cette représentation, je ne l'invente pas; je ne cesse pas de la rencontrer, partout où je vais dans les zones de misère. Le prêtre s'y trouve comme chez lui, bien plus qu'ailleurs dans le monde, comme si sa main était toujours cette main du Christ tendue, pour donner le pain et pardonner. Je peux, où que j'aille, dans une cité sous-prolétarienne de Caen, dans un village lointain ou un camp pénal d'Afrique noire, dans un hameau affamé du

Guatemala, réunir autour de moi les hommes, réunir toutes leurs mains dans les miennes, sans que personne ne s'en étonne. Comme s'il allait de soi qu'autour d'un prêtre, les mains des exclus s'unissent et qu'il n'ait d'autre préoccupation que de partager le pain, la paix, la concorde, l'espérance, la certitude que tout homme est un homme, fils de Dieu.

« Tu peux me guérir », disaient les foules à Jésus, « tu peux me purifier ». Et les exégètes ne nous expliquent peut-être pas toujours assez combien cette purification était un geste de libération universelle, pour tous les temps et toutes les cultures. Car existe-t-il un peuple au monde où le frère qui est devenu une charge à cause de sa maladie ou un trop lourd fardeau à cause de sa misère, ne soit pas accusé de péché, de faute, d'impureté, de menace d'un mauvais sort qu'il faut écarter de la communauté ? L'impureté attirant le châtiment divin et justifiant toutes les exclusions, a frappé les plus pauvres à travers les âges, jusqu'en notre temps. Les enfants épileptiques ou nés de mères mortes en couches, les veuves devenues des bouches inutiles, les enfants en surnombre de nos écoles de quartier, les familles débordées de soucis et d'angoisses enfermées dans des logements inhabitables, ne sont-ils pas tous condamnés sans recours possible, parce que taxés d'une façon ou d'une autre d'impureté dangereuse ?

« Tu pourrais me purifier, toi, homme de Dieu » est encore ce que tentent de dire les mères se rendant à la paroisse pour demander que leur enfant soit baptisé. « Vous pouvez quelque chose pour moi, vous ne pouvez pas refuser de me regarder » pense encore cet homme frappant à la porte du presbytère et qui, dans sa maladresse et sa nervosité, ne saura que demander un peu d'argent, sous prétexte que sa femme est malade. Si le prêtre avait eu le temps de l'écouter, que de choses cet homme lui aurait-il confiées sur son propre sacerdoce.

Les plus pauvres du temps de Jésus n'avaient pas besoin de donner ces longues explications, d'affabuler sur leur vie pour susciter la pitié et être compris. « Je suis là devant toi, Seigneur, dans toute ma misère. Guéris-moi, sauve-moi. » Je songe avec angoisse à ce frémissement d'un Dieu d'amour, à cette confiance folle du lépreux. Je songe à ces hommes qui, ayant frappé à la porte de ma baraque au Camp de Noisy-le-Grand, me disaient à leur manière : « Aidez-moi ; je sais que j'ai eu tort, que je ne devrais pas me bagarrer comme je le fais, ni insulter la police. » Ne disaient-ils pas à leur façon : « Guéris-moi » ? Même lorsqu'ils demandaient le pardon, ils n'attendaient pas autre chose que la confirmation de ce que leur intuition leur disait sur l'amour de Dieu : « Va, tu es sauvé, tes péchés étaient à la mesure de ta peine; tes péchés étaient la conséquence des conditions de vie qui te sont imposées et que tu ne peux supporter. Va, tu es guéri, ta foi t'a sauvé. » Quel manque à gagner pour les humbles, le jour où nous, les prêtres, n'avons plus le courage de les entendre en confession. Comment leur révélons-nous le Dieu Sauveur des foules. ?

Jésus, nous le disions, ne déresponsabilisait pas ainsi les enfants de Dieu, ni les riches ni les pauvres. Il savait exactement qui ne pouvait pas entendre d'autres mots que ceux-là : « Ta foi t'a sauvé », parce que le malheur et la faiblesse étaient alors à leur comble.

Mon désarroi est de penser que nous ne prenons peut-être pas le même chemin ni les mêmes moyens que le Christ, pour être dans cet état de communion qui permettrait de dire au moment nécessaire : « Dieu est ce que tu croyais, c'est-à-dire cet amour débordant dont toi et moi ne pouvons être que le plus lointain reflet. Tu as bien fait de venir et de me le rappeler. Tu savais ce que, moi, j'aurais pu oublier : que tu es enfant de Dieu et que le Père ne peut te renier, pas plus que le fils ne peut renier son père. »

Le lépreux devant Jésus n'est pas, pour moi, une quelconque image abstraite, expression d'une foi qui peut tout. Il est une interrogation constante de ma vie quotidienne : voilà comment peut croire un homme réduit à un état de sous-humanité. De tels hommes, moi aussi j'en suis entouré. Jusqu'où ai-je osé aller pour être l'un d'eux, capable d'une foi aussi intuitive, communiant à la leur, sachant témoigner de l'amour de Dieu comme eux le pressentent ?

Mais si les plus démunis pressentent Dieu, que penser de cette autre guérison : celle des dix lépreux dont un seul revint sur ses pas ?

Or, comme Jésus faisait route vers Jérusalem,
il passa à travers la Samarie et la Galilée.
A son entrée dans un village,
dix lépreux vinrent à sa rencontre.
Ils s'arrêtèrent à distance
et élevèrent la voix pour lui dire :
« Jésus, Maître, aie pitié de nous ! »
Les voyant, Jésus leur dit :
« Allez vous montrer aux prêtres. »
Or pendant qu'ils y allaient,

ils furent purifiés.
L'un d'entre eux, voyant qu'il était guéri,
revint en rendant gloire à Dieu à pleine voix.
Il se jeta le visage contre terre aux pieds de Jésus
en lui rendant grâce ;
or c'était un Samaritain.
Alors Jésus dit :
« Est-ce que tous les dix n'ont pas été purifiés ?
Et les neuf autres, où sont-ils ?
Il ne s'est trouvé parmi eux personne
pour revenir rendre gloire à Dieu ;
il n'y a que cet étranger ! »
Et il lui dit :
« Relève-toi, va, ta foi t'a sauvé. »

(Luc 17, 11-19)

Que penser de ces neuf lépreux, même pas reconnaissants de ce qui leur arrive ? L'événement me paraît tellement familier, propre à nous rapprocher des hommes de tous les temps ! Je songe à bien des homélies sur l'ingratitude du monde, inspirées par ce passage d'Évangile. Tout jeune déjà, l'interprétation me rendait mal à l'aise. A ma mère aussi, ses voisins demandaient la gratitude. Sans même lui laisser cette pleine jouissance d'un bienfait qui lui eût laissé le temps de se dire : « Là, je suis vraiment sortie d'affaire, quel soulagement ! Là, je suis vraiment reconnaissante. »

Je songe à ces dix lépreux, étourdis de se trouver blanchis et encore incapables de savoir, moins encore d'expliquer ce qui leur arrive. Imaginons-nous l'accueil que leur firent les prêtres et leur entourage à la synagogue ? « Voilà encore de ces gêneurs, de ces impurs qui prétendent avoir été guéris par Jésus ! N'aura-t-il donc pas fini de nous déranger, de nous faire la leçon, de mettre en doute notre autorité ? Montrez-vous un peu, les prétendus guéris ! Vous n'allez pas nous dire que, par miracle, vous êtes devenus des purs ! Cela ne va pas se passer comme ça, il faudra regarder cela de plus près, nous allons attendre un peu que cela se confirme. Vous ne prétendez quand même pas qu'il suffit, à ce Jésus, de vous dire : « Allez vous montrer aux prêtres », pour que vous soyez purifiés ! Vous a-t-il seulement touchés ou donné un remède ?»

L'accueil est sceptique, agacé, en raison même de la gêne que provoque, à chaque fois, l'écho des guérisons, à la Synagogue ou au Temple. Cette méfiance, je l'ai rencontrée si souvent moi-même, comme si la chance était interdite aux plus pauvres. « Il doit y avoir quelque chose de louche là-dessous », me disait-on un jour, en voyant déménager une famille d'une cité d'urgence. Folle de joie, celle-ci laissait aux voisins ses quelques meubles délabrés. Ce qu'il y avait de « louche », c'était un minuscule héritage. Mais ce qui semblait désarçonner et même indigner certains, c'était de voir heureuse et subitement indépendante cette famille qui, des années durant, n'avait survécu que grâce à des secours.

Non seulement des miracles ne devraient pas arriver aux pauvres, mais il ne faudrait rien attendre non plus de leurs propres efforts. Parmi tant de mères qui font de chaque jour un miracle de survie pour leurs enfants, je me souviens de Mme Rouquier dont la fille cadette avait été placée. Parce qu'on lui avait promis qu'elle lui serait rendue si elle arrangeait mieux sa demeure, elle avait fait des prouesses incroyables. Dans l'abri en planches mal jointes, elle avait bouché les trous, frotté le sol en ciment, collé du papier peint là où personne n'eût espéré le faire tenir... L'inspectrice de l'Aide à l'Enfance chargée du retour de la petite, en pénétrant dans la baraque n'eut que cette seule question : « Qui vous a aidée pour faire tout cela ? Avez-vous payé quelqu'un ? » « Mais non, rétorquait la mère, c'est moi qui ai tapissé, je voulais que ma fille ait sa chambre bien à elle, qu'elle soit heureuse ici. » L'inspectrice a rendu l'enfant mais en partant, elle me disait : « Avec eux, on ne sait jamais. Toujours à dire des mensonges. »

Les plus pauvres trouvent toujours quelqu'un pour douter d'eux et du bien qui peut leur arriver. D'un homme qui aura enfin retrouvé un travail, il y aura toujours quelqu'un pour dire : « Faudra-t-il encore voir s'il tient sa place. » A un père de famille ayant commencé à faire des efforts pour ne plus boire, il se trouvera quelqu'un poûr lui demander : « Etes-vous bien sûr que ça va durer ? » D'une mère qui rêve de voir réussir ses enfants mieux qu'elle ne le fit, on dira : « C'est bien beau, mais en attendant, elle n'envoie pas ses gosses à l'école. » Et c'est vrai, mais elle n'a pas de quoi leur faire un petit déjeuner, et à cela personne ne songe. Personne ne pense à l'héroïsme qu'il lui faudrait pour obliger ses enfants à aller, l'estomac vide, à cette école où ils n'apprennent rien. Qui croira que cette maman rêve pourtant vraiment d'un avenir meilleur pour les siens ?

Depuis les bergers dont le témoignage ne valait pas devant le juge, en passant par les lépreux taxés de fabulation à la synagogue, jusqu'aux travailleurs sous-prolétaires « toujours à dire des mensonges », la parole des plus pauvres a-t-elle jamais été reçue en confiance ? Alors, faut-il s'étonner, s'indigner de l'ingratitude des lépreux guéris de l'Évangile ? Ou faudrait-il plutôt faire le silence, comme j'ai dû le faire si souvent, me demandant : qu'ai-je fait, moi, pour que la gratitude des pauvres éclate et ne puisse jamais être ridiculisée, étouffée, transformée en amertume ?

L'ingratitude, si nous voulons l'appeler ainsi, nous l'avons rencontrée depuis les premiers jours au Camp de Noisy-le-Grand et vingt-sept ans durant, alors que des amis nous demandaient : « Au moins obtenez-vous des résultats ? Au moins ces gens vous sont-ils reconnaissants de tout le mal que vous vous donnez ? » Comment expliquer que, plus on « obtenait des résultats » et moins « ces gens-là nous étaient reconnaissants » ? Et cela assez souvent pour que nous en soyons blessés. Il aura fallu, au Volontariat, du temps, de l'amour, une communion profonde, pour comprendre les mille et une raisons de l'impossibilité de la gratitude.

La première de ces raisons était peut-être le dénigrement du Volontariat de la part des services extérieurs auxquels les familles étaient obligées d'avoir affaire. « Vous voilà encore à demander un secours ? Alors ça sert à quoi, vos volontaires dans la cité ? Ils croyaient être plus malins que nous et voilà le résultat ; vous avez toujours besoin de secours... » « C'est bien joli, vos volontaires là-haut. Tout ce que je sais, madame, c'est que vos gosses ne sont pas venus en classe, ce matin. » A force de s'entendre dire ces choses et bien d'autres encore, nous avons vu des familles se réunir et venir insulter les seules gens qui les respectaient au point de vivre parmi elles, jour et nuit, renonçant à une carrière et au salaire qu'ils auraient touché ailleurs. Un fonctionnaire sachant pertinemment que ce Volontariat avait choisi pour rétribution une somme n'atteignant pas le niveau de l'Aide Sociale leur avait dit : « Ils sont pourtant payés pour vous servir. » Désarçonnées, les familles se mirent à se plaindre et à crier : « Ils s'en mettent plein les poches ... ils ne sont même pas allés chercher mon mari à l'hôpital quand il a pu sortir... ils ne font rien pour nous. » Colère vite retombée, car en définitive, personne n'en était fier. Mais elle montrait combien il est facile de dérouter les plus pauvres, de semer en eux le doute, parce qu'ils ont si peu de certitudes, si peu de personnes sur qui compter.

Je ne pense pas qu'une famille du Quart Monde se soit une seule fois vraiment trompée sur la sincérité du Volontariat. Je pense moins encore qu'un seul des misérables entourant Jésus se soit trompé sur sa personne. Mais je sais comment les nantis sont capables d'accueillir et de tourner en dérision leur confiance. Par agacement ou par frustration parfois : « Pourquoi ceux-là ont-ils gagné leur amitié ? N'avons-nous pas essayé, fait de notre mieux, nous aussi ? Pourquoi nous prennent-ils notre clientèle ? » Un meilleur accueil, plus de respect et de tendresse furent-ils réservés aux lépreux guéris ? Les prêtres, les pharisiens se seraient-ils abstenus de semer le doute dans leurs cœurs, évitant délicatement de briser leur confiance dans le seul homme qui ait eu pitié d'eux ?

Mis à part le dénigrement, les très pauvres ont d'ailleurs d'autres raisons de ne pas exprimer de gratitude. La seule pensée à ceux qui, durant des années de misère, les ont aidés à ne pas sombrer, peut leur être insupportable, lorsqu'un temps un peu meilleur arrive. Se souvenir d'eux, c'est garder sans cesse en mémoire ces années de honte où l'on se sentait « un moins que rien ». L'idée d'en être sorti grâce à l'aide des autres est en elle-même difficile à porter. Les hommes se demandent s'ils étaient donc vraiment des moins que rien, si peut-être ils le sont encore. « La maison que j'habite, ce sont eux qui me l'on procurée, dira M. Alain, mais à ces gens-là, je ne dois rien ! » Il ne faut pas seulement un long temps pour oublier une vie d'humiliations. Il faut le moyen de se prouver qu'une fois loin de ce Volontariat qui ne déconsidérait ni n'abandonnait personne, on est capable de tenir debout.

J'ai connu des familles qui, une fois installées dans une maison, dans un travail loin d'une équipe, ont attendu des années pour reprendre contact. Elles cherchaient à nous revoir, quand elles pouvaient faire preuve d'une réussite ou, au contraire, quand rien n'allait plus et que la misère avait repris le dessus comme avant.

Reste encore la peur qui empêche de se laisser envahir par la gratitude. Car que va-t-il se passer maintenant ? Qu'il soit malade, illettré, misérable, exclu, tout homme se bâtit un équilibre pour survivre. Faute de pouvoir s'en sortir, il s'installe dans sa situation et prend les dispositions qui conviennent. C'est d'ailleurs ce que beaucoup auront vite fait de lui reprocher : « Il se sent bien comme il est. » Certains, inconscients de l'insulte, iront jusqu'à dire qu'il ne veut rien faire pour s'en sortir. Ils ignorent cet art de vivre, présent en tout homme, qui le pousse à inventer son existence et sa dignité, même avec les moyens les plus médiocres.

L'Inde, les pays musulmans ne sont pas les seuls où certains pauvres et invalides aient un statut. Statut de pauvre, certes, de mendiant peut-être mais qui représente une sécurité. Il a existé en tous temps et en toutes cultures. La société le crée ou l'homme se le crée avec l'accord tacite de son entourage. Même les familles du Quart Monde dans une société n'admettant plus la misère arrivent ainsi à s'installer dans une situation leur assurant un minimum d'aide, fût-ce celle, humiliante parmi toutes, d'être qualifiées de faibles d'esprit. Quand une telle situation est subitement levée, le statut supprimé, un homme et sa famille peuvent perdre toute contenance. Le peu de sécurité assurée s'effondre. Il faut un tout nouveau courage, de nouvelles énergies et inventions, des audaces jamais imaginées pour recommencer la vie.

J'ai assisté à ces perplexités et, pire, à de véritables angoisses de vivre, pour des hommes tout à coup déclarés valides et aptes au travail. Je vois encore ce travailleur sous-prolétaire s'étant sectionné une main et s'installant peu à peu dans une vie d'invalide qui, à vrai dire, lui procurait une sécurité jamais connue jusqu'alors. Sécurité matérielle presque négligeable, tellement était insignifiante la pension. Mais sécurité morale et sociale, parce que pour la première fois de sa vie il ne travaillait pas, sans être critiqué pour autant. Des chirurgiens se mirent en tête de lui procurer une prothèse. Recommença alors l'ancien calvaire du travailleur sous-prolétaire illettré, inutilisable dans un emploi décent, mais que le fait de savoir remuer quelques doigts artificiels obligeait de reprendre le chemin de l'Agence Nationale pour l'Emploi. J'ai vu cet homme inventer tous les prétextes pour retarder sa rééducation, alors que son entourage, inconscient du drame, se félicitait et s'empressait de hâter sa guérison.

Il n'en va pas autrement pour des hommes illettrés jusqu'à leurs trente-cinq ans et qui, pour avoir appris à lire et à écrire, se trouvent soudain devant des responsabilités jamais soupçonnées et effrayantes à leurs yeux. J'en ai vu sombrer plus d'un, et combien de familles habitant des taudis n'ai-je pas vu refuser au dernier moment d'emménager dans un logement plus humain, parce que changer d'environnement signifiait voir disparaître les quelques relations d'entraide, les possibilités de crédit chez l'épicier, les petits prêts toujours disponibles auprès d'une voisine dont le mari travaillait. Les sortants de prison sans perspectives de ressources, de travail, de logement, ni d'aucune amitié vivent le même drame.

Alors, comment ne pas songer à ces lépreux, découvrant le changement sans y avoir été préparés : « Je n'aurai plus à me tenir à distance, à annoncer ma présence en poussant des cris. Mais je n'aurai plus non plus la nourriture déposée pour moi à l'entrée du village. Ce village, comment vais-je y vivre, que pourrais-je bien y faire, qui voudra de moi ? Peut-être le prêtre dit-il vrai, peut-être vaudrait-il mieux attendre encore ? Peut-être ne suis-je même pas vraiment guéri et ce serait aussi bien pour moi. »

En pensant à ces lépreux qui ne reviennent pas, je me mets à la place d'un homme qui se trouve régulièrement à la porte d'une église à Pontoise. Il « fait la manche », comme disent les paroissiens qui le connaissent tous. Les uns passent sans le voir, les autres lui donnent quelque pièce, certains lui adressent une remarque désobligeante. Mais tout cela semble faire partie d'un accord tacite. Au moment du baiser de paix, l'homme rentre dans l'église et en fait le tour, tendant la main à la ronde. Personne ne la refuse. Il fait partie de la cérémonie, frère pauvre parmi tous ces priants. Il ne se fait même pas remarquer, simplement il assume sa part du pacte, remerciant ceux qui lui permettent de vivre ainsi dans la communauté des croyants, en pauvre, identifié comme tel.

Ce n'est sûrement pas la solution idéale. Mais je me dis à chaque fois : heureusement que personne n'a songé à intervenir dans la vie de cet homme, cassant au nom d'on ne sait quel principe, cette existence qui a malgré tout un sens, si ce n'est pas au regard des hommes, sûrement au regard de Dieu.

Pour les lépreux, Jésus savait ce qu'il faisait et, aussi, tout ce que demandait de délicatesse et de prévoyance de la part des prêtres et de la communauté, le retour parmi les vivants de ces impurs condamnés à la mort lente. S'il a posé des questions sur ceux qui ne revinrent pas louer Dieu, lui ne parla pourtant pas d'ingratitude. Il connaissait trop bien le cœur et la vie des exclus pour se sentir trahi. Il devait surtout avoir de la peine. Une peine qui annonça déjà toutes les autres, jusqu'au sacrifice final. Lui, jamais ne se dit abandonné par les plus pauvres. Il savait leur foi et, aussi, la fragilité de leurs opinions quand il s'agissait de faire face à leurs oppresseurs ou détracteurs. Sa sévérité envers les nantis, pharisiens ou autres qui les empêchaient d'entrer au Royaume, fut sans équivoque. Pour moi, les neuf lépreux jamais revenus font partie de cette histoire des pharisiens, barrant aux pauvres le chemin vers Dieu. La question : « N'ont-ils pas été guéris ? » s'adresse à moi, à nous.

Le Christ et les lépreux d'hier, le Christ et les exclus d'aujourd'hui représentent un mystère sur lequel nous n'aurons jamais fini de méditer.

CHAPITRE V

« Ne vous faites pas non plus appeler Docteurs...»

Chercher Jésus dans ses fréquentations quotidiennes, sentir les odeurs de la foule, avoir dans les oreilles les cris, les voix, les tons hauts perchés des pauvres qui s'énervent, être bousculés, touchés par eux qui n'ont d'yeux que pour lui et qui se chamaillent : laisse-moi la place, ne te pousse pas comme cela, j'étais là avant toi. Suivre le terrible cortège des corps malades, rencontrer le regard aveugle des hommes allant à tâtons, en se demandant, paniqués : « Où est-il, vais-je seulement le trouver dans cette cohue ? » Chercher le Seigneur au plus profond de la souffrance, là où elle s'amasse non seulement dans la vie d'un homme mais dans celle de toute une population, au point d'apparaître comme une fatalité dont seul un miracle, un Sauveur pourra vous libérer… Cherchez toujours plus loin, sachant que quand vous y arriverez, Jésus sera déjà reparti, lui aussi en chemin vers plus misérables, jusqu'à ce comble de la misère des plus pauvres de Jérusalem…

L'autre jour, je m'étais arrêté au milieu du marché de Bossangoa. Un marché qui n'a rien de commun avec ceux que visitent les touristes à Abidjan, à Dakar, à Bouaké, ou même sur la route entre Cotonou et Abomey. Un marché de pauvres gens qui n'ont que quelques produits à échanger en de minuscules quantités : quelques galettes, des allumettes en lots de cinq, quelques oranges… Tout le peuple du bourg semble rassemblé là, y compris les lépreux blanchis se tenant à distance. Une mer humaine de miséreux, exploités par moins pauvres qu'eux : des marchands Haoussa, que l'on suspecte pour cela d'être des riches.

N'était-ce pas, là, une foule semblable à celles entourant Jésus ? Je me le demandais une fois de plus. Ces hommes et ces femmes assemblés sur ce marché à l'image de leur misère, sans couleurs, sans objets fabriqués de leurs mains d'artisans, sans produits de leur travail de la terre étalés en parterres fleuris, ne seraient-ils pas les compagnons préférés du Christ, s'il passait en Afrique, aujourd'hui ? Je songeais encore une fois combien il m'était nécessaire de ne pas me tromper ni jamais m'arrêter.

Il ne m'appartient pas d'inventer l'entourage, l'ambiance quotidienne, les malades choisis dans la multitude, selon mes propres préférences. Mais comment comprendre le Seigneur dans ses grands moments et ses grandes leçons, comment le reconnaître, à moins de me plonger toujours plus avant dans ce qui était sa vie quotidienne ? Comment être constamment auprès de lui dans la prière, comment l'aimer, sans chercher à être avec ceux qu'il avait choisis pour ses proches, les premiers sujets de sa tendresse, sa patience, sa pitié ?

Je n'ai pas à inventer cette humanité tant aimée. Je le disais déjà : Jésus ne nous laisse pas cette liberté. Je ne pense pas non plus qu'il nous demande, à tous, de savantes études sociologiques et historiques pour comparer les pauvres d'hier à ceux d'aujourd'hui. Mais je crois profondément qu'il nous invite à la méditation, dans une démarche constante entre l'Évangile et les plus pauvres de notre temps. "Seigneur, quelle était votre pitié en même temps que votre peine, voyant s'en aller ces lépreux couverts de pustules et de haillons et connaissant trop bien les vôtres pour ne pas savoir que neuf sur dix ne reviendraient pas ?... Seigneur, je vous offre ma peine de toutes ces familles sans travail, n'ayant plus que des hardes à se mettre sur le dos et qui s'en allèrent pourtant rassérénées lorsqu'ensemble, nous avions trouvé quelque moyen pour sauver les enfants. Je vous offre ma peine de tous ces parents jamais revenus, parce que d'avoir trouvé une solidarité auprès d'un prêtre ou d'une équipe de volontaires, leur avait valu d'être ridiculisés par des jaloux : « C'est bien joli, ton curé, tu n'auras qu'à aller le retrouver pour avoir un logement. »

Je songeais à tout cela, au cœur de cette foule qui me bousculait à Bossangoa. Je pensais aux humbles religieuses non loin de là, à la lisière du bourg, soignant les lépreux, aidant les mères à accoucher dans la douleur atroce du corps qui a trop travaillé le dos courbé. De ces religieuses on ne dira jamais qu'elles ont bien mérité du développement. Certains ne manqueront pas de les tourner en dérision sous prétexte « qu'elles ne font rien pour changer les structures ». « Ce n'est pas comme ces religieuses du Brésil formant des communautés militantes, réfléchissant sur la réforme de la propriété terrienne », nous disait un Européen. Il avait sûrement raison, mais entre les communautés militantes du Brésil et la léproserie de Bossangoa, où se trouverait Jésus ? Où vont ses pas dans l'Évangile ? Vers un village plein d'allant où des paysans à la conscience politique en éveil organisent leurs achats de semence en coopérative ? Ou vers une communauté où la dureté de la vie rend âpres les relations, désespérée la recherche d'un Sauveur et où les lépreux ne sont pas heureux d'être guéris ? Peut-être irait-il vers les deux, s'attardant un peu plus chez les seconds ?

Le Christ, aujourd'hui, s'en irait-il dans les rues, sur les places, dans les souks des grandes villes où l'argent passe de main en main et où chacun est à ses affaires ? Ou serait-il au marché de Bossangoa, où les visages transpirent le palu (« j'ai un coup de grippe... »), où une ethnie étrangère a la main sur le commerce, où la masse du peuple ne porte ni pagne ni boubou mais des « choisis », vêtements européens usagés importés en vrac et entassés pêle-mêle au bord du chemin pour que les pauvres « choisissent » le tee-shirt, les jeans déjà usés ? Et en poussant plus loin dans les campagnes, prendrait-il le chemin encore praticable conduisant vers les villages où les paysans sont déjà organisés ? Oui sans doute, mais sa préférence ne l'engagerait-il pas sur cette piste, crevassée un peu plus à chaque saison des pluies, menant vers Nana Bakassa, Kuki, Markunda ? Là, l'épuisement dû à la malnutrition, aux fièvres et aux amibes a rendu le sourire bien lent à venir. Des cultivateurs exténués nous tendent la main. Ils font un effort pour se lever, puis y renoncent. On dirait des hameaux habités par des enfants et des vieillards, tant la fatigue fait compter double les années, la longévité moyenne n'étant que de quarante ans. Cette population sans défense voit les plus énergiques de ses membres et ses jeunes fuir vers des horizons supposés plus cléments.

Ce n'est pas dans cette zone frontalière où vont et viennent, à l'occasion, les réfugiés, amenuisant encore les maigres réserves des villages, que nous verrons s'instaurer un programme de la Banque Mondiale. L'IDA, l'UNICEF, l'OMS, personne n'a su nous dire, au juste, ce qu'étaient ces organisatons-là. Sont arrivés parfois des sacs de céréales marqués PAM. Les habitants ne savaient pas ce que cela voulait dire et c'était il y a longtemps. « Peut-être les gens là-bas ne savent-ils pas que nous existons encore ? » Quant aux organisations internationales non-gouvernementales, cela signifie quoi au juste ? « Nous n'en connaissons pas. Elles ne viennent jamais chez nous. Nous, on connaît que les Pères et les Sœurs... »

Certes, pour mieux méditer l'Évangile, nous ne chercherons pas en premier du côté du grand barrage érigé pour aménager le fleuve Sénégal. Peut-être nous dirigerons-nous vers le Sud de la Centrafrique où de nouveaux efforts d'exploiter une modeste récolte de coton sont engagés ? Mais restent, au-delà de tout développement, ces régions où ne se trouvent que

« les Pères et les Sœurs » ayant pour seule mission de proclamer : « Ta foi t'a sauvé, ton âme ne sera pas mangée, elle vivra ». Ta foi t'a sauvé car il ne te restait plus qu'elle. Dans ton ciel ne s'érigeait pas un barrage pour te donner quelque espoir humain et tu n'as jamais vu passer un expert du coton t'expliquant que, bientôt, ta récolte serait plus abondante.

L'Église ne s'est pas trompée de chemin et c'est sans doute pourquoi elle s'attire depuis bien longtemps le discrédit de tous ceux qui ne parviennent pas à comprendre que l'efficacité n'est pas le dernier mot. Ce dénigrement atteint aussi l'équipe ATD Quart Monde : « Pourquoi se perdre dans une population incapable de s'organiser en coopérative et de réclamer collectivement des engrais ? Sans doute l'ATD va-t-elle, comme les religieuses autrefois, faire tricoter les femmes ? » C'est ce que firent, en effet, les religieuses et il fallait, pour cela, avoir développé une sensibilité singulière à une population constamment dépossédée de son coton, du fruit de son labeur baigné de la sueur de ses fièvres. Il fallait vraiment porter la vie ensemble, pour sentir que les doigts des plus pauvres n'attendaient que cela : de transformer le coton en fil, puis en pièces artisanales pour embellir le corps, la case, l'environnement, les rites et le culte. Les promoteurs de programmes de développement dans les pays les moins avancés prennent-ils le temps de la communion qu'avait pris Jésus et que prirent aussi ces religieuses ?

Le temps de la sensibilité : j'ai tellement vécu, souffert et espéré avec toi que je sens ce que tu sens. Le temps de trente ans de vie du Seigneur et qui le conduisirent à ce moment unique que, seule, une communion de cette qualité-là pouvait rendre possible.

Or une femme, souffrant d'hémorragie depuis douze ans,
s'approcha par derrière
et toucha la frange de son vêtement.
Elle se disait :
« Si j'arrive seulement à toucher son vêtement,
je serais sauvée. »
Mais Jésus se retournant et la voyant, dit :
« Confiance, ma fille ! Ta foi t'a sauvée. »
Et la femme fut sauvée dès cette heure-là.

(Matthieu 9, 20-22)

Elle était derrière lui, elle se faisait toute petite, penchée vers le sol pour toucher son vêtement. N'importe qui aurait poursuivi son chemin sans percevoir sa présence. N'importe qui, mais non pas le Christ qui avait la souffrance des hommes à fleur de peau et la sentait, en chaque être souffrant.

Jésus fut bon pour elle, nous dit-on. Il la singularisa dans sa petitesse, bousculant les lois et coutumes qui lui imposaient de renvoyer l'impure, la femme inutile. Tout cela est important à méditer. Mais notre premier émerveillement n'est-il pas que Jésus la savait derrière lui, qu'il sentait son angoisse et son immense espoir ? Douze ans d'hémorragies que rien n'avait pu guérir, douze ans d'épuisement et, surtout, douze ans de mépris, d'intouchabilité, d'impureté. « Ne t'approche pas de moi... » Le Christ sentait, sans même encore la voir derrière lui, ce que son entourage avait refusé de prendre en compte : le poids de douze ans de solitude et de peine.

N'oublions pas que Jésus était appelé ailleurs. Avec ses disciples, il avait à l'esprit la fillette du notable venant de mourir. C'est souvent ainsi qu'arrivent les rencontres, et les guérisons : Jésus, apparemment la tête ailleurs, en route pour une affaire importante, s'arrête net sur ses pas, parce qu'une souffrance trop profonde croise son chemin. Ses propres disciples auraient passé leur chemin, comme nous-mêmes le faisons si souvent. « Ils n'ont pas de temps pour nous, on ne les intéresse pas », disent les familles du Quart Monde. « Ils sont toujours en réunion », ajoutent-elles encore. Le Christ ne pouvait pas passer outre. Il était définitivement, inéluctablement à la merci des douleurs qui cassaient les plus humbles. Il ne pouvait pas passer sans voir, ni presser le pas en se disant : tant pis, ce sera pour une autre fois. En cette femme, c'était lui-même qui était meurtri. Il sentit sa peine avant qu'elle ne parle.

L'évangéliste Luc qui aime donner plus de détails, ajoute que Jésus a senti la main qui l'a touché et que c'est pour cela qu'il se retourne. En fait, tout le mystère de la communion entre Jésus et la femme demeure entier. Pierre s'impatiente : « Maître, ce sont les gens qui te serrent et te pressent. » Pourquoi s'inquiéter d'une main de plus ou de moins cherchant à toucher le Seigneur ? Luc dit : parce qu'il a senti qu'une force était sortie de lui. Mais que peut bien être cette force, sinon la communion à la peine de celle qu'il n'avait même pas encore vue ? « Une énergie qui peut agir indépendamment de la volonté de

Jésus, mais dont celui-ci a conscience » dit prudemment une exégèse*. N'est-ce pas cela, justement, cette sensibilité devenue une part de la personnalité même du Christ, à force de vivre avec les pauvres et les méprisés de Galilée ?

Je pense encore à l'Afrique et au Frère Albin Descombes passant devant une case où une femme était assise dans l'ombre. Elle ne disait rien, ne l'appelait pas, le regardait seulement. Que se passa-t-il entre eux deux, pour que le Frère Albin s'arrête soudain et prenne la direction de son coin d'ombre : « Ça ne va donc pas ? Je vous laisse de quoi vous remettre un peu. Vous en prendrez deux tout de suite et encore deux ce soir... »

Méditerons-nous jamais assez la sensibilité de Jésus ? Nous donnons-nous les moyens de la développer en nous ? A l'heure où le Frère Albin Descombes allait dans son village, un autre Européen se trouvait, lui aussi, en Afrique. Commissaire des Communautés européennes, il visitait un barrage financé par L'Europe pour améliorer l'irrigation des terres. Homme intègre, animé d'une volonté acharnée de combattre la pauvreté, quelle chance avait-il de sentir le désespoir sans issue des ruraux sans terre du fait même des travaux entrepris ? Qu'a-t-il pu voir, qui a-t-il pu rencontrer ? Nos structures modernes l'ont rendu prisonnier d'une technocratie incapable de se taire pour écouter, de se laisser déranger par des hommes en chair et en os. Le haut fonctionnaire constamment entouré d'experts a pu rencontrer des paysans orga-

* *Traduction œcuménique de la Bible,* Nouveau Testament, p. 222, note q.

nisés, toucher le riz d'excellente qualité, se voir soumettre des estimations savantes de l'accroissement des récoltes théoriquement possible. Mais personne ne l'a aidé à sentir le malheur muet, à rencontrer le regard de ces hommes sans terre qui, à cause du barrage, furent privés de leurs dernières chances de vendre la force de leurs bras désormais inutiles.

Quand nous parlons de la sensibilité du Christ faisant sienne cette angoisse des pauvres qui échappe à la conscience des nantis, quand nous parlons de la tâche des chrétiens d'assumer leur rôle de veilleurs, certains font dévier le débat : « Vous êtes donc contre les barrages ? » La question n'est pourtant pas là. La volonté de l'homme de mieux gérer son environnement est tout à son honneur. Mais Jésus ne nous a-t-il pas rappelé que la croissance de la maîtrise des uns se fait souvent au détriment des autres, ou à tout le moins ne sert guère à les sauver de l'exploitation et de l'asservissement ? Les choses se passent plutôt en sens inverse. Un nouveau pouvoir dans d'autres mains se traduit presque toujours en de nouvelles oppressions pour les humbles. Or, un barrage au cœur d'une terre assoiffée représente un immense pouvoir. L'eau qui, tout à coup, se fait plus abondante n'a pas nécessairement lavé les hommes de leurs rivalités et de leurs volontés de puissance. Jésus ne nous demande pas d'être contre les barrages, mais d'être présents aux opprimés qui n'en profiteront pas et à ceux qui en seront les bénéficiaires, pour que chacun ait sa juste part. Notre inquiétude ne concerne pas les travaux d'irrigation, ni même en premier lieu la répartition inégalitaire de leurs bienfaits. Nous posons une question sur l'entourage — nous n'osons pas dire :

sur les pharisiens du développement — qui empêche un dirigeant de bonne volonté d'entendre la plainte des plus pauvres et de connaître leurs visages. Le Commissaire n'eut même pas l'occasion de les rencontrer par personnes interposées. Il ne put écouter, loin du brouhaha des voix de la technocratie, les hommes qui, dans cette région, étaient partis sur les chemins du Seigneur, désireux comme lui d'empêcher la naissance de nouvelles injustices.

La guérison de la femme souffrant d'hémorragies confirme évidemment aussi la compromission de Jésus avec les impurs et les déshonorés, dont il ne peut attendre que perte de crédit. Nous pouvions le prévoir, après l'engagement pris durant la tentation au désert. Mais nous ne pouvions pas encore imaginer jusqu'où irait son renoncement. En pénétrant plus avant dans l'Evangile, nous n'allons pas cesser de voir des signes de plus en plus précis et déconcertants. Dans son refus de prestige, Jésus ne limite pas son compagnonnage aux « bons pauvres », aux « nouveaux pauvres », aux méritants qui sont sans danger pour la respectabilité de la communauté. Fallait-il vraiment aller jusqu'aux maudits ? A vrai dire, le Christ ne se soucie pas de répondre directement à cette question surgissant dans l'esprit des apôtres. Sa réponse est avant tout dans sa vie. Celle-ci nous dit : Comment me ferais-je totalement obéissant, comment atteindrais-je le Golgotha et la Croix des humiliés et des damnés, si dès le départ, je n'empruntais pas leur chemin, si je ne partageais pas leur vie et leurs espérances. Ainsi nous parlent ses gestes, jour après jour.

Le soir venu, on lui amena de nombreux démoniaques.
Il chassa les esprits d'un mot
et il guérit tous les malades,
pour que s'accomplisse ce qui avait été dit
par le prophète Esaïe :
« C'est lui qui a pris nos infirmités
et s'est chargé de nos maladies ».

(Matthieu 8, 16-17)

Faut-il imaginer des limites à cette prise en charge des infirmités et maladies ? Jésus pouvait-il prendre sur lui l'infirmité des démoniaques, sans prendre sur lui leur état de rejet, l'horreur et la peur qu'ils répendaient ? Le soir même, toute la population vient lui demander de quitter le territoire... Pouvait-il prendre sur lui la souffrance des lépreux, de la femme frappée d'hémorragies, sans assumer l'impureté s'attachant à leur maladie ?

A ces questions, Jésus Christ ne répond pas d'abord par des discours mais par sa vie quotidienne. Aussi, n'est-ce sûrement pas sa seule parole qui a conduit Jésus à la mort sur une croix. Jésus n'a pas été tué seulement pour s'être proclamé le Messie ni pour avoir fait œuvre de miséricorde. C'est de s'être totalement identifié à ceux qui étaient objets de rebut et de les avoir choisis pour confidents et messagers, qui l'a conduit au Golgotha. Loin de créer seulement un débat théologique, son enseignement et sa vie renversaient l'ordre du monde. *« Beaucoup de premiers seront derniers et beaucoup de derniers seront pre-*

miers » (Mt 19, 30). C'était en quelque sorte chose faite, par le seul choix du Christ de ses amis et compagnons. Le Royaume agissait déjà en vérité. C'était inacceptable alors, et cela le demeure aujourd'hui.

C'est ce que devait récemment apprendre Mme Hélène Monnier. Elle fut sollicitée par le maire de sa commune pour assurer un lien entre les familles les plus pauvres et les services municipaux. Il ne lui fallut pas longtemps pour se rendre compte combien les exclus renversaient l'ordre des choses. L'Aide Sociale par exemple était inadaptée pour des foyers sans ressources, dont les allocations familiales n'arrivaient pas à temps. Bientôt, on s'aperçut aussi qu'il était impossible de procurer un logement à des familles nombreuses dans des lotissements PSR (Programme Social de Relogement) conçus pour des ménages d'un ou deux enfants. Surgirent également des problèmes pour l'admission à l'école d'enfants ayant de gros retards scolaires, pour l'embauche de pères chômeurs ne touchant aucune indemnité depuis plusieurs années. Toutes ces difficultés devenaient visibles parce que, pour la première fois, les familles du Quart Monde pouvaient, à travers Hélène Monnier, s'exprimer elles-mêmes sur leur situation, au lieu d'attendre que d'autres définissent leurs besoins.

En somme, pour répondre à leurs attentes, il eût fallu changer de manière de faire en matière de Droits de l'Homme. C'était toute la législation sociale qu'il eût fallu modifier. Il n'en était évidement pas question. Aussi, Mme Monnier devint vite indésirable pour les employés de la mairie. Elle fut considérée et traitée comme la dame bienfaitrice du Quart Monde. Ainsi, sa présence à la municipalité devint non seulement inutile mais même inopportune pour les familles.

Hélène Monnier appliquait en toute simplicité ces paroles de Jésus : *« Ne vous faites pas non plus appeler " Docteurs " car vous n'avez qu'un seul Docteur, le Christ »* (Mt 23,10). Insupportable remise en question des hiérarchies, voilà que Jésus va prendre une Samaritaine pour première confidente sur un thème dont devaient normalement traiter, seuls, les plus savants parmi les docteurs et les prêtres.

Fatigué du chemin, Jésus était assis tout simplement
au bord du puits. C'était environ la sixième heure.
Arrive une femme de Samarie pour puiser de l'eau ;
Jésus lui dit : « Donne-moi à boire. »
Ses disciples, en effet, étaient allés
à la ville pour acheter de quoi manger.
Mais cette femme, cette Samaritaine,
lui dit : « Comment ? Toi, un Juif,
tu me demandes à boire à moi, une femme
samaritaine ! » Les Juifs, en effet,
ne veulent rien avoir de commun
avec les Samaritains. Jésus lui répondit :
« Si tu connaissais le don de Dieu et
qui est celui qui te dit : « Donne-moi à boire »,
c'est toi qui aurais demandé et
il t'aurait donné de l'eau vive. »
La femme lui dit : « Seigneur,

tu n'as même pas un seau et le puits est profond :
d'où la tiens-tu donc cette eau vive ?
Serais-tu plus grand, toi, que notre
père Jacob qui nous a donné le puits et qui, lui-même, y a bu ainsi que ses fils et ses bêtes ? »
Jésus lui répondit : « Quiconque boit de cette eau-ci aura encore soif ;
mais celui qui boira de l'eau que je lui donnerai
n'aura plus jamais soif ; au contraire, l'eau
que je lui donnerai deviendra en lui une source
jaillissant en vie éternelle. »
La femme lui dit : « Seigneur,
donne-moi cette eau pour que je n'aie plus soif
et que je n'aie plus à venir puiser ici. »
Jésus lui dit : « Va, appelle ton mari et reviens ici. »
La femme lui répondit : « Je n'ai pas de mari ».
Jésus lui dit : « Tu dis bien :
'' Je n'ai pas de mari '' ;
tu en as eu cinq et l'homme que tu as n'est pas ton mari.
En cela tu as dit vrai. »

« Seigneur, lui dit la femme, je vois
que tu es un prophète. Nos pères ont adoré
sur cette montagne et vous, vous affirmez qu'à
Jérusalem se trouve le lieu où il faut adorer. »
Jésus lui dit : « Crois-moi, femme, l'heure vient
où ce n'est ni sur cette montagne ni à Jérusalem
que vous adorerez le Père. Vous adorez ce que
vous ne connaissez pas ; nous adorons ce que
nous connaissons, car le salut vient des Juifs.

Mais l'heure vient, elle est là,
où les vrais adorateurs adoreront le Père en esprit
et en vérité ; tels sont, en effet, les adorateurs
que cherche le Père. Dieu est esprit et c'est pour-
quoi ceux qui l'adorent doivent adorer
en esprit et en vérité. »
La femme lui dit : « Je sais qu'un Messie
doit venir — celui qu'on appelle Christ —.
Lorsqu'il viendra, il nous annoncera toutes choses.
Jésus lui dit : « Je le suis, moi qui te parle. »

(Jean 4, 6-26)

L'événement assurément nous dépasse, comme il dépassait les disciples, trop « stupéfaits » pour questionner Jésus : « Que cherches-tu ? » ou « Pourquoi lui parles-tu ? » Qu'y avait-il de si stupéfiant dans l'air, pour faire taire ainsi ces compagnons toujours prêts à assaillir leur Maître de questions ?

Voila une femme samaritaine, venue puiser de l'eau. Elle vient à la sixième heure, pour ne pas se faire remarquer sans doute, pour ne point avoir à rencontrer d'autres femmes, puisque ce n'est pas l'heure où toutes vont au puits, ensemble. Samaritaine méprisée même des siens, et nécessairement très pauvre : ce n'est pas un homme de bien qui l'aura prise pour compagne, elle qui a déjà eu tant d'hommes dans sa vie... Voilà une impure s'il en fut, doublement, triplement impure pour le Juif Jésus. Aussi, quelle merveille que cette conversation toute simple qui va se dérouler. Seuls les plus pauvres, dans mon expérience, ont cette manière d'être de plain-pied avec des interlocuteurs plus haut placés. Ceux qui ont déjà un modeste statut à faire valoir n'osent pas se permettre cette absence d'artifice. Les plus pauvres fabulent, inventent, arrangent la vérité à leur manière pour survivre, pour soutirer une aide ou exorciser un danger. Sinon, ils ne pourraient pas vivre et garder un semblant de dignité. Mais ils ignorent la suffisance et le quant-à-soi de celui qui, ayant atteint un certain niveau, doit s'y maintenir et , si possible, grimper plus haut. Nous avons vu des pères de famille sous-prolétaires, un premier jour de l'an, recevoir un Président de la République dans leur foyer et leur cité, des femmes discuter avec un ministre, des familles entières souper au Ministère des Finances. Leur manière était « sans gêne », au plus beau sens du terme.

C'est à ce même « sans gêne », que nous fait assister l'évangéliste Jean. La personnalité de Jésus y est évidemment pour beaucoup. Le Christ est toujours reconnaissable par sa simplicité. Je l'imagine tellement à l'aise, à mille lieues de cet air emprunté que les nantis ont parfois en rencontrant une personne dans la misère. Une femme marquée par le destin de la Samaritaine a la misère et le mépris des hommes inscrits en sa personne. Combien de fois ai-je pensé à elle, cru la voir, en observant la silhouette fuyante d'une femme portant son seau à l'unique W.C. collectif du Camp de Noisy-le-Grand, à la tombée du soir. Je croyais la reconnaître aussi dans telle mère de famille allant chercher de l'eau avec fierté et une sorte de défi dans la démarche, ne regardant ni à droite ni à gauche, se pressant comme pour éviter les moqueries. Je n'ai jamais ressenti autant de honte et de souffrance, que dans ces femmes ou parfois ces jeunes filles qui étaient comme raidies d'avance contre les quolibets et les regards méchants. Je n'ai jamais ressenti autant en moi-même de douleur et de pitié, qu'en croisant leur chemin.

La Samaritaine, pour moi, cela devait être Héléna. Elle se faufilait dans la cité quand elle rentrait un peu ivre, se glissait dans l'escalier, se cachait derrière la porte de la cave pour ne pas susciter les haussements d'épaule, l'air dédaigneux des voisines. Héléna n'était pas seulement très pauvre, elle était polonaise pardessus le marché. Je n'ai pas oublié le regard réprobateur des voisins, quand un premier mai, à la demande d'une amie, j'allai lui porter un brin de muguet. Je suis certain qu'ils se méfièrent du curé que j'étais : « Alors, même lui se laisse entraîner par cette moins que rien ? » Héléna, comme tant d'autres femmes trop pauvres pour se défendre, avait eu plusieurs maris et trop peu de force pour résister au dernier qui la battait à l'occasion. Mère seule avec trois enfants, elle passait pour une femme « légère », elle dont la vie et les avatars étaient si lourds à porter, qu'elle était comme enveloppée dans une tristesse opaque. Aller chez elle pour lui offrir du muguet, c'était se compromettre et le regard du voisin m'en disait long à ce sujet.

Pour m'être ainsi compromis, Héléna m'a remercié en me parlant de Dieu. En me disant son enfance, sa jeunesse entre la Pologne et la France, ses parents morts en déportation, les temps de famine et de promiscuité dans les meublés de Paris d'après guerre. Puis elle ajouta comme une plainte : « Je suis pourtant une croyante, je voudrais trouver et aimer Dieu. » Était-ce la Samaritaine que j'entendais : « Où dois-je aller pour l'adorer ? » « À l'église, me disait Héléna, je ne peux pas. Vous me voyez, moi, à l'église ? » Mais justement, comment ne pas la voir, la vouloir à l'église ? Elle objecta pourtant : « Non, non, ne me trompez pas, je sais bien ce que je vaux, voyez mon visage tout boursouflé. » Je lui disais : « Cela n'a pas d'importance, ce qui compte c'est que vous alliez voir la Sainte Vierge. Auprès de Marie, vous trouveriez d'autres femmes en prière, vous trouveriez le Seigneur. » « La Sainte Vierge, me répondit-elle, je l'ai là, voyez la statuette. Et prier, je le fais aussi, mais seulement quand les enfants ne sont pas là. Quand j'ai trop peur, je prie mais j'ai honte aussi de dire à Jésus comme j'ai appris enfant : ayez pitié de moi. Car, que doit-il penser de moi ? Mais je crois qu'il m'entend et me pardonne. » Grâce à la Samaritaine, je pouvais lui dire qu'elle avait pleinement raison. Et comme une masse, Héléna, ce jour là, est tombée à genoux, à réciter le Notre Père avec moi.

Humble événement de la vie quotidienne d'un prêtre, il est vrai. Mais quelle extraordinaire intimité s'établissait là, entre une mère de famille du Quart Monde d'aujourd'hui et la Samaritaine choisie par Jésus. J'imagine la familiarité spontanée entre ces deux auprès du puits, cette ambiance où l'un et l'autre pouvaient aller tout de suite à l'essentiel. La misère de la femme et sa situation de pécheresse n'étaient pas ignorées mais mises à leur juste place. Elles devenaient point de départ d'une clarification fondamentale qui me paraît aussi fondamentale pour le Christ que pour la Samaritaine. Songeons qu'à cette époque, il y avait querelle entre les disciples de Jean et ceux de Jésus. Lui, va-t-il pousser la simplicité jusqu'à partager son souci avec une femme sans intelligence des disputes théologiques ? Elle n'en connaît que le peu qu'on songe à communiquer aux humbles : « Tu feras ceci et non cela... tu adoreras sur telle montagne et non comme font les Juifs à Jérusalem. » Le Christ peut-il songer aller avec elle au fond des choses ?

C'est bien ce qu'il fait. Toujours égal à lui-même, il n'a pas arrangé la rencontre ni adapté ses propos pour les besoins d'une pédagogie. Comme pour toutes les autres rencontres qu'il nous est donné de contempler, je demeure en admiration devant le caractère inévitable de l'échange auprès du puits. L'un et l'autre étant ce qu'ils sont, avec les préoccupations qui furent celles de chacun, l'entretien ne pouvait pas se dérouler autrement. C'est un Jésus bien vivant et tout à son affaire que nous pouvons aimer. Il ne nous dit pas la vérité, il la vit sous nos yeux. Il est la Vérité.

Plus rien d'étonnant à ce que la Samaritaine apprenne ainsi, avant les docteurs de la Loi et, même, les disciples, la qualité de l'adoration que Dieu attendait désormais de tous les hommes. Jésus n'a pas mis entre parenthèses les grandes questions du monde, le temps d'adresser quelques bonnes paroles à une pécheresse. A la première occasion, il l'introduit dans la confidence. Et de confidente, elle va devenir messagère : « Venez voir un homme qui m'a dit tout ce que j'ai fait. Ne serait-ce pas le Christ ? » Les Samaritains ne manqueront pas, le moment venu, de la remettre à sa place : « Ce n'est plus sur tes dires que nous croyons ; nous l'avons nous-mêmes entendu. » Mais qu'importe. Cette difficulté d'admettre qu'un plus petit que soi vous ait appris quelque chose, semble inhérente à notre humanité. Les plus pauvres, que pourraient-ils bien avoir à nous apprendre ! La Samaritaine restera pourtant la messagère choisie par Jésus. Tout comme la femme guérie de ses hémorragies et le lépreux revenant en vitesse sur ses pas pour proclamer sa foi devant Jésus et le peuple rassemblé !

Tous ces personnages — car ce sont de grands personnages traversant ainsi l'Évangile — seront à l'image du Seigneur, à la fois messagers et vivants exemples du message. « Je suis pardonnée, je suis celle qui n'osait plus se montrer au culte mais qui priait Dieu dans son cœur... » Messagers bénis à qui Jésus dit et qui vont redire à leur manière : Dieu n'est pas d'abord affaire de théologie, Dieu est amour. Messagers choisis par le Christ pour nous dire plus encore : « Si vos théologies ne sont plus accessibles aux pauvres et vous conduisent à des disputes de spécialistes, elles ne concernent plus Dieu. » On pourrait encore s'y méprendre, dans le cas de la Samaritaine. Jésus n'aurait-il pas simplement, pour se faire comprendre d'une femme ignorante, réduit le problème à sa plus simple expression ? Mais le Seigneur n'a jamais fait ce qu'on appellerait aujourd'hui de la vulgarisation pour les petites gens. Il a dégagé l'essentiel et cet essentiel était accessible non seulement au cœur, mais — je le pense aussi profondément — à l'intelligence de celle qui écoutait. Son intelligence de la vie s'y retrouvait pleinement, comme l'intelligence de la vie des plus pauvres se retrouvait constamment dans les guérisons.

Les estropiés, les aveugles, l'humble femme malade depuis douze ans, la Samaritaine réprouvée n'étaient pas des théologiens et ne pouvaient pas l'être. En les prenant pour ses compagnons, Jésus témoignait surtout de sa pitié, nous dit-on. Je crois qu'il faisait bien plus. La Samaritaine en courant au village : « Venez tous voir... », n'était pas une intermédiaire inconsciente. Elle qui avait pour habitude d'aller au puits quand personne ne la voyait n'était pas inconsciente quand elle se précipita au-devant de ses voisins, osant se proclamer qui elle était : « Venez voir un homme qui m'a dit tout ce que j'ai fait. » « Ne serait-ce pas le Christ ? » a-t-elle ajouté. Elle croyait déjà qu'un Messie nommé Christ devait venir, qui « annoncerait tout ». Le pardon, l'amour, l'eau vive étanchant la soif pour toujours, l'importance décisive de ce que l'homme porte dans l'esprit et le cœur, elle était pleinement préparée à en entendre parler.

Et si nous nous trompions de théologie ou, peut-être, de théologiens ? Si pour le moins nous avions à redécouvrir les hommes et les femmes détenteurs de l'essentiel de la connaissance de Dieu, peu importe les raisonnements que les plus instruits peuvent bâtir par la suite ? Et si nous relisions nos théologies comme nous relisons, ici, l'Évangile, à partir des plus pauvres ? Que d'heures, d'années et de siècles de méditation sur ces plus humbles témoins de la vie et de la personne du Christ à retrouver, à rassembler ! Y a-t-il un seul instant, une seconde dans l'histoire de l'Église où quelque part, cette méditation ne se soit poursuivie ? Le drame, la véritable pauvreté de notre temps est que nous avons laissé couler si souvent cette méditation à travers les doigts de l'Église. Il n'existe pas un lieu où toute cette mémoire ait été gardée vivante. La mémoire des boiteux et des paralysés, celle de cette petite femme recroquevillée dans sa maladie et courbant péniblement le dos pour toucher la frange du vêtement de Jésus. La mémoire de la Samaritaine dont le cœur n'a fait qu'un bond : « Venez tous, il y a là un homme... » La mémoire aussi de tous ceux qui se sont nourris de la vie, de l'intelligence du cœur et de l'esprit des plus petits, sujets de l'amour du Seigneur et pour cause !

Tendre mais gaspilleuse Sainte Mère Église qui possède tant de joyaux : larmes, pensées, espérances des plus pauvres et de ceux qui les cherchent, et qui les laisse glisser entre ses doigts.

CHAPITRE VI

Les gestes qui rendent l'honneur

Durant une soirée de prière avec des familles sous-prolétaires des environs de Paris, nous parlions de la Samaritaine. « Et dire que Jésus n'a dit ça qu'à elle », s'exclama Mme Larmand. Angèle Larmand est mère de cinq enfants. Son mari, illettré et sans compétences professionnelles, est trop faible pour faire les travaux durs qu'on lui offre mais pas assez épuisé pour être reconnu malade. Il a un statut de demandeur d'emploi non indemnisé. Les deux parents sont traités comme des ignorants, partout où ils se présentent. A peine si à l'Agence pour l'Emploi, à la Caisse d'Allocations Familiales ou au Bureau d'Aide Sociale on prend la peine de leur expliquer leurs dossiers et leurs droits. « De toute façon, c'est trop compliqué et, que voulez-vous, il n'y a qu'elle qui sache remplir les formulaires, et encore ! », dit une préposée d'un service départemental. A l'école voisine de la cité des Larmand, l'instituteur semble penser pareil. « Je voudrais que mes enfants apprennent ; vous voyez ce que ça a donné pour mon mari », soupire Mme Larmand. « Mais j'ai beau demander à la maîtresse, elle m'envoie sur les roses. Ne vous occupez pas Madame, on s'intéresse à eux, qu'elle me dit. Alors, les parents, ils n'ont pas le droit de savoir ? » Mme Larmand, qui voulait profondément être une bonne mère, a suivi, un soir, une voisine dans une réunion de parents d'élèves. Elle n'a rien compris et n'a pas osé poser de questions. Elle n'y est jamais retournée.

« Et Jésus, il n'a dit ça qu'à elle, répète-t-elle, Il savait qu'elle comprendrait, qu'elle irait le dire aux autres. » Peu à peu, elle découvre que l'Évangile est ainsi parsemé de messages importants confiés à des personnes parmi les plus méprisées. Parfois sous forme de confidence : « tu m'as arrêté sur ma route dans ta peine ; maintenant, tu es sauvé et je t'ai confié un message unique... » Plus beau encore, parfois le message est développé avec la personne même qui s'est adressée à Jésus, comme il en fut pour la Cananéenne.

Partant de là,
Jésus se retira dans la région de Tyr et de Sidon.
Et voici qu'une Cananéenne vint de là
et elle se mit à crier :
« Aie pitié de moi, Seigneur, fils de David !
Ma fille est cruellement tourmentée par un démon ».
Mais il ne lui répondit pas un mot. Ses disciples,

s'approchant, lui firent cette demande :
« Renvoie-la, car elle nous poursuit de ses cris. »
Jésus répondit :
« Je n'ai été envoyé qu'aux brebis perdues de la Maison d'Israël ».
Mais la femme vint se prosterner devant lui :
« Seigneur, dit-elle, viens à mon secours ! » Il lui répondit :
« Il n'est pas bien de prendre le pain des enfants pour le jeter aux petits chiens. »
« C'est vrai, Seigneur ! reprit-elle ; et justement les petits chiens mangent les miettes qui tombent de la table de leurs maîtres. »
Alors Jésus lui répondit :
« Femme, ta foi est grande ! Qu'il t'arrive comme tu le veux ! »
Et sa fille fut guérie dès cette heure-là.

(Matthieu 15, 21-28)

Ce qui enchante les familles et moi-même toujours à nouveau, c'est de retrouver le Christ sans cesse à participer à la vie des pauvres. L'invention de la participation des pauvres *à nos projets* est de notre temps. Elle me paraît relever d'un malentendu sur le rapprochement à réussir entre les riches et les pauvres. Qui doit s'inspirer de qui ? Qui détient les expériences de vie et une pensée clé, indispensables pour renouveler le monde, nos institutions, notre religion et notre foi ?

Jésus ne « fait pas de la participation », il est tout entier communion et, des entretiens auxquels nous avons la joie d'assister, il ne peut que jaillir, à chaque fois, une lumière étonnante. Une lumière qui surprend, justement parce que les plus pauvres ne sont pas réduits à l'état de participation à une pensée élaborée en dehors d'eux. Ils sont créateurs d'une pensée et celle-ci surgit de leur expérience de la pauvreté extrême. Elle surprend inévitablement les nantis. Cela me paraît entrer dans la logique même de l'Évangile. Pourtant, dans bon nombre de commentaires, je crois lire le contraire.

Il sera dit pour la Samaritaine , par exemple, que : « justement parce qu'il est Juif, justement parce qu'il a eu en face de lui une pécheresse, une hérétique et une femme, c'est lui qui va se mettre en position non pas de lui faire la charité mais de lui demander quelque chose. Il y a, là, beaucoup d'enseignements à tirer : plus on se croit supérieur à quelqu'un, plus il faut se mettre en position de mendiant et de prière.» Je trouve ces paroles dans *L'Aujourd'hui des Évangiles* de Jean-Louis Barreau.

Jésus pédagogue, « se mettant en position de mendiant » pour l'occasion ? Oublierions-nous qu'il a soif, qu'il n'a rien sur lui pour faire la charité ? Jésus misérable, tout à fait naturel et de plain-pied avec les plus humiliés de la terre, est-il donc si insupportable à rencontrer ? L'idée d'un Jésus s'inventant un rôle de pédagogue avec ses techniques — je l'ai dit — me paraît une injustice profonde faite à sa personne. Cela ne risque-t-il pas aussi de conduire à une méprise dangereuse sur les chemins à emprunter pour le suivre ? Nous le voyons, à travers les évangiles, tantôt tourmenté, soupirant, s'emportant, tantôt entraînant tout le monde à la fête. Nous le voyons tellement comme les pauvres en tout cela, à la fois irrité (et ne se privant pas de le montrer) et débordant de tendresse, à la fois délicat et mettant les pieds dans le plat comme jamais ne l'eût fait un homme élevé trente ans durant dans les bonnes manières. Jésus respire l'homme d'un peuple de pauvres qui n'a pas à faire semblant. Quiconque a vécu dans des cités pauvres le reconnaît avec une immense allégresse. Même Matthieu, l'évangéliste sobre, soucieux de nous présenter le Maître, n'efface pas pour autant la figure de l'homme pauvre, simple, sans manières empruntées avec les siens. Tout le mystère du Fils de Dieu fait homme n'est-il pas là, précisément ?

De la rencontre avec la Cananéenne, il ne faudrait en tous cas pas enlever toute la vie, tout le suc, en la transformant en je ne sais quelle leçon pédagogique. Nous assistons à une véritable algarade, débordante de spontanéité, d'humeurs de part et d'autre. La femme crie et cela après un étranger ! Ce n'est déjà pas un comportement de femme sagement élevée. Elle est pauvre, à l'évidence, elle crie et, sans doute, gesticule-t-elle comme font les très pauvres du monde qui n'arrivent pas à se faire entendre. Son comportement devient gênant au point d'indisposer les disciples qui en ont pourtant vu d'autres. « Fais ce qu'elle demande et elle partira et nous laissera en paix... » Mais cela n'est pas la manière de Jésus. Si l'on a des choses à se dire, qu'on se les dise. Et, justement, avec le Christ, les plus pauvres peuvent parler, discuter, le convaincre même, ce qui est impensable avec les scribes et les légistes. Aussi semblent-ils ne jamais manquer l'occasion. Et voilà encore une fois une femme retournant chez elle avec un message unique, qu'elle-même a d'ailleurs aidé à formuler : devant

Dieu, il n'y a pas de nationalité qui vaille, pas de formalités barrant la route ; les hommes ne peuvent jamais être mis au niveau des chiens, ne recevoir que des miettes. « Je suis Cananéenne, mais ma fille est guérie comme si elle eut été de la Maison d'Israël. »

La Cananéenne, j'ai cru la voir un jour passer devant moi, son enfant dans les bras. C'était en réalité Mme Pimort, s'étant donné le mot avec d'autres femmes du Camp de Noisy-le-Grand. Elles savaient que le maire devait venir sur place et elles allaient au-devant de lui. C'était l'hiver, elles étaient mal mises. Elles avançaient en désordre, parlant haut et gesticulant : « Nos enfants ont droit à une école où l'on ne les injurie pas, où ils puissent apprendre ; nos enfants ont droit à des maisons où ils ne soient pas déshydratés en été, transis de froid l'hiver... Nous avons beau être du Camp nous ne sommes pas des chiens, monsieur le Maire. »

La Cananéenne, n'était-ce pas aussi Mme-Parmentier allant de porte en porte faire signer une pétition pour des logements ? Son mari ne travaillait pas depuis longtemps, et elle n'avait pas de quoi faire chauffer son poêle. Elle allait prendre du bois où elle en trouvait, aux alentours. Elle allait le prendre, non pas le voler. « Nous avons beau être du Camp, nous ne sommes pas des chiens. »

« Nous avons beau être du Camp... J'ai beau être Cananéenne... » « Pour Dieu, ça ne peut pas compter », nous disait ces jours-ci un homme rentrant dans sa cité les mains vides parce que, maintenant, à Paris « les poubelles, ça ne se fait plus, tout est bouclé. Où voulez-vous que j'aille, maintenant ? » Après un silence, il ajouta : « Pour Dieu, ça ne peut pas compter que j'habite là ; pour le maire, oui, mais pas pour Dieu. Sinon, il n'y aurait pas de Dieu. »

Et pour M. Radier, Dieu ne peut pas ne pas exister. Parce qu'il faut bien qu'il existe un Dieu qui ne fasse pas de différence comme le font les services du logement. « Ah ! Vous habitez le Moulin Neuf ! Peut-être, monsieur, vaudrait-il mieux que vous repassiez un autre jour. » Si Jésus passait au Moulin Neuf, où plus de la moitié des logements sont murés, déclarés insalubres, M. Radier serait dans la foule à le proclamer Fils de Dieu. Il irait sans hésiter lui montrer son genou enflé, certain que désormais, il pourrait sans douleurs atroces, distribuer ses feuilles de publicité dans les boîtes aux lettres, comme il le fait parfois pour gagner un peu d'argent. M. Radier croirait comme ont cru tous ces hommes, toutes ces femmes pétris de malheur, rencontrés par Jésus parce que sa route ne pouvait pas passer ailleurs, et choisis pour devenir ses témoins et messagers. Parfois porteurs uniques auxquels Jésus laissait l'entière responsabilité d'aller répéter ce qu'ils avaient appris. Parfois coacteurs devant une assistance importante. Mais toujours témoins privilégiés d'une intimité toute particulière avec le Christ.

Ces bienheureux, nous avons du mal à les quitter. Voilà encore le paralysé, descendant, ô surprise, sur son brancard à travers le toit (Mc 2, 1-12). Fallait-il être pauvre et désespéré pour avoir ce sans-gêne ? Quel voisin bien élevé et bien réfléchi eût osé montrer pareille insistance ? « Il faut imaginer une maison palestinienne à un seul étage dont le toit en terrasse est fait de bois et de terre battue », dit non sans ingénuité le commentaire de la T.O.B.* Il faut peut-être surtout imaginer l'impatience de ces hommes pauvres, si souvent les nerfs à vif, portés à faire des gestes expéditifs pas toujours très adroits, cassant toujours plus qu'ils ne peuvent en réparer. Jésus ne voit que leur empressement, leur certitude qu'il les comprendra. Ai-je tort de penser qu'ils auront saisi mieux que tout le monde ces paroles : « Mon fils, tes péchés sont pardonnés » ? Sûrement, comme tout ces désespérés, aspiraient-ils de tout leur être à les entendre, dans un monde où l'on ne cessait de leur dire qu'ils étaient dérangeants ? Il y avait, là, non seulement un paralysé aux pieds de Jésus, mais quatre hommes sur le toit, déjà confus de leur témérité et craignant de se faire chasser d'un moment à l'autre. Est-ce par hasard que la première parole du Seigneur fut : tu es pardonné ?

Puis le Christ va prendre l'homme allongé sur le brancard et ses quatre amis pour témoins d'un geste solennel des plus majestueux :

> *Eh bien, afin que vous sachiez que le Fils de l'Homme a autorité pour pardonner les péchés sur la terre, — il dit au paralysé :*
> *« Je te dis : lève-toi, prends ton brancard et va dans ta maison. »*
> *L'homme se leva, il prit aussitôt son brancard*
> *et il sortit devant tout le monde,*
> *si bien que tous étaient bouleversés et rendaient*

* *Traduction œcuménique de la Bible*, Nouveau Testament, p.136, note c.

gloire à Dieu en disant : « Nous n'avons jamais rien vu de pareil ! »

(Marc 2, 10-12)

Quel honneur fait aux pauvres et à un homme considéré comme puni de Dieu ! Peut-être est-ce difficile de l'imaginer, quand on ne mesure pas le déshonneur dans lequel ils étaient plongés nuit et jour, au temps de Jésus comme maintenant, dans une culture où le mérite était si soigneusement dosé. Honneur et jubilation, imagine-t-on les cœurs en fête, les têtes étourdies : « Que m'arrive-t-il donc, je l'espérais depuis toujours mais comment pouvais-je y croire ? » Jésus n'a pas seulement donné la consolation, la guérison, le pardon. Il répandait la fête et s'il avait une foule toujours derrière lui, n'était-ce pas une foule de pauvres, assoiffés de fête comme tous les pauvres du monde ?

Comment se taire en pareilles conditions ! Jésus l'enjoint à ces deux aveugles le suivant à tâtons en criant, leur regard dans le vide : *« Aie pitié de nous, Fils de David ! » (...) « Croyez-vous que je puisse faire cela ? » — « Oui, Seigneur. » (...) « Qu'il vous advienne selon votre foi. » (...)* Puis Jésus leur dit avec sévérité : *« Attention ! que personne ne le sache ! » Mais eux, à peine sortis, parlèrent de lui dans toute cette région* (Mt 9, 27-31).

Joie et, encore, honneur, comme ce fut le cas pour l'homme se tenant à la synagogue, la main paralysée, lui aussi singularisé et pris à témoin. Homme infirme, soudain fait signe de réhabilitation de toute la foule alentour qui ne pouvait pas comprendre les interdictions pesant sur le sabbat. Interdictions difficiles pour les riches peut-être, mais tout à fait invivables pour les pauvres ayant à vivre au jour le jour et pour qui le sabbat était largement un jour comme les autres, durant lequel il fallait survivre.

Joie et honneur toujours, pour les deux aveugles de Jéricho. « *La foule les rabrouait pour qu'ils se taisent.* » Non seulement ils retrouvèrent la vue mais ils suivirent le Seigneur. Ainsi l'honorabilité fut rendue au jour le jour, à des masses de pauvres, hommes et femmes tirés de l'ombre, témoins devant la foule et, même, devant les notables. Bien sûr, suivait pour certains le pénible passage devant les prêtres, la suspicion, la dérision. Suivait l'incertitude de l'avenir — nous en avons parlé. Mais Jésus a répandu sur son chemin le pardon, la réhabilitation et l'honneur des plus pauvres. Et ceux qui, comptés pour inutiles et même dangereux, ont goûté à cette réhabilitation-là, ne l'ont jamais oublié, de cela je suis certain. Je ne sais pas si nous prions assez ce Jésus rétablissant les pauvres dans la dignité, ni si dans les services organisés pour alléger leurs privations de nos jours, nous songeons assez à lui.

Les familles du Quart Monde considèrent important d'être accueillies par un Chef d'Etat, de rencontrer de temps en temps des responsables de la chose publique avec une certaine solennité. Elles n'ont pas, pour cela, les mêmes raisons que d'autres. Ce n'est pas, pour elles, une affaire d'orgueil ou d'ambition, mais une question de réhabilitation. Se déroula ainsi un jour de fête autour de la Reine des Belges, en 1982. Les familles savaient parfaitement qu'après la manifestation, la vie quotidienne reprendrait avec son lot de peines, de soucis et d'angoisses. Mais elles disent encore aujourd'hui : « Après ce jour-là, ça n'a plus été comme avant. On était tous dans la dignité. La Reine ne s'est pas attardée avec les ministres, c'est avec nous qu'elle a parlé tout le temps. »

Il me semble que ce jour-là, un peuple sous-prolétaire d'Europe se trouva très proche des foules de l'Evangile. Entre la Reine et les familles, tout pouvait être dit, même le malheur de ne pas savoir lire ni écrire. Dix mille personnes trop souvent malmenées vécurent dans la chaleur et la poussière une journée de paix et d'honneur. Cette ambiance de bonheur n'était-elle pas un reflet de ce qui se passait, quand le Fils de Dieu rassemblait la foule autour de lui ?

Ces rassemblements et ces fêtes se placent en opposition radicale à tout ce que représentent, à travers les siècles, « le pain et les jeux » pour les pauvres. Dans l'Évangile, autour de la personne du Christ, nous assistons à de véritables fêtes-programmes, des fêtes du changement. Les peines de la vie quotidienne ne sont pas escamotées ni oubliées mais tranformées, leur signification renversée. « Tu te croyais faible, tu es fort ; tu te sentais écrasé tu es debout ; tu t'imaginais condamné, tu es bien-heureux... Maintenant que tu es fort, debout et avec toutes tes chances, tu ne vas pas rester inactif, tu devras conforter tes frères. »

En rendant l'honneur à une femme maudite et, à travers elle, à une foule tout entière méprisée par les grands, Jésus la galvanisait. Lui-même est le programme proposé et sa vie, ses gestes en sont la première réalisation. Chaque rassemblement est un appel à l'action mais aussi une première mise en œuvre de celle-ci. S'il en eut été autrement, des pauvres, des malades exténués eussent-ils parcouru tant de chemin, patientant des heures et des journées pour voir le Christ ? Ils venaient pour voir et entendre, sûrement, mais nous jugerions mal les pauvres en pensant que cela seul motivait leurs déplacements. Ils pressentaient en fait ou savaient déjà qu'auprès du Christ, ils retrouveraient la dignité, en recevant de lui la mission de sauver leurs frères.

Les fêtes qui ne sont pas des missions reçues ne sont pas des fêtes mais des divertissements. Les honneurs rendus qui ne sont pas des appels à l'action représentent des formalités. Le Parti Communiste français l'a mieux compris que beaucoup en instituant la fête de l'Humanité. Le premier mai 1984, la CFDT fit, pour sa part, une fête d'un caractère particulier à Paris. Fête instructive, fête programme, elle fit honneur aux travailleurs migrants. Peut-être sommes-nous en voie de redécouvrir l'honneur et la fête enseignés il y a deux mille ans ?

Je viens d'assister à un rassemblement aux Pays-Bas. Une femme disait : « On m'appelait la sale Martha. C'est la première fois de ma vie que j'ai des gens assis autour de moi, à côté de moi et qui font la fête avec moi. Ça, je le dirai à tout le monde ! » C'était le 12 mai 1984. Ce jour-là, je me retrouvai en Évangile.

CHAPITRE VII

Le salut des plus pauvres, objet de scandale

Les plus pauvres guéris, honorés, mais aussi : ceux par qui le scandale arrive ! En regardant le monde aujourd'hui, je demeure interdit devant la terrible logique dans laquelle Jésus s'est engagé. Les hommes supportent mal que soient glorifiés ceux qu'ils avaient abaissés, les détenteurs du savoir ne peuvent admettre que d'autres, méprisés jusqu'alors, en sachent davantage et surtout des choses plus essentielles.

Je me dis parfois que, si un homme de haute naissance, ayant déjà acquis un grand prestige, avait fait le choix de Jésus pour les plus pauvres, sa situation dans le monde n'eût peut-être pas été entamée. Quelques-uns auraient pensé : « Si c'est sa conviction profonde, il y a là matière à réflexion pour nous aussi. » D'autres, à la limite, lui auraient pardonné ce qu'ils auraient fait passer pour une fantaisie. À la rigueur, son monde l'aurait pris pour un original. On ne met pas à mort un original. Le Christ devait être poursuivi et crucifié parce qu'il était le contraire d'un original, celui qui résumait et portait les aspirations profondes des pauvres et surtout des plus pauvres.

Certes, qu'il assume l'espérance des plus pauvres, les chrétiens le proclament volontiers. Mais qu'il l'ait fait en devenant semblable à eux, paraît plus difficile à admettre. Même dans l'Église, l'idée fait scandale. « Jésus, un misérable, est-ce vraiment sûr ? » La question m'est reposée lors de la rédaction de ces pages. Je le disais : je ne prétends pas y répondre. Je n'ai pas à prouver que Jésus naquit, vécut et mourut en homme de la misère. Je le crois, mes yeux le voient, mes oreilles l'entendent dans l'Évangile. Je ne puis voir le Christ en jeune homme contestataire, quittant son milieu à un moment donné de sa vie pour rejoindre les plus pauvres. À aucun moment, le dessein de Dieu ne m'est présenté ainsi. Mais pour ma part, je ne puis faire œuvre de théologien ni de philosophe. Je dois aux plus pauvres de rendre compte de la façon dont ils m'ont appris à lire l'Évangile et à aimer Jésus. Je dois à l'Église de les lui amener et, peut-être, de l'aider à ne pas cesser de reconnaître la bouleversante parenté du Fils de Dieu avec les misérables de son temps. Je peux porter témoignage, non pas présenter des preuves.

J'ignore si d'autres le pourraient. Jésus Fils de Dieu et homme de misère ne m'est jamais apparu accessible à notre entendement. Sa divinité incarnée dans sa condition d'homme, n'est-elle pas le plus profond des mystères, sujet de contemplation plutôt que de raisonnement ? À force de vouloir raisonner plutôt que de nous incliner, nous prenons peur. Prendre pour égaux des hommes et des femmes faisant apparemment si peu honneur à l'humanité semble avoir quelque chose de révoltant. Reconnaître pour ses frères des hommes littéralement rongés par la misère au point de ne plus pouvoir montrer le moindre signe extérieur de dignité, c'est se rabaisser, se nier soi-même, abandonner les sécurités attachées au fait d'être un homme.

Y a-t-il d'autre alternative que de faire confiance au Christ qui avait prévu nos « frayeurs » ? Me fier à ses paroles m'a permis de prendre à la lettre, aussi, les paroles des familles du Quart Monde. Je disais déjà leur question permanente : « Comment voulez-vous qu'ils comprennent, eux qui n'ont pas vécu ce que nous avons vécu ? » Pour elles, Jésus a compris parce qu'il a vécu leur condition. Devant lui, elles parlent comme ces hommes et ces femmes de certaines aldeas affamées du Guatemala : « Nous souffrons mais jamais nous ne souffrirons autant que lui. Nous sommes avec lui mais, même nous, ne pouvons pas comprendre. » Or, ce sont des hommes et des femmes tellement épuisés par la misère que nul ne songe plus à leur proposer de participer au développement, ni même à la révolution ou à la guérilla.

Nous rendons-nous compte de ce dont nous privons ces plus pauvres en laissant dire que le Christ aurait conservé pour le moins la sécurité d'appartenir à un autre milieu, d'être d'un autre rang dans le monde ? Sans Jésus fait homme misérable, eux demeurent des marginaux. On dira d'eux que le Christ les a sauvés, *eux-aussi,* par extension, et non pas *eux d'abord* et, grâce à eux, toute l'humanité. Ainsi, nous leur infligeons une ultime spoliation. Ils seraient des sous-hommes dont le Fils de Dieu pouvait avoir pitié mais dont il ne pouvait pas assumer l'identité. Nous prenons ainsi de bien grandes responsabilités. En venant dans le monde, le Christ a établi des priorités et, même, des préférences. Sommes-nous certains de ne pas les renverser ? Pour ébranler nos échelles sociales, Jésus se plaça-t-il sur un bas échelon seulement ? Ou se tint-il, dès sa naissance, au pied de l'échelle, parmi cette humanité jugée coupable parce qu'elle faisait peur ?

La guérison de l'aveugle-né racontée par Jean (9, 1-41) nous repose la question. Les disciples expriment toute la perplexité qui surgit encore de nos jours, dans les administrations, au Secours Catholique, à l'Armée du Salut. L'homme se tenant à l'entrée de la synagogue n'était pas seulement frappé de cécité, il était aussi mendiant. Tous les aveugles du temps de Jésus ne l'étaient pas. « *Les gens du voisinage et ceux qui auparavant avaient l'habitude de le voir — car c'était un mendiant — disaient : " N'est-ce pas celui qui était assis à mendier ? " (...) " Rabbi, qui a péché pour qu'il soit né aveugle, lui ou ses parents ? "* » Le croirait-on ? la question est restée entière aujourd'hui. À cette différence près que, maintenant, nous comprenons mieux les affections de la vue. Pour l'enfant né dans la misère, rien n'a changé, comme en témoignent les interminables débats sur la question de savoir s'il est venu au monde déja « taré », comme disent certains, ou si c'est son milieu qui le rend progressivement mauvais écolier, jeune délinquant, chômeur avant même d'avoir travaillé. Cette condition de la jeunesse existait évidemment dans les cités sous-prolétariennes, bien avant que la crise ne touche d'autres zones d'habitation. Que de fois, dans de longues réunions inter-ministérielles où fut débattue la cause du mal, ai-je pensé entendre les disciples : « Mais, alors, qui a péché, où est la faute, la tare, l'origine du mal ? Chez les parents ou chez les enfants ? » Sous-entendu : les causes ne sont pas chez nous, elles ne peuvent l'être. Ces gens-là sont trop différents de nous, ils existent en dehors de nous, malgré nous et non pas à cause de nous.

On me dira que je confonds maladie et misère. Sans doute dans une certaine mesure. La misère et les affections physiques, liées entre elles et se renforçant mutuellement pour abîmer l'homme, sont une donnée constante de l'histoire de l'humanité. Il est difficile de savoir ce que les hommes pensent de l'une ou des autres. Mais la question n'est pas, ici, d'étudier les attitudes des hommes face à l'infirmité où à la misère, mais de contempler le Seigneur parmi les plus pauvres. C'est en commençant par eux, frappés d'infirmités de toutes sortes, que le Christ va libérer les plus pauvres et les riches, *tous* les hommes. Sommes-nous en communion avec lui, sommes-nous derrière lui, angoissés de le voir s'engager inéluctablement vers le scandale à cause des amis qu'il se choisit ? Faisant ainsi chemin ensemble dans l'Evangile, nous voyons que les préférés de Jésus faisaient peur ou étaient comptés pour peu de chose ; qu'ils étaient jugés malfaisants, pécheurs ou pour le moins méprisables. Foule entraînant en permanence ses malades, ses misérables, en nous reportant vers notre temps, nous trouvons un peuple semblable, parlant de la même manière et dont on parle de la même manière qu'autrefois. Lui aussi est pauvre, son dénuement pouvant aller jusqu'à cette extrême misère où un nouveau-né, en plein hiver, est déposé sur un bout de carton. Et lui aussi en est jugé coupable. C'est tout ce dont nous avons à témoigner et je ne crois d'ailleurs pas que l'étude sociologique, sûrement intéressante, nous apporterait ce qu'en première approche, peut seule nous apporter la communion avec les plus pauvres d'aujourd'hui, leur voix dans nos oreilles, leur visage dans nos yeux, leur peine et leurs espoirs démesurés dans notre cœur.

Cette méditation constante nous rapproche nécessairement de l'humanité tout entière. Humanité dont nous disons plus souvent la générosité défaillante que le désarroi jamais maîtrisé devant la misère et les maladies qui s'allient pour rendre repoussant l'homme qu'il faudrait le plus aimer. Pour cette humanité en désarroi (« Rabbi, qui a péché ») seul Dieu pouvait rétablir la vérité sur l'homme que l'homme lui-même avait rendue confuse. Mais à quel prix ?

D'un côté il y avait la foule : *« Tu es le Fils de David »* ... *« C'est le prophète Jésus, de Nazareth en Galilée. »* De l'autre se tenaient les pharisiens, les prêtres, dont nous gardons peut-être un peu trop l'image de possédants impitoyables ou de poseurs de pièges. S'ils n'avaient été que cela, le Christ eût-il passé tant d'heures à discuter avec eux ? Ils n'avaient sûrement pas seulement la charge mais aussi un réel souci du peuple. Et Jésus, en débattant avec eux, les prenait au sérieux comme eux-mêmes le prenaient au sérieux. Leurs échanges, comme tous les faits et gestes de Jésus, se passent dans la vérité. L'enjeu en est la vérité sur Dieu et sa justice, par conséquent sur la place des petits et des humbles dans son amour. Sinon, les affaires eussent-elles pris cette acuité ? Toute ma vie au cœur de la misère m'incline à voir dans la préférence accordée aux plus pauvres la vraie source du scandale.

Retournons à la synagogue où se développe un débat, puis tout un remue-ménage et, même, une intrigue autour d'un homme totalement démuni et impuissant. Aveugle-né et sans parents ni amis pour le nourrir, il est obligé d'attendre que le voisinage dépose quelque nourriture près de lui. Il est sans instruction et connaît du monde ce qu'il peut en savoir par le toucher, des saisons qui passent ce qu'il en ressent sur sa peau, du temps qui s'écoule son caractère d'infinité et non ce qui lui donne son rythme. Il ne voit pas le changement dans la progression des choses et des hommes. Aveugle-né, presque mort-né, ce n'est pas *avec* lui mais *sur* lui qu'on discute. Est-il pécheur ou innocent ? Il n'a même pas les moyens de répondre. S'il ouvrait la bouche, sans doute ses paroles s'embrouilleraient-elles, comme je les ai tant de fois entendues s'embrouiller, quand des hommes sans instruction ni considération se sentaient accusés injustement. Je pense à ce père de famille qui avait de la difficulté à tenir un propos bien réfléchi. Un jour, il me disait : « Que voulez-vous, tout le monde me prend pour un imbécile. Alors, je n'ai plus qu'à me mettre à quatre pattes et à aboyer. Ils disent que je suis un mauvais père pour mes gosses, et moi, je ne sais pas leur répondre. »

L'aveugle, coupable ou innocent ? Au moment de sa guérison, curieusement, dans les notes explicatives de la T.O.B.*, les auteurs disent que « Jésus écarte les théories courantes sans se soucier d'en proposer une nouvelle. Il constate le fait de l'infirmité et agit en vue d'assurer à cet homme sa pleine intégrité physique ; il lui offre, du même coup, le signe qui lui permettra d'accéder à la " véritable lumière ". » Le commentaire ne pourrait-il pas être poussé plus loin ? Jésus, en guérissant les infirmes avec ce leitmotiv : « Ta foi t'a sauvé », affirme d'abord la miséricorde de Dieu. Pour les pécheurs, s'empresse-t-on de dire. De quel droit ? Forts de ce qui s'est passé entre Jésus et Satan, nous dirons : la miséricorde de Dieu pour les pauvres, pour les impuissants, d'abord, puis à travers eux, pour *tous* les hommes. Devant l'aveugle-né, pas plus qu'à aucune autre occasion, Jésus n'écarte une théorie courante sans se soucier de proposer une réponse nouvelle. Comment attribuer au Christ une telle légèreté, surtout devant ses disciples qui auront encore tant à faire pour répondre, en son nom, aux questions du monde ?

Les paroles et les gestes échangés entre Jésus et les plus pauvres sont toujours à la fois uniques, parfaitement *personnels* et en même temps symboliques. Ils remettent en cause toute une situation créée autour d'eux par d'autres hommes, souvent au nom de Dieu. C'est bien au nom de Dieu que l'aveugle-né est obligé de se tenir aux abords du Temple, sans pouvoir y entrer librement comme les personnes valides. Comme est réglementée au nom de Dieu toute la condition des pauvres, la place que peuvent occuper les infirmes

* *Traduction œcuménique de la Bible,* Le Nouveau Testament.

dans la communauté ou au Temple et qui réduit les infirmes pauvres à la misère. Et par chacun de ses actes, Jésus prend position, renverse une règle, rétablit non pas seulement *un* homme dans l'honneur, mais *les* plus pauvres dans la justice. À chaque fois, il proclame la liberté de tous les enfants de Dieu, si pauvres soient-ils. Tantôt publiquement et à haute voix, tantôt comme en famille, seulement devant ses disciples, il proclame la vérité : que Dieu nous aime et que le sort de nos frères est aussi essentiel à nous-mêmes que notre propre devenir. C'est cette proclamation constante au nom du Père, jamais escamotée, qui me paraît guider les pas du Seigneur toujours plus loin dans le scandale. À chaque fois qu'il se compromet avec un très pauvre, nous le voyons avancer avec certitude vers la mort ignominieuse.

Ce jour-là, en sortant du Temple, encore une fois Jésus ne se déroba pas. Il répondit clairement : la question de la culpabilité n'est pas où vous la cherchez, elle est ailleurs. Dieu ne connaît pas les boucs émissaires. Si vous voyez devant vous un être estropié, malheureux, sachez qu'il est là pour votre enseignement, « pour que *les œuvres de Dieu se manifestent en lui* ». Je ne connais personnellement pas beaucoup de paroles plus belles que celles-là, dans l'Évangile. Allez vers les misérables sans tarder, entourez-les, aimez-les, faites le silence autour d'eux, car c'est en eux que se manifestent les œuvres de Dieu. Par eux, vous allez apprendre à collaborer à ces œuvres-là, abandonnant toutes les autres. Allez vers eux pour leur révéler leur place dans le dessein du Père. L'apprendre est le premier de leurs droits et vous qui pensez être plus instruits qu'eux de ces choses, sachez qu'ils comprendront avec plus de facilité que vous.

Je découvre tout cela dans ces paroles de Jésus, qui délivre les plus pauvres comme nul autre ne sut ni ne saura le faire. Ou plutôt : les familles du Quart Monde me les font lire ainsi, tous les jours. Dans tout ce que l'Évangile leur apprend, cette participation privilégiée aux œuvres de Dieu leur est immédiatement accessible et familière. Je m'incline toujours devant la même intimité entre Dieu et les plus pauvres. « Nous souffrons, pour cela nous sommes avec notre Seigneur », disait une mère de famille vivant dans un dénuement quasi total dans un village du Brésil. Elle avait saisi non sans quelque lenteur les idées développées avec les habitants sur le stockage du maïs, sur un modeste plan d'adduction d'eau. Tout cela n'était certainement pas sans intérêt. Mais participer à l'œuvre de Dieu avait pour elle et ses voisins une tout autre signification.

La question du péché, celle des bienheureux, des préférés et de ceux qui le seront moins, Jésus la déplace. Nous en avons déjà vu un exemple dans la rencontre avec la Samaritaine. Nous en reparlerons en écoutant le sermon sur la montagne et les paroles du Seigneur sur le jugement dernier. Il y sera toujours question des mêmes œuvres de Dieu, devant se manifester à travers les hommes les plus meurtris. « Tant qu'il fait jour, il nous faut travailler aux œuvres de Celui qui m'a envoyé », dit Jésus, ajoutant le geste à la parole et rendant au mendiant, avec la vue, sa dignité d'homme. Et quel geste ! Comme Dieu fit l'homme, son Fils reprit de la boue entre ses doigts et recréa l'homme mal-né en homme nouveau et, pour toujours, unique.

Le guéri ne saura d'ailleurs pas ce qui lui arrive, d'être questionné comme il va l'être, après avoir lavé ses yeux à Siloé. « Qui es-tu, qui t'a rendu la vue ? » Le voilà devant les pharisiens : « Alors, on t'a fait cela un jour de sabbat ? Et tu prétends ce guérisseur prophète par-dessus le marché ? » Arrivent les parents, de pauvres gens. « Attention à vous, surveillez vos paroles. Est-ce bien votre fils aveugle ? Alors, expliquez-nous : comment voit-il, maintenant ? » La scène m'en rappelle une autre, se déroulant dans une cité sous-prolétarienne. « Alors, votre fils qui ne gagne pas un sou et qui n'a jamais travaillé, le voilà tout à coup avec une mobylette. Et vous prétendez qu'elle lui a été donnée, vous ne savez pas par qui ? » Et les parents, prudents comme tous les pauvres face aux grands du monde, affirment sans démordre : « Moi, je ne sais rien, je n'ai rien vu... »

La façon dont est malmené l'homme autour duquel aurait dû éclater la fête a quelque chose de pitoyable, d'humiliant pour toute l'humanité dont nous sommes. Les pharisiens le font revenir encore, tournant peu à peu sa guérison en un vrai malheur pour lui. « Qu'a-t-il fait ? Comment t'a-t-il ouvert les yeux ? » Cet homme, tout à coup égaré dans le monde des voyants, regarde les visages crispés autour de lui. Personne ne songe à louer ce jour de sa guérison miraculeuse. Comment a-t-il tenu bon ? « *Je vous l'ai déjà raconté, mais vous n'avez pas écouté.* » Il a l'ironie, doublée d'ingénuité, d'ajouter : « *N'auriez-vous pas le désir de devenir ses disciples vous aussi ?* » Écoutons bien son extraordinaire réponse à ceux qui lui disent d'avoir à se méfier de Jésus : « *Nous ne savons pas d'où il est.* » L'homme leur répondit : « *C'est bien là, en effet, l'étonnant, que vous ne sachiez pas d'où il est, alors qu'il m'a ouvert les yeux. Dieu, nous le savons, n'exauce pas les pécheurs ; mais si un homme est pieux et fait sa volonté, Dieu l'exauce. Jamais on n'a entendu dire que quelqu'un ait ouvert les yeux d'un aveugle de naissance. Si cet homme n'était pas de Dieu, il ne pourrait rien faire* » (Jn 9, 24-35).

Aucun intellectuel, scribe, prêtre ou pharisien, n'eût répondu ainsi. Apparemment, il ne fait que répéter ce que, des années durant, assis au pied des marches du Temple, il s'est entendu dire : « Tu es inguérissable, ton affliction a des raisons, il te faudra prendre ton mal en patience. Pour être exaucé, il eût fallu que tu sois un homme de piété. » À son tour de renvoyer ces vérités à leurs auteurs, à ceux-là mêmes qui l'avaient abandonné à la mendicité. « Il n'y a que Dieu à pouvoir et à vouloir faire ce que vous-mêmes aviez décrété comme impossible et, même, inconvenable. » À nos oreilles, ce sont des années de souffrance et d'humiliation qu'exprime ainsi l'aveugle guéri. Mais aussi, il n'entame aucun débat théorique, au contraire. « Voilà ce que valent toutes vos théories, rétorque-t-il en substance, moi je ne sais qu'une chose : j'étais aveugle et maintenant je vois. » J'entendis parler ainsi, il y a longtemps, un homme du voyage totalement appauvri qui, expulsé avec femme et enfants, refusa de retourner dans une caravane fort endommagée que la municipalité lui proposait. Les fonctionnaires de la mairie, avec quantité d'arguments, lui expliquaient qu'il avait pourtant l'habitude de vivre en caravane. Cela ne le dépayserait donc pas et il n'aurait plus de problèmes. Par miracle, des amis lui trouvèrent une petite cabane de garde-champêtre en bon état. Au préposé de la mairie qui se montrait fort irrité de la solution, il répéta exactement ces mots : « Moi je ne sais qu'une chose : je n'avais pas de maison et maintenant j'en ai une. » Et il ajouta ces paroles inoubliables : « C'est vous qui dites que je ne sais pas vivre dans une maison parce que je suis du voyage, mais vous n'êtes pas Dieu le Père ! »

Au demeurant, voici la joie immense de l'aveugle guéri tournée non pas même en dérision mais en indignation et injure. On ne le croirait pas, mais Jean l'écrit en toutes lettres : cet homme, encore mal remis de tant d'années de peine, « les pharisiens se mirent alors à l'injurier ». Ce n'est pas la première fois et ce ne sera pas la dernière : la joie des pauvres tournée en scandale n'est-elle pas une constante à travers l'Évangile ? Constante qui nous humilie : le Sauveur devait-il passer par là, les plus pauvres devaient-ils constamment souffrir ainsi avec lui, pour nous sauver ? Cette participation des plus pauvres au salut du monde, du temps même de Jésus, leur impossibilité de ne pas amener le scandale doit être pour nous sujet de méditation et de prière. Pourquoi les honneurs et les joies qui leur arrivent apparaissent-ils comme insupportables à leur entourage ?

La question, j'en suis bien conscient, revient dans chacun de mes chapitres, comme elle me revient tous les jours de ma vie. Pourquoi leur en veut-on tant, pourquoi s'acharne-t-on sur eux ? Pourquoi nous a-t-on tant combattus quand nous disions que, pour les familles les plus pauvres, il fallait des maisons harmonieuses, les plus belles écoles maternelles, des Universités populaires aménagées avec goût ? Que de fois avons-nous reçu cette réponse : « Pour ces gens-là, il faut du béton, de l'incassable ; surtout n'en faites pas trop, cela les dépayserait. »

Et si l'aveugle-né eut été un fils de pharisien, l'homme à la main paralysée ou le possédé aveugle et muet dont parle Matthieu (12, 9-14 ; 22-24) de la famille d'un docteur de la Loi ? Je ne pose pas la question pour l'infirme à la piscine de Bezatha. S'il avait été d'une famille de notables, il n'aurait plus été là depuis longtemps. Mais si toutes ces guérisons avaient été accomplies entre gens de bien, peut-on croire raisonnablement qu'elles eussent soulevé des questions sur le sabbat, sur l'autorité de Jésus ou sur celui dont il tenait son pouvoir de guérir ? Il nous est dit que la minutie des pharisiens sur le rituel du sabbat n'avait rien d'exceptionnel. Pour sauver la religion et la foi juives de toute impureté, ils les avaient, en effet, comme barricadées dans un échafaudage de règlements. Mais tout le monde sait et les pharisiens en premier, que plus il y a de règlements et plus celui qui les maîtrise peut se référer à l'un pour échapper à l'autre. C'est une réalité humaine depuis que le monde existe. Les règles emprisonnent ceux qui n'en ont pas l'intelligence. Eussent-elles été utilisées contre Jésus si, au lieu de guérir des misérables, il eut posé la main (comme il l'a fait quelques fois, sans soulever l'indignation) sur des personnes plus aisées ? Eût-on vu, là, les agissements de Béelzéboul, autre épouvantail brandi à la face des foules ?

Nous avons d'autant plus de mal à le croire, que nous assistons à chaque fois à un tel mépris de la joie des humbles. Heureux encore s'ils peuvent partir en silence, sans fête ni louanges mais du moins sans trop de harcellement. « *Étends la main ! Il l'étendit et elle fut remise en état, aussi saine que l'autre. Une fois sortis, les pharisiens tinrent conseil contre lui, sur les moyens de le faire périr* » (Mt 12, 13-14). Au moins, Jésus et son compagnon guéri, purent-ils sortir sans être inquiétés. Mais quel refus des plus pauvres pouvait habiter le cœur des pharisiens qui, en voyant un malheureux possédé, aveugle et muet, guéri d'une telle somme de tourments, crièrent à la foule : « Surtout ne vous réjouissez pas ! Ce qui vous arrive n'est pas un bien mais une malédiction ; c'est Béelzéboul qui est parmi vous. » Ils savaient pourtant les souffrances de leur peuple. Fallait-il étouffer ainsi la consolation et l'allégresse ? Fallait-il sanctionner non seulement la guérison d'un pauvre mais *toutes* les guérisons faites à Génésareth, au bord du lac, dans la montagne et partout ailleurs ?

À moins de taxer les pharisiens d'une méchanceté tout à fait inhumaine, il nous faut penser à la peur qui les envahit. Cette peur viscérale dont nous parlions et qui n'est pas tant inquiétude pour l'orthodoxie de la foi mais peur réelle des hommes de la misère. Faire sortir sur les routes et se réjouir un peuple de misère, c'était renverser non seulement un ordre établi mais tous les ordres jamais inventés. Je disais que la divinité de Jésus m'était apparue dans son choix pour les plus rejetés parce qu'il amenait le scandale dans la communauté tout entière, même parmi les pauvres. Écoutons et méditons encore l'histoire saisissante de la guérison à la piscine de Bézatha.

Après cela et à l'occasion d'une fête juive, Jésus monta à Jérusalem. Or il existe à Jérusalem, près de la porte des brebis, une piscine qui s'appelle en hébreu Bezatha. Elle possède cinq portiques sous lesquels gisait une foule de malades, aveugles, boiteux, impotents. Il y avait là un homme infirme depuis trente-huit ans. Jésus le vit couché et, apprenant qu'il était dans cet état depuis longtemps déjà, lui dit :
« Veux-tu guérir ? »
L'infirme lui répondit :
« Seigneur, je n'ai personne pour me plonger dans la piscine au moment où l'eau commence à s'agiter ; et, le temps d'y aller, un autre descend avant moi. » Jésus lui dit :
« Lève-toi, prends ton grabat et marche. »
Et aussitôt l'homme fut guéri ; il prit son grabat, il marchait.
Or, ce jour-là était un jour de sabbat. Aussi, les Juifs dirent à celui qui venait d'être guéri :
« C'est le sabbat, il ne t'est pas permis de porter ton grabat. »
Mais il leur répliqua :
« Celui qui m'a rendu la santé, c'est lui qui m'a dit : " Prends ton grabat et marche ".»
Ils l'interrogèrent : « Qui est cet homme qui t'a dit : " Prends ton grabat et marche " ? » Mais celui qui avait été guéri ne savait pas qui c'était, car Jésus s'était éloigné de la foule qui se trouvait en ce lieu. Plus tard, Jésus le trouve dans le Temple et lui dit :
« Te voilà bien portant ; ne pèche plus de peur qu'il ne t'arrive pire encore ! »

L'homme alla raconter aux Juifs que c'était Jésus qui l'avait guéri. Dès lors, les Juifs s'en prirent à Jésus qui avait fait cela un jour de sabbat. Mais Jésus leur répondit :
« Mon père, jusqu'à présent, est à l'œuvre, et moi aussi je suis à l'œuvre. »
Dès lors, les Juifs n'en cherchaient que davantage à le faire périr, car non seulement il violait le sabbat, mais encore, il appelait Dieu son propre Père, se faisant ainsi l'égal de Dieu.

(Jean 5, 1-18)

Nous avons sous les yeux les cinq portiques où gît et se bouscule une foule innommable. Il est difficile de se représenter son état pitoyable et la dureté des uns envers les autres. Chacun veut sa place et les plus forts auront la meilleure. L'interminable attente, les alertes, les déceptions énervent les infirmes : « C'est à cause de toi que je n'y suis pas arrivé, tu m'as barré le chemin... » Lieu de misère, de tensions, de dégradation : nous laissons rarement aux plus pauvres des chances de sauvegarder les signes de leur humanité. « On nous regarde comme des pestiférés », nous disent les hommes et les femmes des cités sous-prolétariennes. Que devait être, alors, cette foule sous les cinq portiques de Bezatha ?

Dans sa volonté de s'enfoncer toujours plus avant dans la misère, le Christ se retrouvait à Jérusalem. La foule des misérables, des estropiés, des mendiants y dépassait toute description. Jérusalem, comme toutes les villes saintes, comme toutes les villes de cathédrales et lieux de pèlerinage à travers l'histoire, les attirait. N'était-elle pas le dernier refuge, la dernière chance d'une aumône ? Cette situation a toujours fini par entraîner la réglementation de la vie des pauvres, avec tout ce que cela impliquait de durcissement des cœurs et des mœurs. Que certains se mutilaient ou feignaient d'être mutilés, n'améliorait évidemment pas la communication ni la fraternité.

À la piscine de Bezatha, Jésus a ainsi atteint comme le bout du chemin tracé depuis la tentation et, même, depuis Bethléem. Et au milieu de cette masse informe, il a trouvé le plus malheureux. Il trouve l'ami paralytique, perdu dans la masse et pourtant choisi parmi tous, parce que trente-huit ans de douleur et d'abandon l'ont désespéré et brisé. A la question du Seigneur : « Veux-tu guérir ? », il n'ose même pas répondre : « Je le veux. » Il dit ce que disent tous les abandonnés sachant bien qu'ils n'ont aucune chance de s'en sortir : « Seigneur, je n'ai personne. »

« Je n'ai personne... » Combien de fois ai-je entendu cette réponse à mes questions maladroites : « Votre famille ne pourrait-elle pas prendre vos enfants pour quelques semaines, le temps d'éviter leur placement à l'Aide Sociale ? » « Quelqu'un ne pourrait-il défendre votre cause au tribunal, puisque vous êtes innocent ? » « Père, je n'ai personne... Voyez la toiture de ma maison qui nous tombe dessus, je n'ai personne... Les dettes, je n'ose plus y penser, je n'ai personne. » J'entends encore ce père de famille, un soir d'hiver, entouré de ses enfants dans un abri de fortune sans bois ni charbon : « J'ai demandé à la paroisse ; on m'a dit de m'adresser à l'assistante sociale. Celle-ci m'a dit qu'elle ne pouvait rien faire, qu'elle n'était pas chargée de nous fournir du chauffage. » À chaque fois, devant ces familles qui ne peuvent compter sur personne, qui sont enfermées dans la solitude à laquelle conduit la misère dans le monde entier, je revis la situation du paralysé de Bezatha.

Au fin fond de la misère, même les personnes éventuellement « chargées » de vous fournir un soutien (comme on dit dans les administrations) finissent par vous abandonner. Elles se lassent d'être harcelées de demandes, de faire des efforts ne servant à rien, puisque pour combler les privations qui s'enchaînent, il ne suffit pas de raccommoder une déchirure par-ci, par-là. Tout le vêtement est à rénover. Quand s'ajoutent les hésitations, les craintes, les retraits soudains des familles elles-mêmes, leurs attitudes agressives qui succèdent, sans raison apparente, aux gestes de confiance, les meilleures volontés se découragent. Je vois encore cet homme fou de colère, poursuivant dans l'escalier une assistante sociale qui lui avait fait une réflexion mal comprise, interprétée comme injurieuse par un père chômeur à bout de nerfs.

Ainsi, à l'heure où nous écrivons ces pages, alors que la neige tombe dans la région parisienne, nous connaissons des familles logées dans des immeubles délabrés où l'eau et l'électricité sont coupées. De guerre lasse, tout soutien autour d'elles a craqué et même les commodités les plus élémentaires sont retirées par une main aveugle, comme pour signer l'abandon. Sait-on ce que signifie couper l'eau à un foyer ayant de petits enfants et qui vit au cinquième étage d'un bâtiment vétuste, dans la banlieue parisienne ? Sait-on ce que cela représente de n'avoir plus les moyens de faire la moindre lessive, de garder propre les corps, de faire la cuisine, la vaisselle ? Imagine-t-on ce qu'est de se voir ainsi péricliter de plus en plus, soi-même et les siens, dans un de ces immeubles PSR aux façades avilies et aux intérieurs délabrés, endommagés et jamais refaits ?

La famille, certes, va se tourner vers la voisine mieux lotie, mais celle-ci en aide déjà d'autres. Il n'est pas facile, dans une cité sous-prolétarienne, d'être parmi les familles qui ont encore quelque chose à partager parce que le père travaille. Nous avons vu des femmes se mettre à vendre leur eau, rien que pour faire cesser l'interminable défilé des seaux dans leur couloir, avec les traces de chaussures sales et les flaques d'eau renversée que cela entraînait. N'est-il pas déjà assez gênant et honteux pour tous, le défilé des seaux remplaçant les W.C. ?

Le soir, sans lumière, sans électricité pour faire chauffer l'unique plaque de cuisson, que reste-t-il à se dire entre parents et enfants, seuls dans le noir à entendre vivre les voisins qui ont encore de quoi s'éclairer et faire hurler la radio ou même la télévision ? Il n'y a plus rien à se dire, si ce n'est de s'accuser mutuellement : tu aurais pu faire attention… tu aurais pu faire un effort. Le Christ disait : « Ceux qui aiment la vérité vivent dans la lumière, ils aiment la lumière, ils recherchent la lumière. » Je me demande parfois ce que peut signifier pour nous, concrètement, d'accepter que des familles déjà bien démunies soient réduites à vivre sans électricité. Frapper à une porte, le soir, et trouver un foyer dans le noir m'a toujours fait penser à l'état d'abandon total du paralysé sous le portique auprès de la piscine de Bezatha.

La misère crée le vide autour de soi et les plus pauvres participent à la solitude du Christ au Jardin de Gethsémani. Jésus revivra, là, cette somme de solitude qui lui a valu d'être incompris et délaissé de tous. Sur la Croix, il en criera une dernière fois la douleur : « Mon Père, mon Père, pourquoi m'as-tu abandonné ? » Car lorsque tous vous ont abandonné, n'est-ce pas Dieu lui-même qui vous délaisse ? Comment le Christ, en chemin vers cette solitude finale, n'eût-il pas reconnu et choisi, parmi tous, le paralytique qui n'avait plus personne pour le soutenir ? Celui-ci lui adressera ce qui bientôt sera sa propre plainte : je suis totalement abandonné. Et cette plainte-là résonnera à travers les siècles jusqu'en nos propres oreilles : « Père, mon mari m'a chassée en pleine nuit, ouvrez moi ; je suis là avec mes enfants et je n'ai plus personne. » Comme n'avait plus personne l'homme aveugle attaché à un arbre aux confins d'un village en brousse, sa femme et ses enfants sans terre à cultiver. Comme est abandonnée, sans aide des voisins, la veuve malade avec ses cinq enfants, au sommet de la colline où s'accole une « favela » brésilienne et que n'atteint pas le modeste réseau d'adduction d'eau. « Ah ! Dios... si Dieu existait, me laisserait-il ainsi ? » me dit-elle. « Si Dieu existait, me demande cette autre femme, croyez-vous que mon petit garçon serait battu à l'école comme il l'est, par ses camarades, sous prétexte qu'il vit dans la cité et qu'il sent mauvais ? » « Si Dieu existait..., disait un jeune père de famille aux Pays-Bas, le drame c'est qu'il existe et qu'il ne pense pas à nous. »

Plainte du Christ, plainte des plus pauvres de tous les temps, comment imaginer l'état d'âme du paralytique s'entendant dire : « Marche » et sentant ses jambes se mettre à marcher ? Marcher pour aller où ? Au Temple bien sûr, rendre grâce à Dieu. Tout à son miraculeux bonheur, qu'a-t-il bien pu penser de ces notables lui cherchant noise au lieu de se réjouir avec lui ? Que Jésus vienne lui dire : « Te voilà guéri, ne pèche plus désormais, il t'arriverait pis encore », il est le premier à le comprendre. Trente-huit ans d'impuissance, de mendicité, d'abandon, cela ne s'oublie pas du jour au lendemain. Et dorénavant, il est libre, donc responsable. Va-t-il être capable de tenir debout, de se mouvoir parmi les hommes en toute dignité ? L'avertissement de Jésus est de mise. Mais qu'a-t-il bien pu penser de ces personnages importants du Temple, ignorant sa joie, lui faisant de piètres remontrances pour porter son grabat le jour du sabbat. Qu'a-t-il pensé de ces personnages créant une étrange ambiance de suspicion autour d'un événement si merveilleux ?

Ami paralytique, bien-aimé du Seigneur, as-tu jamais su qu'à cause de toi, le scandale allait resserrer son étau autour du Sauveur du Monde ?

CHAPITRE VIII

Le bon larron, compagnon d'éternité

Deux autres personnes nous attendent dans l'Évangile, qui portent publiquement le blâme de toute leur communauté : celui qu'on appelle le bon larron et Marie Madeleine. Deux autres détenteurs d'une parole unique du Seigneur auprès desquels je reviens souvent. Ont-ils été parmi les plus pauvres, leur vie durant ? C'est probable, mais plus important : la vie les a conduits à un état de mépris extrême. C'est là que les trouve le Christ et il va faire, à chacun, une promesse qui deviendra promesse pour l'éternité. Les deux rencontres forment une apothéose, une ultime confirmation de la vie de Jésus. Elles semblent nous redire une dernière fois que d'être rejeté par la communauté humaine peut conduire à la foi la plus totale en Dieu. Approchons-nous du Calvaire où se dressent les trois croix.

Arrivé au lieu dit « le Crâne », ils l'y crucifièrent ainsi que les deux malfaiteurs, l'un à droite, et l'autre à gauche. Jésus disait :
« Père, pardonne-leur car ils ne savent pas ce qu'ils font. »
Et, pour partager ses vêtements, ils tirèrent au sort.
Le peuple restait là à regarder ; les chefs, eux, ricanaient.
Ils disaient : « il en a sauvé d'autres.
Qu'il se sauve lui-même s'il est le Messie de Dieu, l'Elu ! »
Les soldats aussi se moquèrent de lui : s'approchant pour lui présenter du vinaigre, ils dirent :
« Si tu es le roi des Juifs, sauve-toi toi-même. »
Il y avait aussi une inscription au-dessus de lui :
« C'est le roi des Juifs. »
L'un des malfaiteurs crucifiés l'insultait :
« N'es-tu pas le Messie ?
Sauve-toi toi-même et nous aussi ! »
Mais l'autre le reprit en disant :
« Tu n'as même pas la crainte de Dieu,
toi qui subis la même peine !
Pour nous, c'est juste :
nous recevons ce que nos actes ont mérité ;
mais lui n'a rien fait de mal. »
Et il disait :
« Jésus, souviens-toi de moi
quand tu viendras comme roi. »

Jésus lui répondit : « En vérité, je te le dis, aujourd'hui tu seras avec moi dans le paradis. »

(Luc 23, 33-43)

Essayons d'imaginer d'où sort cet homme que la chrétienté appelle, à travers les âges, le bon larron, sans peut-être toujours se rendre compte de la profondeur du terme. Il vient d'un milieu où, à Jérusalem et aux alentours, se côtoyaient brigands, estropiés, voleurs, hommes et femmes suspectés à tort ou à raison de tous les vices ; d'un milieu où s'agglutinaient la délinquance et la misère. Plus directement, il sort de la prison et nous savons ce qu'elle était, au sein d'un peuple lui-même saigné à blanc par les Romains, les collecteurs d'impôts et les prêtres. Dans les peuples pauvres, les prisons sont des lieux où des hommes pauvres gardent et surveillent des hommes plus pauvres encore qu'eux. Les détenus sont à peine nourris, souvent la proie de toute la vengeance, tout le sadisme, toutes les frustrations dont sont habités les geôliers. La torture y a sa demeure naturelle, comme il en a toujours été lorsque des prisonniers en chaînes et sans défense sont abandonnés à la merci d'autres hommes aux conditions d'existence cruelles. Si nous ne l'avions pas oublié dans nos pays riches, peut-être nous sentirions-nous co-responsables de la torture dans les pays où sévissent la famine et la maladie ?

Voilà cloué sur la croix cet homme dont nous nous représentons avec horreur le corps malmené, le visage défiguré mais aussi le paysage intérieur : tout ce qu'il a vécu et accompli lui-même de brutalité et qui a façonné son esprit et son langage. Il a sans doute entendu parler de Jésus. Peut-être l'avait-il vu ou même suivi, un jour ou l'autre ? Peut-être avait-il déjà conçu dans son cœur un soupçon d'espoir, comme tant d'autres pauvres et misérables ? En tous cas reconnaît-il le Fils de Dieu sur la Croix. Il ne lui reste, alors, plus aucun doute. Son espérance est totale.

De lui-même il dira qu'il paie pour ses actes et que c'est justice. Que de fois ai-je ainsi entendu parler des hommes et des femmes, acceptant de payer ce qui pourtant, à mes yeux, n'était pas leur faute mais une faute collective. « C'est normal ; j'ai volé et je me suis fait prendre. Maintenant je dois aller en prison. » Je pense à mon ami Richard, abreuvé d'échecs et d'humiliations, disant cela après s'être battu avec la police dans un bistrot à Ivry : « J'ai donné des coups, j'ai fait l'idiot ; emmenez-moi, c'est normal. » J'ai trouvé chez tous les malheureux ce besoin de payer, d'être châtié pour toute une vie de maladresses, de colères incontrôlées, de coups irréfléchis. Ce besoin de pardon fait accepter la peine, comme y consent le bon larron.

« C'est normal... » Était-ce normal également, pour le malfaiteur chevronné, de reconnaître d'emblée celui qui n'avait rien fait de mal à ses côtés ? Il me semble que oui, surtout si cet homme était lui-même une victime de la misère. En tout cas allons-nous assister à la plus bouleversante des reconnaissances mutuelles : « Jésus, souviens-toi de moi quand tu viendras comme roi. » — « Aujourd'hui, tu seras avec moi dans le paradis. » En cette ultime rencontre, Jésus va encore une fois résumer tout son enseignement sur l'amour de Dieu.

L'homme ne lui demandera pas pardon, puisqu'il est en train de payer. Il va répéter la demande tellement habituelle dans la bouche des plus pauvres, se sachant incapables de plaider pour eux-mêmes : « Souviens-toi de moi... » « Parle pour moi ; intercède, interviens pour moi, toi qui as des relations et qui sais parler. » C'est l'éternel appel désespéré des misérables, cherchant des appuis et des recommandations. « Toi qui as des accointances, parle pour moi à l'assistante sociale, au syndicat, au maire, au patron. » Ils n'osent pas faire la démarche eux-mêmes, convaincus qu'ils ne sauront pas expliquer ni défendre leur cause. Ils se croient indignes et ont peur de ne pas être crus. Un autre aura plus de poids, plus de possibilités.

Ce besoin permanent d'une médiation, Jésus se l'entend encore exprimer à sa dernière rencontre et il répond aussitôt. Il ne dira pas au bon larron qu'il est innocent. Il dit seulement : « Si la communauté te rejette, si la société te vomit, tu es toujours enfant de Dieu. » Il ne peut en effet exister de rupture définitive entre les hommes et le Père. Si une communauté humaine peut détruire l'un des siens, rayer un de ses membres de sa mémoire, pour Dieu la peine de mort n'existe pas. Par sa vie et sa passion, Jésus annule l'exclusion : « Je retourne vers le Père, les mains et les pieds troués, j'entre au Paradis en Crucifié pour l'éternité, et je te choisis pour compagnon. Mes compagnons de vie sont aussi mes compagnons au Royaume. »

Jésus ne confirme-t-il pas en effet une dernière fois, sur la Croix, que Dieu ne peut rejeter aucun homme ni renier sa paternité pour le moindre de ses enfants ?

Si les hommes peuvent refuser de reconnaître un frère, Dieu ne peut pas retirer à l'un de ses enfants le droit de le retrouver. Quel que soit leur péché, leur état de délabrement, les hommes restent Ses enfants.

Jésus emmène avec lui dans le Royaume le bon larron comme témoin de cette nouvelle alliance qui, pour englober tous les hommes, devait commencer par les plus exclus. Aucun homme ne souffrira plus le rejet ici-bas, sans que quelqu'un auprès du Père atteste qu'il sera accueilli et aimé. Jésus retourne vers son Père, ayant pris en lui toute la misère et toute la souffrance des hommes. Quelle que soit cette mère triant les ordures pour nourrir ses enfants, cette femme obligée de se vendre..., quel que soit cet homme injuriant son voisin ou chassant son fils, quel que soit cet enfant volant au supermarché, tous sont sauvés à jamais. Le Fils de Dieu se tient à la droite du Père marqué des signes de sa passion. Et à ses côtés se tient le bon larron, garant du pacte engagé sur la Croix, témoin de l'alliance qui lie Dieu aux plus misérables d'entre les hommes.

Le bon larron, nous le disions, ne demande pas pardon. L'heure n'est plus au pardon, puisque sa mort est purificatrice. Il est entré dans le champ de la miséricorde. Tant d'hommes arrivent ainsi à la mort comme à l'aboutissement d'un enchaînement de misère et de souffrance. Ils ne peuvent apparemment plus être ni bons ni pardonnés, car il sont saisis, emportés par la violence, la lâcheté, la peur. Je me dis que le bon larron devait en être là, dans la prison, jusqu'au moment d'être pendu à la croix. Sa vie et sa mort furent une telle épreuve, que Jésus pouvait lui dire : c'est fini tu es absous, Dieu ne t'en imposera pas plus ; aujourd'hui, tu seras au Paradis.

Ayant vu tant d'hommes et de femmes rongés de jour et de nuit par la peine, la honte et le sentiment d'être totalement abandonnés, je ne puis voir autrement leur entrée au Royaume. Comment Dieu pourrait-il en rajouter, infliger d'autres pénitences encore à ceux que le monde a déjà si durement punis ? Ce serait contraire à Sa miséricorde et contraire à la promesse de son Fils : « Tu m'as reconnu, je t'ai reconnu, tu seras mon compagnon d'éternité. »

L'alliance faite par Jésus s'étendra, il me semble, à l'autre larron qui passe pour mauvais, tout comme elle s'étendra à tous les hommes. Le mystère de Dieu qui ne peut admettre la rupture ne compte-t-il pas pour l'humanité tout entière ? Sur la Croix, avec le bon larron, le Christ précise une dernière fois les termes du contrat : l'Eucharistie sera le témoignage permanent du Crucifié face à son Père auquel il obéit parfaitement en toute chose. « Ainsi, tel que tu me vois, tel que je te vois, nous serons au Paradis. » Le bon larron sera le seul témoin dans l'Évangile à recevoir pareille promesse. Mais par le refus de l'exclusion ainsi exprimé, le Christ ne dirait-il pas que tous les hommes sont désormais entraînés vers le Royaume, riches et pauvres, bons et mauvais larrons également ?

Par le bon larron, Jésus semble vouloir nous faire comprendre quelque chose d'essentiel sur l'écot à payer. Celui-ci n'est pas comme un prix fixe pour l'entrée au Royaume. Tout homme tient entre ses mains un faire-valoir de communion à la peine de tous. De ce faire-valoir, les mains des plus pauvres débordent et ils n'entrent pas au Paradis simplement comme des privilégiés ayant obtenu la préférence du Père. Ils vont devant parce qu'ils ont fait le plein, si j'ose dire. Mais tous les enfants de Dieu sont également attendus et lequel d'entre eux ne communie pas, tôt ou tard, à la souffrance, au mépris, à l'échec, à l'humiliation des autres ? Cela, tout homme peut le faire valoir auprès du Père, en signe de reconnaissance de sa condition d'enfant de Dieu.

N'est-ce pas, là, l'explication de ces paroles du Seigneur : « Il y a beaucoup de places dans la maison du Père » ? Ne devons-nous pas comprendre ainsi l'exaltation des humbles, l'humiliation des puissants ? Il n'y a sûrement pas de hiérarchie des bonheurs ni des mérites à chercher au Paradis. Ce n'est en tous cas pas la pensée des plus pauvres et ce n'est pas la vision donnée par Jésus du Royaume où tous seront un et les pauvres évangélisés. Mais Jésus nous a laissé un sujet de méditation, d'interrogation constantes sur ceux qui nous précèdent dans le Royaume, sur la direction à prendre et le faire-valoir à acquérir, si nous voulons les suivre.

Le Christ n'est pas seulement mort en scélérat, il a souffert sa passion en compagnie de scélérats. Je songe à l'Eucharistie que je célébrais au Camp des Sans Logis à Noisy-le-Grand, à tant d'autres messes célébrées dans les cités où régnaient la misère, le délabrement, la désolation. Des hommes jugés indésirables, inintéressants, se disputant, parfois pas tout à fait à jeun, m'entouraient dans la chapelle. Les femmes étaient souvent nerveuses, anxieuses, la tête ailleurs : « Qu'allons-nous manger après l'enterrement ? » ... « Que donnerai-je aux enfants pour leur Réveillon ? » Je les savais pourtant, tous, à la recherche d'une espérance, d'un pardon et, parmi eux, l'Eucharistie me semblait atteindre son plein accomplissement. Je me souviens d'un père de famille ayant accidentellement tué sa fillette de cinq ans. Il lui avait lancé une gifle et elle s'était cogné la tête dans l'encoignure du poêle. Elle mourut sur le coup. Affolés, les parents lui creusèrent une tombe dans le sol en terre battue de leur igloo, sous leur propre lit. Ils dormirent au-dessus du corps de leur fille pendant cinq ans et la mère en devint comme folle. Ils firent croire qu'elle était partie chez une tante et, de toute façon, dans la masse informe de cette misère aux portes de Paris, personne ne venait compter les enfants. Un jour, pourtant, un voisin les dénonça. Le père fut condamné à mort puis gracié, sa peine commuée en détention perpétuelle. Je pense à lui quand vient le Vendredi Saint, nous remettant en présence du bon larron. Son histoire n'est pas une exception. Il existe tellement plus de malheur qu'on n'en imagine, tellement plus de bons larrons, dans l'abîme où se trouve planté le pied de notre échelle sociale.

Je crois profondément que le bon larron au Golgotha ne fut pas non plus un malfaiteur d'exception, placé là pour la circonstance. Je crois — je le répète — que la naissance et la mort de Jésus ne représentèrent pas des situations de circonstance, créées pour les besoins d'une démonstration. Il me semble qu'elles faisaient partie intégrante d'une vie parfaitement unifiée. Elles représentèrent aussi des réalités et des actes d'une société, elle-même cohérente d'un bout à l'autre de la vie de ses membres. D'une société où Jésus ne trouverait pas le nécessaire aux premiers moments de sa vie, où il ne pourrait pas reposer sa tête en toute sécurité et honorabilité et où il trouverait fatalement la mort, hors cité, en indésirable qu'il avait été depuis le début.

La présence du bon larron à l'instant de sa mort, la promesse que lui fit Jésus d'entrer au Paradis confirment l'unité de vie, la cohérence du dessein et l'incorruptibilité du Christ. Sans elles, comment les plus pauvres eussent-ils été libérés ?

CHAPITRE IX

Marie Madeleine : Les premiers pas de l'Eglise

Marie était restée dehors, près du tombeau, et elle pleurait.
Tout en pleurant elle se penche vers le tombeau et elle voit deux anges vêtus de blanc, assis à l'endroit même où le corps de Jésus avait été déposé, l'un à la tête et l'autre aux pieds.
« Femme, lui dirent-ils, pourquoi pleures-tu ? »
Elle leur répondit :
« Ils ont enlevé mon Seigneur et je ne sais où ils l'ont mis. »
Tout en parlant elle se retourne et elle voit Jésus qui se tenait là, mais elle ne savait pas que c'était lui. Jésus lui dit :
« Femme, pourquoi pleures-tu ? Qui cherches-tu ? »

Mais elle, croyant qu'elle avait affaire au gardien du jardin, lui dit :
« Seigneur, si c'est toi qui l'as enlevé, dis-moi où tu l'as mis et j'irai le prendre. » Jésus lui dit : « Marie. »
Elle se retourna et lui dit en hébreu : « Rabbouni », ce qui signifie maître. Jésus lui dit :
« Ne me retiens pas ! Car je ne suis pas encore monté vers mon Père. Pour toi, va trouver mes frères et dis-leur que Je monte vers mon Père qui est votre Père, vers mon Dieu qui est votre Dieu. »
Marie de Magdala vint donc annoncer aux disciples :
« J'ai vu le Seigneur, et voici ce qu'Il m'a dit. »

(Jean 20, 11-18)

Marie Madeleine, la première à reconnaître le Christ ressuscité, était-elle seule ou avec d'autres femmes ? La question ne me paraît pas importante. Elle était là, premier témoin, précédant même les disciples. Et le Christ ressuscité est toujours le même Jésus, choisissant pour messagère d'une nouvelle capitale un être humain tiré de l'obscurité, guéri, pardonné, sauvé par lui. Non pas un disciple, pas même Pierre, ni Jean, mais une femme sortie de la marge où étaient refoulés les hommes et les femmes jugés pécheurs, portant la malédiction. Aveugles ou possédés, femmes adultères ou mendiants, pauvres frappés d'impureté, de péché, d'exclusion, de misère..., le Christ ressuscité a choisi sa première messagère parmi eux.

Car, qui était Marie de Magdala ? Jésus avait chassé d'elle sept démons, dit l'évangéliste Marc. Comment imaginer l'état d'une femme possédée dans la Galilée d'alors ? Qui veillait sur elle, qui la nourrissait ? Quelqu'un posait-il une écuelle à distance, évitant soigneusement de s'approcher de son gîte pour ne point être souillé ?

Quelque part au cœur de l'Afrique, au Sud du Sahara, au bout d'une piste impraticable, dans un hameau d'une dizaine de cases, la paillotte d'une femme épileptique a pris feu. La moitié de son corps est entamé par les flammes. Les villageois l'ont couchée sur un lit de cendres où puissent s'écouler ses urines. Personne n'est allé avertir les Pères Missionnaires ni l'infirmier du village de sous-préfecture, à quelques dizaines de kilomètres de là. Le Frère Jacques Thiébaud, Capucin missionnaire, en faisant une tournée dans la brousse, a trouvé la femme. Ils ont échangé quelques mots. Puis devant une poignée de paysans, de femmes et d'enfants apeurés, le Frère Jacques, après avoir administré quelques soins essentiels, a baptisé, donné la première communion, confirmé la femme. Tous les villageois, vêtus de loques (tous le sont au long de cette piste de la misère et de la peur), n'ont sans doute pas pu comprendre ces gestes. Mais tous ont été témoins de la paix et de la tendresse apportées à cette femme. Tous l'ont vue rétablie dans l'honneur : « Ton âme n'est pas possédée par les mauvais esprits, tu es sauvée... » Et à travers elle, le hameau tout entier se sut réintroduit dans la dignité.

Hantés par l'effroi des démons, les villageois voulaient laisser mourir l'une des leurs, femme sans défense et donc nécessairement habitée par des forces maléfiques. En rétablissant la vérité sur l'homme (« tu es enfant de Dieu, aimée, sauvée par Dieu »), le Frère Jacques non seulement prépara la femme épileptique à la fête de la Résurrection qui approchait mais il posa des gestes libérateurs rétablissant dans un ordre nouveau le hameau tout entier. « La soignerez-vous désormais ? », a-t-il demandé en prenant congé. « Nous la soignerons », ont promis les paysans.

Que fit le Frère Jacques Thiébaud, que fait-il au jour le jour, que fait toute la mission en cette terre abandonnée de tous, au cœur de l'Afrique, sinon reposer les gestes mêmes de Jésus ? Les gestes du Christ guérissant les malades amenés par la foule et dont il savait qu'ils ne redresseraient pas la tête ni ne songeraient à rebâtir le monde, à moins d'entendre ces paroles : « Va en paix, Dieu t'aime, tu es sauvé. » Après cela seulement, d'autres gestes deviennent possibles et une population rongée par la malnutrition et la peur peut se préoccuper de ses cultures alimentaires, de son instruction scolaire, de la protection quotidienne de sa santé. Mais parmi les chrétiens d'Europe, seule la mission semble encore se souvenir de la démarche du Christ bâtissant son Royaume non seulement au ciel mais sur terre, le seul Royaume où les pauvres soient vraiment libérés, celui de la justice, de la fraternité et de la vérité. Aidons-nous assez l'Église à se soucier de ces missionnaires-là ? Ne sommes-nous pas tentés quelquefois de porter plus d'attention à des organisations ne voulant plus s'attarder à cette première étape de libération, celle de la guérison et de la libération de l'âme ?

La question s'élève en moi, quand j'entends parler, un peu partout, de ces paysans s'organisant en coopératives ou en groupes de pression. Les a-t-on encouragés à s'engager d'abord à servir, à soigner, à privilégier les plus pauvres parmi eux ? Leur projet libérateur procède-t-il de la priorité des plus opprimés ? Sinon, comment ces cultivateurs connaîtront-ils Jésus guérissant Marie de Magdala ?

Au cœur de l'Afrique, au bord d'une piste joignant des hameaux méprisés pour leur misère et leurs croyances anciennes, survit Marie Madeleine sur son lit de cendres. Marie Madeleine choisie par Jésus-Christ pour être l'annonciatrice de la nouvelle la plus importante qui soit, puisqu'elle apportait l'assurance définitive de la libération des pauvres et de toute l'humanité : « Je suis ressuscité, je monte vers mon Père, va le dire à mes frères… » C'est d'elle, femme sortie de la marginalité, que les apôtres apprirent la nouvelle décisive. Elle aussi avait les yeux qui ne voyaient pas. Comme les disciples en route vers Emmaüs, elle était incapable de reconnaître le Christ. Mais Jésus l'a choisie. Elle n'était d'ailleurs sûrement pas venue au tombeau par hasard. Les apôtres s'étaient cachés derrière des portes verrouillées par crainte des Juifs. Mais pour elle, Jésus avait été tout : sa vie, son retour dans la communauté, son projet d'avenir, sa raison d'être. Comment n'eût-elle pas erré autour de sa sépulture, anxieuse de veiller à l'embaumement de son corps ?

Messagère indigne aux yeux du monde, sa parole incroyable même pour les apôtres, sur elle Jésus-Christ bâtit son Église dans le monde, en ce matin de la Résurrection. Tout comme — j'en suis certain — il bâtit son Royaume sur une femme épileptique et maudite, dans un hameau perdu dans la brousse africaine, en notre temps. « Marie », dit Jésus. Marie Madeleine le reconnaît, éblouie : « Rabbouni. » « Ne m'approche pas, lui répond-il, désormais nos relations ont changé. Mais je serai avec les hommes pour l'éternité, puisque pour l'éternité, je serai auprès de Dieu leur Père. »

Existait-il une autre manière de permettre aux pauvres sans instruction ni connaissances, de vivre le mystère de Jésus, mort en homme et ressuscité en Fils de Dieu ? Jésus vraiment mort, ressuscité et montant vers le Père, Marie Madeleine l'ancienne possédée pouvait témoigner de lui. Elle a vu le Seigneur, il lui a parlé et la voilà investie de son rôle unique de messagère. Elle ne convaincra pas les apôtres, ils devront encore se convaincre par eux-mêmes. Mais elle jouera ce rôle essentiel confié aux exclus de tous les temps, d'ébranler, de faire sortir de la torpeur et de l'inaction leurs frères.

L'évangéliste Luc avait-il des raisons d'identifier Marie de Magdala à la femme pécheresse venue oindre les pieds du Seigneur lors du repas chez Simon le lépreux ?

> *Un pharisien l'invita à manger avec lui. Il entra dans la maison du pharisien et se mit à table. Survint une femme de la ville qui était pécheresse ; elle avait appris qu'il était à table dans la maison du pharisien. Apportant un flacon de parfum en albâtre et se plaçant par derrière, tout en pleurs, aux pieds de Jésus, elle se mit à baigner ses pieds de larmes ; elle les essuyait avec ses cheveux, les couvrait de baisers et répandait sur eux du parfum.*

Voyant cela, le pharisien qui l'avait invité se dit en lui-même : « Si cet homme était un prophète, il saurait qui est cette femme qui le touche, et ce qu'elle est : une pécheresse. »
Jésus prit la parole et lui dit :
« Simon, j'ai quelque chose à te dire. »
— « Parle, Maître », dit-il.
« Un créancier avait deux débiteurs ; l'un lui devait cinq cent pièces d'argent, l'autre cinquante. Comme ils n'avaient pas de quoi rembourser, il fit grâce de leur dette à tous les deux. Lequel des deux l'aimera le plus ? »
Simon répondit : « Je pense que c'est celui auquel il a fait grâce de la plus grande dette. »
Jésus lui dit : « Tu as bien jugé. »
Et se tournant vers la femme, il dit à Simon : « Tu vois cette femme ? Je suis entré dans ta maison : tu ne m'as pas versé d'eau sur les pieds, mais elle, elle a baigné mes pieds de ses larmes et les a essuyés avec ses cheveux. Tu ne m'as pas donné de baiser, mais elle, depuis qu'elle est entrée, elle n'a pas cessé de me couvrir les pieds de baisers. Tu n'as pas répandu d'huile odorante sur ma tête, mais elle, elle a répandu du parfum sur mes pieds. Si je te déclare que ses péchés si nombreux ont été pardonnés, c'est parce qu'elle a montré beaucoup d'amour. Mais celui à qui on pardonne peu montre peu d'amour. »

Il dit à la femme : « Tes péchés ont été pardonnés. »

Les convives se mirent à dire en eux-mêmes : « Qui est cet homme qui va jusqu'à pardonner les péchés ? »

Jésus dit à la femme :
« Ta foi t'a sauvée. Va en paix. »

(Luc 7, 36-50)

Si Luc dit vrai, retrouver cette femme pécheresse auprès du tombeau nous met également dans la joie et l'émerveillement. Elle dirige mon regard vers d'autres femmes que je connais et dont l'état de marginalité est apparemment sans issue. Ai-je raison de soupçonner, en cette femme accusée de mauvaise vie à Béthanie, une femme née dans la pauvreté ? Ce que nous savons sur la vie des femmes dans les communautés juives de Judée à l'époque, peut tout au moins le faire supposer. N'importe quelle femme n'était pas exposée au danger de la prostitution. Les jeunes filles et jeunes veuves de foyers très pauvres l'étaient certainement. Nées de femmes ou de familles impures, elles couraient plus de risques. La misère, l'impossibilité de respecter toutes les règles de la Loi, le péché, le rejet — je le disais — ont formé un cercle vicieux dans toutes les cultures. Il en est toujours ainsi, dans les cités sous-prolétariennes d'Europe, les zones de misère en Amérique latine, les secteurs urbains où convergent les hommes et les foyers sans feu ni lieu en Afrique. C'est même vrai pour certaines communautés villageoises très démunies en différentes régions et cultures. Sans doute, la femme de Béthanie était-elle aussi prisonnière d'un tel enchaînement ?

Ne peut en tout cas pas être mis en question son état d'exclusion. Elle est méprisée par ceux qui se jugent sans tache. Et ce mépris de la part de ceux qui ont les moyens de faire valoir leur pureté, elle le partage avec tous les misérables du monde. Ce mépris les enferme, tous, dans une situation d'exclusion les empêchant d'acquérir les moyens d'une existence reconnue sans souillure. La femme dont parle l'évangéliste en était là. Prétendue pécheresse, Simon le lépreux, celui-là même qui faisait les honneurs à Jésus, l'eût empêchée de s'approcher. Ainsi ses efforts de rachat et ses gestes d'amour ne pouvaient plus aboutir. Sans doute coutumière des lieux, mais coutumière en tant que pécheresse, elle pouvait peut-être franchir le seuil de la demeure, mais elle ne devait pas la quitter pardonnée et sauvée.

C'est toute la vie d'une jeune femme, Jeannine R., qui se déroule devant mes yeux. Jeannine a grandi dans la promiscuité d'une famille nombreuse paupérisée, dont l'intégrité était maintenue envers et contre tout par une mère épuisée par la maladie. Au cœur d'un dénuement excessif, dans un igloo du Camp de Noisy-le-Grand, cette mère avait gardé comme un impératif besoin de droiture. Elle ne pouvait plus le satisfaire que par une façon d'aimer et de garder auprès d'elle ses six enfants. Elle s'était retranchée en elle-même, décidée à être tout, à faire tout pour ses enfants. Sa dernière chance d'intégrité était de ne demander d'aide à personne, quel que soit l'état de famine de son foyer. Quel que soit le froid de l'hiver, le manque de vêtements pour les siens, elle n'allait pas à la mairie ni ne venait me voir. Cette volonté acharnée de dignité fut le seul héritage légué à sa fille Jeannine.

Jeannine aima le fils d'un voisin, dont la famille refusait également de se reconnaître misérable et d'accepter la moindre fraternité du voisinage. Elle l'aima, reconnaissant en lui sa propre souffrance de vivre une condition inadmissible, honteuse et pourtant irrémédiable. Mais Antoine ne s'attacha pas à elle comme elle s'était liée à lui . Bientôt naquit une fillette, puis une autre. Mais le père connut d'autres femmes alentour. Il consentit pourtant à se mettre en ménage avec la jeune mère, à condition que celle-ci accepte de recevoir d'autres hommes. Ce fut la dernière bataille livrée par Jeannine pour sauvegarder la fierté héritée de sa mère. Elle s'inclina, mais obtint de pouvoir s'installer dans un quartier aisé et, même, d'exercer son métier dans une riche rue de Paris. Venant me voir, par la suite, elle parlait des hommes ainsi rencontrés avec dignité : « Ils sont souvent malheureux, me disait-elle, ils me parlent de leurs soucis et souvent je n'y comprends rien. Mais cela ne fait rien, je les écoute et je sens que ce n'est plus tellement moi qu'ils viennent prendre, mais mon temps, les heures que je passe avec eux. »

Un jour, une raison bien précise la conduisit vers moi. « On va se marier, me dit-elle, mais il ne veut pas qu'on passe par l'Église. Moi, je voudrais bien, mais vu ce que j'ai fait, je ne pourrais pas être en blanc. » Alors, elle sortit de son sac une alliance et me demanda de la bénir. « Si vous la bénissez, c'est quand même Dieu qui entrera dans notre foyer et elle portera chance à Antoine. » Je promis de bénir la bague le jour de son mariage. Mais ce jour ne vint jamais. Antoine fut tué, peu de temps après, par un coup de revolver dans un bistrot à Chalons-sur-Marne.

Jeannine lutta encore pour obtenir la garde de ses filles et pour récupérer un peu d'argent mis de côté auprès de sa belle-famille. Mais désormais sans défense, elle n'obtint rien. Le retour dans son ancien voisinage lui fut également interdit. Elle était revenue souvent, partageant ses robes et son argent avec ses sœurs et ses anciennes amies. Mais sa mère était morte, le père vivait dans une roulotte, la fratrie s'était dispersée. La belle-famille, toujours réfugiée au Camp, ne voulut plus la connaître et garda ses enfants, avec l'assentiment des services sociaux. « Je suis la honte de tout le monde », m'avait dit un jour Jeannine. Elle le devint en effet, pour ne pas avoir eu les moyens d'être elle-même, droite comme sa mère. Elle avait pourtant montré une singulière constance dans ses amours, ses amitiés, sa dignité propre. Dans son entourage au Camp, on avait coutume de dire qu'elle avait toujours le mot pour encourager, le geste pour aider, la délicatesse pour ne point blesser ni offusquer. Que s'était-il donc passé, pour qu'elle devienne ainsi pécheresse aux yeux de tous ?

Peut-être cette question vaut-elle aussi pour la pécheresse de Béthanie ? Femme méprisée et pourtant pleine d'attention. Jésus semble, en quelques mots, rétablir autour d'elle un nouvel ordre de valeurs. A montrer tant d'amour, dit-il, elle montre clairement que ses péchés lui sont pardonnés. C'est chose faite, elle *est* purifiée. « Pour toi, Simon, dit le Seigneur, c'est moins évident. Peut-être n'es-tu pas aussi irréprochable que tu ne le penses. » Les paroles de Jésus, nous pourrions les entendre de la bouche d'un homme pauvre et humilié aujourd'hui : « Je suis entré dans ta maison. Tu ne m'as pas versé d'eau sur les pieds... Tu ne m'as pas donné de baiser... Tu m'as laissé à la porte, tu m'as tutoyé... Toi, homme sans gêne, qui ne respecte même pas les gestes les plus élémentaires de l'hospitalité, viendrais-tu faire la leçon à cette femme ? »

J'entends parler un père de famille dans un bas quartier de Bruxelles : « Vous êtes entré sans frapper, vous ne m'avez pas dit bonjour et vous venez réprimander ma femme à cause des gosses. » Paroles sans ambage, qui dénoncent la hauteur des superbes d'aujourd'hui.

Le langage de Jésus est, ici, plus que jamais celui du Fils de l'Homme qui a trop vu de souffrance, d'oppression et d'hypocrisie pour s'encombrer de façons de parler indirectes. Il parle en images, comme toujours, pour être bien compris non seulement de Simon mais aussi de Marie Madeleine. Il n'est pourtant pas d'humeur à cacher un mouvement d'indignation. « Toi qui fais preuve de si peu d'amour, te crois-tu sans tache devant le Seigneur ? Que signifie ta pureté, si d'elle ne jaillit pas un surplus de bonté, de délicatesse, de miséricorde ? » Pour les hommes rassemblés dans la maison de Simon, il s'agit d'un véritable renversement de l'ordre établi. « Qui est cet homme qui va jusqu'à pardonner les péchés ? » Pardonner les péchés, restaurer la pureté, c'était en effet renverser l'ordre social, élever les pauvres maintenus dans leur état sous prétexte de péché et d'impureté.

Jésus, imperturbable, n'arrange pas les choses en ajoutant : « Ta foi t'a sauvée. Va en paix. » « La paix, dit une annotation de la T.O.B., est dans la Bible plénitude de vie, salut, plutôt que tranquillité d'esprit. » Marie Madeleine reçoit pour ainsi dire mission : va maintenant vivre une vie nouvelle, un projet nouveau ; va vivre pleinement ton amour pour moi et pour tes frères. Jésus eût-il parlé autrement, si la jeune

Jeannine du Camp de Noisy-le Grand, prostituée dans les rues de Paris, eut pu aller vers lui ? Pour ses convives d'alors, pour l'entourage de Jeannine et les administrations d'aujourd'hui, cette inversion des priorités est inconcevable. Mais l'Église, elle, doit se réjouir de retrouver cette Marie Madeleine au tombeau, messagère annonçant que le Christ est ressuscité et que le temps de son Église commence. « J'ai vu le Seigneur, dira Marie Madeleine, le Rabbouni crucifié est vivant. » Ce sera trop difficile à croire d'emblée, pour les disciples, tout à leur douleur. Thomas refusera de croire, même après confirmation de leur part. Il refusera par fidélité à Jésus dont il avait voulu partager la mort ignominieuse. Il avait trop cru en Jésus donnant sa vie, trop désiré aller jusqu'au bout avec lui, trop pleuré sa mort, pour accepter de reconnaître, sans vérification, cet autre Jésus, vivant et montant vers son Père. Thomas n'accepte pas la douleur et le sacrifice trop vite oubliés. Il a besoin, pour savoir qu'il ne s'est pas agi d'un jeu, de toucher les stigmates. Jésus prévient d'ailleurs sa demande : « Avance ton doigt ici... » mais il ajoutera que désormais, la foi n'est plus de croire dans le Fils de Dieu fait homme et conduit à la mort, mais dans le Christ ressuscité.

Cette foi nouvelle, Marie Madeleine, la possédée ou peut-être la courtisane, l'a eue en premier et elle sera ainsi la première chrétienne. Son cœur, son intuition, toute son expérience de vie lui disent : c'est lui ! Elle ne demandera pas de preuves, elle n'en a pas besoin. C'est son exemple que devra suivre toute l'Eglise, sa foi fondée dans le cœur, dans l'intuition d'hommes qui ne demanderont pas de preuves tangibles. Le matin de la Résurrection, l'impure Marie Madeleine sera la croyante, la première chrétienne de tous les temps.

CHAPITRE X

Les artisans de la justice de Dieu et du monde

Revenu victorieux de la tentation au désert « avec la puissance de l'Esprit », comme dit Luc (4, 14), Jésus commence à parcourir la Galilée. Bientôt sonne l'heure du Sermon sur la montagne. C'est la fête, la fête programme, la mission donnée aux pauvres.

« Heureux les pauvres de cœur, les doux, ceux qui pleurent… Heureux ceux qui ont faim et soif de la justice, les miséricordieux, les cœurs purs… Heureux ceux qui font œuvre de paix… »

Heureux êtes-vous lorsque l'on vous insulte, que l'on vous persécute et que l'on dit faussement contre vous toute sorte de mal à cause de moi. Soyez dans la joie et l'allégresse, car votre récom-

pense est grande dans les cieux ; c'est ainsi en effet qu'on a persécuté les prophètes qui vous ont précédés » (Mt 5, 11-12).

Il fallait se mêler à la foule, s'attarder auprès des personnes, avant de méditer les Béatitudes. Il fallait sentir autour de soi les hommes et les femmes auxquels elles s'adressent à tout jamais. Car nul doute que le Sermon sur la montagne s'adresse d'abord aux pauvres dont le cœur est effectivement brisé et qui sont obligés de se tenir dociles sous l'oppression. Sont concernés les opprimés affamés de justice par la force des choses, ceux que les possédants accablent d'insultes. Bien sûr, Jésus-Christ fera comprendre que pourront rejoindre les pauvres ceux qui ne l'étaient pas et qui se dépouillent. Mais nous n'en sommes pas là et il ne faudrait pas nous bousculer à l'entrée du Royaume au risque d'empêcher les pauvres de nous précéder.

Eux sont déjà cassés. A nous, il faudra toute une vie de dépouillement quotidien pour leur ressembler et les rejoindre vraiment. Ne confondons donc pas les priorités, ne nous poussons pas une fois de plus vers le premier rang. Vous, les pauvres, dit le Christ, vous êtes des chanceux. Pour vous, toutes les conditions de voir Dieu et de changer le monde sont réunies. De voir Dieu d'abord, car pour cela, il faut des cœurs refusant les divisions et les haines, l'oppression et le mépris. Les vôtres y sont parfaitement préparés. A cause de votre vie, vous savez tout sur l'injustice et jusqu'où elle peut aller. Vous pouvez prendre la pleine mesure de la miséricorde, car vous êtes sans arrêt obligés de pardonner. Pour cela, vous verrez Dieu, vous le voyez déjà, au plus profond de vous.

Nous sommes souvent tentés de dire que, pour prier Dieu, il faut se mettre en état de silence et de paix. Si cela était vrai, Dieu ne serait pas accessible aux pauvres. Jamais Il ne leur montrerait Son Visage. Je contemple ces mères de famille continuellement dans le bruit et les disputes des voisins, le vacarme des klaxons et des cris dans la rue. Les enfants les serrent de partout dans le logement trop exigu. Même quand ils ne sont pas là pour bousculer leur mère, elle a l'esprit anxieux. Elle pense au mal qu'ils ont à l'école, comment ils vont rentrer le soir en pleurant, parce qu'ils ont été humiliés ou se sont battus. Elle songe aux cartables déchirés, aux cahiers volés, à l'instituteur qui les grondera le lendemain. Elle sait que le père va bientôt rentrer, dégoûté lui aussi, agressif et sans un mot de tendresse, et qu'elle lui servira de prétexte pour défouler sa rancœur. Quel silence cette mère, toutes ces femmes auraient-elles en elles ? Et faute de silence, ces femmes, leurs maris, leurs enfants, ne verraient-ils pas Dieu ?

Jésus-Christ, par les Béatitudes, rétablit la vérité. Il ne dit pas seulement : « Je suis de votre côté, le Royaume de mon Père est à vous. » Il affirme : « Le Royaume est parmi vous, malgré vos anxiétés et vos larmes et même à cause d'elles. » Les Béatitudes nous rappellent combien nos propres silences peuvent être trompeurs, chargés de pensées vagabondes, mais aussi de fausses représentations. Qu'est-ce que le silence du cloître et de l'église, s'il n'est pas le silence qui manque aux pauvres, complément essentiel de leur vie et de leurs efforts ? Une mère de famille me disait : « Moi, vous savez, j'ai beaucoup souffert, on m'a fait énormément de mal, on m'a retiré mes enfants, mon mari m'a abandonnée, les voisins se moquent de moi. Pourtant je n'ai de haine pour personne, je pardonne à tous. » Elle me parlait ainsi et j'avais du mal à l'entendre car, dans le logement où elle s'était remise en ménage avec un père de cinq garçons, régnait le bruit et le va-et-vient des voisins, des enfants, des chiens. Dans toute cette agitation, la femme me parlait de pardon, donc de paix. Et je songeais combien les moniales devaient être porteuses de silence, combien la prière des prêtres et de toute l'Église devait être remplie de silence, mais d'un silence chargé du bruit du monde. La prière silencieuse de l'Église ne doit-elle pas assumer tout ce qui empêche le silence, la paix du cœur et de l'esprit des pauvres ? À qui s'adresserait cette prière, sinon au Sauveur ayant choisi d'habiter parmi eux, là où le silence est sans cesse brisé, le cœur toujours troublé, la pensée anxieuse ?

À quoi sert une adoration dans le silence, si elle ne se porte pas garante que le Seigneur peut vivre dans le cœur des pauvres, dans le bruit de leur vie, dans leur esprit jamais en repos ni en paix ? Les nantis ont souvent l'esprit préoccupé, mais leur anxiété n'est pas comparable à celle des malheureux. Ceux-ci savent en permanence qu'ils vont manquer de ce dont ils auront besoin, de l'essentiel et que, par conséquent, ils vont devoir chercher, inventer, demander, supplier pour survivre. Nous parlons parfois des stratégies de survie des pauvres, sans nous rendre compte qu'elles absorbent toutes leurs énergies, toute leur attention. Elles ne leur laissent pas de répit. Pourtant, Dieu est en eux, les portes du Royaume leur sont ouvertes. Il en était ainsi, en Galilée, mais le Christ devait venir pour créer cette halte, ce grand moment de fête sur la montagne, où tous puissent se l'entendre dire : « Vous n'êtes pas impurs, vous n'êtes pas indignes, bien au contraire ! Dieu est parmi vous. Il fait partie de vous qui êtes en permanence dans le besoin. Sans aucun pouvoir, entièrement à la merci des autres, vous êtes en état de purification constante et par conséquent pardonnés, bienheureux. En me choisissant, vous avez bien choisi, car vous et moi bâtissons le Royaume. Tout ce que vous vivez fait de vous les premiers artisans. »

Artisans du Royaume, disent les Béatitudes, mais aussi artisans de la justice sur la terre. Vous ne posséderez pas seulement la terre demain, vous pouvez la posséder aujourd'hui, être créateurs de changement dans le monde. Votre souffrance sous l'oppression, vos peines sous la persécution peuvent forcer les hommes à changer, à regarder le monde d'une autre manière, à s'indigner de l'injustice et à la refuser. À cette condition, certes, que vous donniez à votre situation un sens nouveau, non plus celui d'une fatalité ou d'une punition, mais celui d'une alliance avec Dieu, d'un point de départ pour le renouveau. Il vous faudra vouloir prendre ce départ, choisir librement de le prendre.

Les Béatitudes n'ont absolument rien de soporifique ni de démobilisateur. Les mots « à cause de moi » et la référence aux prophètes révèlent leur caractère d'appel et de mission dans le monde. Souffrir pour la justice signifie d'ailleurs, en tous temps, souffrir pour les droits de l'homme et pour une société qui les respecte. Le Royaume, dit Jésus, commence dans le cœur des hommes. Mais « *tout bon arbre porte de bons fruits* » (Mt 7, 19) et « *Il ne suffit pas de me dire : " Seigneur ! Seigneur ! " pour entrer dans le royaume des cieux ; il faut faire la volonté de mon Père* » (Mt 7, 21). Or quelle est cette volonté ? Les instructions de Jésus suivant les Béatitudes me paraissent une proclamation magistrale de l'unité, de l'universalité et de l'éternité du Royaume. La piété des cœurs envers Dieu et la justice sociale entre les hommes se trouvent mêlées de façon indissociable. Impossible de prétendre y distinguer des plans ni d'ignorer les lignes de conduite politique.

C'est d'ailleurs aux foules pauvres que le Christ annonça qu'il n'était pas venu pour abroger mais pour accomplir la Loi. Or, la Loi réglait les structures sociales en même temps que les devoirs religieux. La protection de la vie et les liens du mariage, les fondements du serment, la règle du talion, la paix, les modalités de l'aumône que nous appellerions l'aide sociale, la place de l'argent et par conséquent de l'économique, les soucis du lendemain se traduisant dans le profit, l'épargne, le stockage, les réserves inconvenantes..., n'est-ce pas toute l'organisation d'une société remise en question ? Jésus en dresse le tableau sans distinguer entre le religieux, le social et l'économique. Les règles de vie intérieure et les règles sociales sont présentées pêle-mêle. Elles forment un tout fondé dans la volonté de Dieu. Dès à présent, le Royaume se réalise, l'amour, la prière, la miséricorde portant des fruits de justice entre les hommes.

Peut-être des hommes ne sentant pas la faim de la justice peuvent-ils imaginer une ligne de démarcation entre celle de Dieu et celle des hommes ? Pour les familles du Quart Monde, comme sans doute pour les pauvres de tous les temps, la distinction est impensable. Elle ne peut pas exister. Le Christ dit : « Tout ce que vous voulez que les hommes fassent pour vous, faites-le vous-mêmes pour eux ; c'est la Loi et les Prophètes. » Pour les pauvres, ce n'est pas seulement une règle de conduite personnelle, mais un projet de société. Trop de mal leur arrive par l'organisation de la société environnante. Ce que les hommes doivent faire les uns pour les autres va nécessairement bouleverser cette organisation inique. Peut-être les pauvres pressentent-ils mieux, aussi, le prix à payer pour ce changement ?

Les pauvres auront fort à faire pour se transformer en libérateurs, pour rénover les relations entre eux et se présenter d'une façon nouvelle au monde. Même jeune garçon habitant un taudis rue Saint-Jacques, je n'imaginais pas que Dieu ou l'Église puissent m'inviter à demeurer inactif. Pour vivre l'Évangile, il me semblait au contraire que tout devrait changer, dans la vie de ma mère, dans celle du quartier, dans nos relations avec les riches. A ce changement, je croyais avoir à contribuer. Je ne voyais même pas qui le provoquerait, sinon les pauvres eux-mêmes. Aussi les Béatitudes me paraissaient-elles comme un engagement du Christ. « Les Romains, les sbires d'Hérode, les pharisiens vous considèrent comme inférieurs. Or, vous êtes les enfants préférés du Père et si vous luttez pour la justice, Il est avec vous. Car il n'y a pas d'amour sans justice. » J'ai toujours cru entendre le Christ nous encourager : « Si vous vous en donnez la peine, si vous croyez pouvoir gagner, non pas pour vous-mêmes mais pour tous les autres, alors vous gagnerez. »

Mais se considérer capable de se lever, puis de lutter et de gagner, les familles du Quart Monde m'apprirent peu à peu combien c'était difficile, quand on avait toujours été méprisé. En vertu de quoi se transformeraient-elles en bâtisseurs du Royaume, quand toute leur expérience les avait conduites, au contraire, à se tenir tranquilles, tassées sur elles-mêmes, recroquevillées en elles ? « Moi, je me tiens tranquille, dit M. Lebrun, ici, il ne faut pas se faire remarquer. » Après toute une vie de pérégrinations pénibles de taudis en bidonville, de cité d'urgence en taudis, il se trouve installé dans un village de Normandie. Une partie de sa famille, enfants et petits-enfants, s'est remembrée autour de lui. Sa femme a toujours quelque difficulté à ne pas chercher l'oubli dans la boisson. Les petits-enfants exigent une attention particulière à l'école municipale. Des religieuses voisines ont repris vis-à-vis de cette famille très démunie, des gestes encore coutumiers dans nos campagnes : elles habillent les enfants. M. Lebrun, en se tenant tranquille, ne réussit pas nécessairement à ne point se faire remarquer. C'est pourtant la ligne de conduite qu'il s'était tracée pour toute son existence. Au village, on raconte des choses sur lui, alors que, lunettes sur le nez, il épelle l'Évangile, assis au fond de sa cuisine. Faut-il croire que c'est à lui, homme misérable de soixante-dix ans, que le Christ propose de se lever pour témoigner ?

Il faut le croire. M. Lebrun nous a envoyé un message : il veut épouser la compagne de sa vie devant Dieu. Elle lui a donné sept enfants, ils ont souffert ensemble une misère innommable. Pendant des années, sa femme se tenait en véritable barricade en travers du seuil de son igloo. Derrière elle, un sol jonché de matelas, quelques tabourets, un poêle, aucun meuble. Dans une casserole posée à terre, un reste de pommes de terre à réchauffer pour le souper des enfants. Personne de l'extérieur ne doit voir cela. « Sinon, pense-t-elle, que deviendront les enfants ! La police viendra nous les arracher. »

Aujourd'hui, en 1984, enfin dans une maison dont ils ne seront plus expulsés, M. et Mme Lebrun ont décidé de se marier. Mais le curé, interloqué, hésite à leur donner la bénédiction. Tout le village en parle et M. Lebrun m'a envoyé un cri d'alarme. Il ne demande pas de pouvoir se mettre en règle, à cette heure tardive, pour mourir en paix. Simplement, depuis qu'à travers une paire de lunettes déjà usées il épelle l'Évangile, il s'est convaincu qu'il doit à Dieu et à sa femme de l'épouser. Il va falloir poser des gestes tout à fait contraires à sa philosophie de vie, se faire remarquer ! M. Lebrun se fera la risée du village, sujet d'étonnement dans le diocèse. À ses soixante-dix ans, le Christ lui avait demandé cette révolution intérieure, « *à cause de lui* ».

Alors que M. Lebrun, en se reconnaissant dans l'Évangile, devenait à sa manière témoin de Dieu, sa fille cadette se formait en militante ATD Quart Monde. Je ne sais pas ce qu'elle pense de Dieu, mais je puis affirmer que, fillette au Camp de Noisy-le-Grand, elle aimait les siens et son entourage. Mal scolarisée comme ses compagnes, elle était livrée à la rue et à la vie de bande, puisque dans son habitat, on pouvait tout au plus s'asseoir ou se coucher sur les matelas pour manger, pour dormir. Dans cette existence faite de promiscuité et de violence, Danièle, par une grâce peu commune, a appris à aimer son milieu. Enfant, elle avait toujours sur les lèvres le prétexte pour excuser sa famille ou sa bande, elle s'indignait vivement à la moindre allusion désobligeante au rude comportement de sa mère. Aujourd'hui, le même attachement la conduit à s'exercer à la parole, à l'écriture, à la représentation de toutes les familles du Quart Monde. Je l'ai vue grandir, songeant que le regard de Marie devait reposer sur elle.

La mère de Dieu n'eut pas besoin d'une révolution intérieure, elle avait Dieu, les pauvres, la justice vrillés au cœur, de naissance. Danièle aussi aimait et défendait les siens depuis toute petite, mais toutes les femmes de la misère n'ont pas autant de chance. Toutes sont bienheureuses au sens des Béatitudes. Il leur faut pourtant rassembler leur courage, résister à la tentation de se laisser couler dans la pauvreté extrême, faire un effort immense pour fortifier l'amour des autres et l'assurance de soi. Elles y arrivent et se mettent debout, harcèlent le curé de la paroisse pour obtenir le baptême de leurs enfants, fréquentent des réunions de famille, l'Université populaire ATD Quart Monde. Puis elles n'y arrivent plus et baissent les bras, se retirent, pour revenir plus tard ou pour ne plus revenir du tout. Elles ne croient plus à leur combat. Le but est trop loin, le fardeau de la dérision et de la médisance trop lourd. « Je suis fatiguée, dit Mme Lachaud, je suis malade et, de toute façon, j'ai ma vie à vivre. »

Qui dira à Mme Lachaud que justement, « vivre sa vie » c'est se libérer en libérant les familles de Reims plus pauvres encore qu'elle ? Qui va dire, aujourd'hui, dans le quartier Saint-Jacques où j'ai grandi, dans le quartier de la Garenne, dans les cités du Parc et de Saint-Léonard, à tous les pauvres autour de la cathédrale d'Angers : « Vous êtes les bienheureux, les artisans du changement » ? Qui leur rappelle : « Vous êtes les premiers autour de la table, car ce que vous dites sur la justice, la vérité et la paix est essentiel » ? Quand le Christ reviendra, trouvera-t-il encore des hommes leur apportant la nouvelle que la terre leur appartient déjà, le témoignage de leur vie pouvant changer le cœur de l'homme et l'obliger à faire des lois justes ? C'est ce qu'il disait lui-même : « Vous pouvez obliger les hommes à cela, si vous vous en donnez la peine. Et vous les obligerez à prier différemment le Père, parce qu'ils auront accueilli ses enfants les plus crucifiés. » Mais je n'entends plus les croyants dire : « Vous êtes bienheureux », aux enfants allant à l'école le ventre creux, aux foyers vivant dans des taudis ou sous des tentes, dans des baraques ou des roulottes, ou qui sont obligés de se réfugier à l'Armée du Salut. Ces pauvres dont certains déplorent qu'ils n'aient pas de sens politique, ces pauvres pour lesquels beaucoup prétendent changer le monde sans même les consulter, comment ne continueraient-ils pas à s'abstenir, puisque nous ne proclamons plus leur identité véritable de bâtisseurs de justice ?

La misère qui empêche de fréquenter le temple ou l'église, de se sentir à l'aise avec ceux qui les fréquentent, ne détruit pourtant pas la conscience que Dieu ne vous a pas rejeté. Mais les pauvres, toujours repoussés vers les rangs inférieurs, ont besoin et ont le droit de s'entendre confirmer par les Béatitudes qu'ils ont une place privilégiée dans le dessein du Père. Ils ne furent pas, de droit, bienheureux au temps de Jésus et ils ne le sont pas aujourd'hui. La foule autour du Christ sur la montagne *devint* bienheureuse parce qu'il le lui annonça. Les pauvres devinrent heureux et capables de se montrer tels « à cause de Jésus », parce qu'il s'était révélé à eux et qu'ils avaient cru en lui. Ils étaient des hommes nouveaux parce qu'ils pouvaient désormais donner à leur état une signification nouvelle. Le Sermon sur la montagne devint ainsi à la fois une fête où éclata la joie et une mission donnée. Sans la fête où tous pouvaient se dire enfants du Père, la mission eût d'ailleurs fait peur. Il me semble parfois que, si nous nous souvenons encore de la mission, nous avons oublié que, pour Jésus, elle n'allait pas sans la fête, sans la joie du pardon et de la sécurité d'être les aimés du Père. Jésus savait combien il serait difficile de se voir autrement que méprisable, pécheur, incapable et insignifiant. Seul, Dieu pouvait changer cette image et rétablir la vérité. Sans Dieu, l'enthousiasme ferait long feu, la perspective d'avoir une mission et d'être capable de l'assumer s'envolerait aussitôt. Les prêtres, les pharisiens auraient vite fait de l'étouffer. Ils avaient si bien réussi auparavant à brimer les pauvres.

« Les foules restèrent frappées de son enseignement », dit Matthieu pour clore la narration du Sermon. Frappées de stupeur, déconcertées ? Peut-être, mais aussi frappées de bonheur et d'émerveillement. Sans doute, leur chemin ne sera-t-il pas moins semé d'embûches qu'avant. « Combien étroite est la porte et resserré le chemin qui mène à la vie... » Le Christ le dit, il ne fait jamais de promesses fallacieuses. « La

route ne sera pas plus facile qu'auparavant. Il y aura de faux prophètes pour vous en détourner. Mais à la différence d'hier, vous savez où vous allez et vous irez sur cette route dans la joie et l'allégresse, dans la compagnie des prophètes. Vous êtes, comme les prophètes qui vous ont précédés, les messagers de Dieu. » En contemplant Jésus entouré de la foule sur la montagne, je me demande une fois de plus comment nous avons pu arriver à nos idées contemporaines de révolution et de libération. Où est le pardon, où est la fête ? Qui dit : « Vous êtes le sel de la terre, vous êtes la lumière du monde, et par conséquent, nous, les nantis, ne venons rien vous dicter, ni vous imposer un programme que vous n'ayez pas élaboré. Nous venons vous écouter, en vous rappelant que le Christ pauvre a tracé pour vous le programme et vous a déclarés bienheureux d'en être les premiers réalisateurs. »

Peut-être ne prenons-nous pas la pleine mesure de la responsabilité confiée par le Christ aux pauvres en leur remettant le Royaume, la Loi et les Prophètes ? Ils devront réaliser les Béatitudes d'abord entre eux, les uns pour les autres. Regardons encore une fois cette foule de gens. Ils sont pauvres pour la plupart, mais ils ne forment pas un peuple homogène ni unifié. Les uns travaillent, les autres sont chômeurs ou sous-employés. À côté d'eux, il y a les plus pauvres, les boiteux incapables d'être utiles, les lépreux qui font peur, les femmes abandonnées, sans foyer où se réfugier, les aveugles punis de Dieu, les mendiants en grand nombre. Il devait y avoir beaucoup de voleurs, aussi. Dans cette foule si bigarrée, que signifie d'être aveugle dans une famille d'âniers ou de chameliers, lépreux parmi les ramasseurs d'ordures de chiens ou parmi les tanneurs utilisant cette matière souillée dans l'exercice de leur métier ? Que représente d'être mendiant, aux yeux des petits colporteurs menacés de le devenir, puisqu'ils n'ont plus grand chose à colporter et que leur clientèle se rétrécit au rythme de l'expropriation des terres ? Parmi les Galiléens, souvent mal considérés par les nantis de Jérusalem, vivent des familles reconnues comme pures et honorables. C'est le cas de la famille de Jésus de la maison de David et de bien d'autres, prêtres ou pharisiens de père en fils ou exerçant une autre occupation respectée. À leurs côtés existe la masse des familles impures et, parmi elles, celles qui exercent des métiers méprisés, en bonne partie des métiers de pauvres. Si celles-là donnent naissance à des fils épileptiques ou sourds-muets, si la fille d'un chamelier devient prostituée, donnant le jour à des enfants illégitimes, quelle stratification et quelle désunion finit par s'installer dans la foule ? La famille de Simon le lépreux pouvait se permettre d'avoir un fils lépreux. Elle pouvait même l'aider à guérir et à reprendre sa place dans la communauté, en situation d'offrir l'hospitalité au Christ. Tiré d'affaire, il regarde de haut la femme venant verser le parfum coûteux sur les pieds de Jésus. Lépreux, se tenait-il près d'autres lépreux, fils de tanneurs, de bergers ou de femmes de mauvaise vie ? C'est peu probable et il me semble ne jamais encore avoir vraiment compris ce que pouvait être la diversité, même parmi les pauvres.

Or, contempler le Christ et écouter son enseignement, c'est faire le détail des hommes pour entendre par leurs oreilles. C'est regarder les mains qui se tendent vers lui et qui ne se ressemblent pas. Certaines sont façonnées par un métier, d'autres déformées par une maladie. Quelques-unes tremblent en se tendant ou n'arrivent même pas à aller jusqu'au bout du geste. Les voix appelant Jésus ne sont pas non plus les mêmes. Celle du mendiant ne ressemble pas à celle du colporteur ou du cultivateur d'un champ de blé. Toute l'humanité et surtout toute l'humanité souffrante est rassemblée aux pieds du Christ, à l'heure des Béatitudes. C'est une chance pour nous. Encore devons-nous être capables de la regarder vraiment.

« C'est parmi vous, pauvres si différents les uns des autres, que commence le Royaume », dit Jésus. « *Que votre lumière brille aux yeux des hommes, pour qu'en voyant vos bonnes actions, ils rendent gloire à votre Père qui est aux cieux.* » (Mt 5, 16). Ce n'est pas une tâche légère ainsi donnée aux pauvres de créer la justice de Dieu entre eux. C'est pourtant seulement ainsi qu'ils seront crédibles aux yeux de toute l'humanité. Le mandat est bien plus grand que nul ne pouvait le prévoir. Aux familles paysannes d'inventer de nouvelles relations avec les familles méprisées des blanchisseurs. Aux petits vignerons maintenant leur exploitation avec peine, de s'organiser avec les ruraux sans terre. Aux boutiquiers d'entourer non seulement leurs propres infirmes mais aussi ceux des tailleurs de pierre, tellement plus déconsidérés qu'eux. Aux fils de familles pures de soigner les paralysés des familles considérées impures, d'enseigner les étrangers, de protéger les femmes atteintes d'une souillure.

Cette révolution parmi les pauvres, seul le Christ peut la proclamer, puisqu'il l'a accomplie lui-même. Puisque fils de pauvres, lui-même n'a pas pris ses distances d'avec les misérables. Sans cela, Il eût pu être crédible aux yeux des nantis peut-être, mais non pas convaincant pour la foule sur la montagne. « Ne jugez pas et vous ne serez pas jugés... » « Ne soyez pas des hommes de rigueur et de normes, oubliant l'homme pour la règle et la loi... » « Ne soyez pas changeants, tenez parole entre vous... » « Il vous est dit : '' Œil pour œil, dent pour dent. '' N'en croyez rien ; seuls la miséricorde et le pardon vous introduisent dans la grandeur et la respectabilité. » C'est beaucoup demander aux pauvres et Jésus demande plus encore. Non seulement il faudra pardonner, mais il faudra souffrir avec celui qui vous voulait du mal et entachait votre honneur ou entamait votre sécurité péniblement acquise. Il faudra, en somme, utiliser votre pauvreté pour libérer plus opprimé que vous. Vous devez être sûrs de vos droits, mais plus encore des droits de plus abandonné que vous-mêmes. Vous ne vous écarterez pas d'eux en devenant de nouveaux-riches, de nouveaux détenteurs de pouvoir. Vous n'aurez d'autre intérêt que d'établir la justice pour autrui. Vous accepterez d'être persécutés à cause de moi et, par conséquent, à cause des misérables à vos côtés. Eux seuls peuvent maintenir en vous le sens du combat, celui du Royaume qui commence ici et maintenant.

Au regard des Béatitudes, la pauvreté doit devenir le moyen de créer la fête et l'allégresse du changement désormais assuré à ceux qui sont dans l'obscurité la plus totale. Jésus rappelle que les bienheureux ne conduiront pas leur combat en païens. Car, dit-il, les païens ont oublié que leurs luttes devaient être menées pour tous les hommes. Profitant de la confiance d'autrui, ils se sont enrichis et ont gagné du prestige au détriment des pauvres. Si ceux-ci se laissent prendre au piège, se détachant de leurs proches et se créant un entourage qui fasse écran, ils ne comprendront plus la justice comme ils la comprennent maintenant. Leur combat ne sera plus le même et perdra de sa crédibilité. Pour créer le Royaume, il ne reste pas de choix aux pauvres. Ils devront demeurer doux et humbles de cœur et refuser de s'enrichir.

Jésus n'a pas cessé de le répéter : votre pauvreté doit se transformer en dynamisme et aussi en joie. Si vous devenez durs, agressifs pour votre entourage, vous perdez la raison même de votre combat. Si vous perdez la joie, vous ne luttez plus pour les plus pauvres. Ce ne sont plus les autres que vous défendez. Ce que vous réussissez en mon nom et au nom des pauvres, ne vous appartient pas. Rien de ce que vous gagnerez ne doit servir à vous faire un nom à vous-mêmes. Ne confondez jamais le triomphe de la communauté avec votre propre triomphe. Le tapis rouge, les fanfares, les palais ne seront pas pour vous. Les temples bâtis en mon nom ne devront pas être des moyens de vous mettre en avant. La seule trace à laisser dans l'histoire est celle de l'amour de Dieu et du prochain, la seule règle pour l'organisation de la société est de « vous aimer les uns les autres » et de partager vos peines et vos victoires.

Je suis témoin que l'enseignement de la bouche du Christ vaut pour les zones de misère de nos jours. « Vous serez les premiers à la table, car vous demandez avec le plus de force le respect et le droit à la dignité. » Les familles du Quart Monde comprennent qu'il ne peut pas en être autrement. Que Jésus les dise bienheureuses est une découverte joyeuse mais qui ne les surprend pas : « Si Jésus passait à la cité, imaginez un peu la fête !... » Dans ces conditions, il devient aussi possible de parler de l'incommensurable responsabilité : « Étonnez le monde en créant la justice de Dieu entre vous. Vous qui ne tenez pas sur vos jambes, mettez-vous debout. Vous qui traversez l'existence la tête entre les épaules, relevez-la. »

Le misérable libérant plus misérable que lui, les pauvres libérant les plus misérables parmi eux, les affamés de justice agissant et souffrant pour plus affamés encore qu'eux-mêmes, tout l'enseignement me semble avoir toujours cours. Je n'en vois pas d'autre, si quelque chose doit changer dans les relations entre riches et pauvres. Que les pauvres créent la justice entre eux me paraît la seule manière de remettre les riches enfin à leur juste place. Si les pauvres se font ainsi « la lumière du monde », ils n'ont plus à subir la loi des nantis. Les rôles sont enfin inversés et les riches doivent participer aux affaires des pauvres, demander de pouvoir y participer, apprendre à le faire. Cela ne s'était jamais vu, pas plus de nos jours qu'au temps de Jésus. Les pauvres ne paraissent jamais comme la ville située sur une hauteur vers laquelle regarder. Ils demeurent toujours ceux à qui d'autres viennent apprendre quelque chose. Toute la vie et le sacrifice de Jésus ne semblent pas toujours avoir suffi pour nous faire comprendre d'où vient la lumière, qui sont les élèves et, peut-être, les serviteurs. Les Béatitudes font pourtant toute la clarté sur ces questions.

Pour les croyants en tout cas, à travers les Béatitudes tout change, les rôles se clarifient, les choses se mettent en place. Il est vrai que nous demeurons en présence d'un mystère bien trop grand pour être imaginé. Le mystère de Dieu faisant pénétrer la grâce dans le monde par le canal des plus pauvres de ses enfants. Si cela ne change pas encore nos structures, cela transforme nos cœurs, nous réduit au silence, nous conduit à la contemplation et la prière. Il ne nous appartient plus d'inventer des structures, surtout pas pour les pauvres, surtout pas en leur nom. Eux sont la lumière auprès de laquelle éclairer notre chandelle. Nous sommes obligés de nous rendre auprès d'eux, de vivre avec eux le souci des misérables à leurs côtés, de nous faire serviteurs, élèves, et par là même, rappel aux pauvres qu'ils sont bienheureux. Ils l'étaient, ils le sont toujours, à condition qu'on le leur dise.

L'autre jour, aux Pays-Bas, je suivais la conversation entre un groupe de familles du Quart Monde et un membre du Parlement Européen. Les familles racontaient leurs efforts pour entretenir une maison de vacances pour les plus démunies d'entre elles. Toutes essayent de contribuer à son équipement, créant des moyens de distraction et d'animation musicale, rassemblant des livres et des jeux pour les enfants. La députée écoutait d'un air apitoyé puis leur coupa la parole : « Tout cela est bien gentil, disait-elle, mais ce qu'il faut vraiment, c'est changer les structures. Votre ferme de vacances c'est gentil, mais cela ne change rien. Pour changer votre vie, il faut utiliser votre bulletin de vote. » Un père de famille, obstiné, lui demanda s'il était juste que l'Etat refuse de subventionner leur ferme. « Là n'est pas la question, répondit la parlementaire, l'important est de voter pour un autre gouvernement. » — « Alors, vous êtes bien d'accord que nous ne pouvons pas compter sur les hommes politiques », insista l'homme. L'entretien en resta là, la députée nous rappelant en partant que ces familles avaient encore beaucoup à apprendre. Qui doit apprendre de qui, où sont les maîtres, où sont les serviteurs ? Savons-nous seulement comment trouver et écouter les maîtres ?

Par les Béatitudes et le Sermon sur la montagne, Jésus-Christ n'appelle pas les nantis à libérer les pauvres. Il n'appelle pas non plus les pauvres à se libérer contre les riches. Il appelle les uns et les autres à libérer, ensemble, l'humanité. Il ne peut exister qu'un seul Royaume, une seule justice, les mêmes pour tous, réunissant tous les hommes. Mais les pauvres seront reconnus les premiers bâtisseurs. C'est le renversement le plus inacceptable. Il nous déroute malgré notre attachement aux Droits de l'Homme. Les pauvres au service des plus démunis d'entre eux, nous dictant les chemins de la justice à partir du pied de l'échelle sociale que n'atteint même pas l'école ? Une justice qui monte vers nous du fin fond de la misère ? Cela paraît énorme. En nous tournant vers les pauvres et les misérables, ne regarderions-nous plus vers le fond, mais vers le haut de la montagne ? C'est bien difficile à accepter. « Ne vous faites pas appeler Docteurs », n'est-ce pas un des préceptes les plus inconcevables pour les scribes, les légistes, les instruits de tous les temps ?

« Qu'est-il de plus important à apprendre ? » demande une équipe ATD Quart Monde aux enfants les plus pauvres du Lower East Side à Manhattan. « Donnez-nous un ordinateur », répondent-ils. Des parents sous-prolétaires de France leur font écho : « Pour nos enfants, il faut l'électronique ; maintenant, il n'y a que ça pour eux. » L'aspiration s'est envolée aux quatre coins du monde, elle monte encore vers nous du tréfonds d'un bidonville en Haïti. Une équipe y porte le livre et le savoir dans les mornes. « Apprenez-nous l'ordinateur », réclament des enfants ne connaissant pas l'eau courante ni la scolarisation régulière. Nous portons le message à des bailleurs de fonds : donnez des ordinateurs aux enfants les plus pauvres du monde. « C'est prématuré », décident leurs experts. En France, en 1983, certains nous avaient répondu : « Comment voulez-vous que nous placions des ordinateurs dans les filières scolaires pour enfants retardés ? Nous n'en avons pas encore dans tous nos lycées. » Ainsi, les scribes continuent à décider pour les pauvres. Comment renonceraient-ils à s'appeler Docteurs ? Et comment s'abstiendraient-ils de décider au profit de leurs propres enfants ?

Pas étonnant que le Christ demande aux pauvres d'être aussi transparents que lui-même, leurs actes aussi convaincants que les siens. « A cause de moi », par amour pour lui et non pour la seule satisfaction de créer de nouveaux systèmes. De nouvelles structures, ils en créeront, mais ce n'est pas d'elles que la ville sur la hauteur tirera sa lumière. La lumière ne jaillira que de l'amour et celui-ci devra être fort. Car les pauvres avanceront à contre-courant et ils se feront abattre ou récupérer. Les paraboles sur le Royaume leur sont parfaitement compréhensibles sur ce point. Qu'ils soient pour le moins unis entre eux par l'amour. « Soyez parfaits comme votre Père céleste est parfait. »

« Heureux ceux qui pleurent... ceux qui ont faim... les miséricordieux... » Il faudra se le redire souvent. Et se redire que la justice sans l'amour et la miséricorde n'incluant pas tous les hommes est duperie et illusion. Il faudra s'en souvenir pour tenir bon. Seuls l'amour et la foi en Jésus-Christ pourront maintenir le souffle et l'allégresse. Puisque lui a réussi l'impossible.

Sur la montagne, par les Béatitudes, le Christ ébranla à tout jamais l'ordre du monde.

CHAPITRE XI

« Confiance, c'est moi, n'ayez pas peur »

Une lecture de l'Évangile conduisant à reconnaître dans toute sa majesté le Sauveur fait homme de la misère, quelle place laisse-t-elle aux nantis ? « Si les pauvres sont l'Église, qui sommes-nous, nous les riches ? » me demandait une amie. « Ne serions-nous pas l'Église ? » m'écrivit une autre. La question n'est peut-être pas de savoir si nous sommes l'Église, mais si nous aimons l'Église des pauvres, celle du Christ misérable. L'aimons-nous de toutes nos forces, sommes-nous engagés envers elle ? Lui consacrons-nous notre vie ? Alors, la question de savoir si nous sommes l'Église ne se pose plus. Nous lui appartenons, nous nous déclarons ses enfants, enfants de Dieu. Notre Mère Église nous renierait-elle, si Dieu ne nous renie pas ?

Il ne faudrait pourtant pas oublier que Jésus-Christ aime tous les hommes. Il les aime parce qu'ils sont des hommes. L'Évangile n'accorde pas à tous la même place dans le dessein de Dieu. Mais tous ont une place capitale, tous sont indispensables. L'Évangile, il est vrai, me semble déborder de la tendresse de Jésus pour les plus pauvres. Mais quelle signification aurait cette tendresse, si à partir des plus pauvres, elle ne recouvrait pas tous les enfants du Père ? L'amour de Dieu ne place pas certains hommes à part des autres : il est unificateur, il ne peut être autre. Dieu unit des hommes qui étaient séparés, pour qu'ils soient un à bâtir le Royaume. Dans l'Évangile, tous les hommes se retrouvent, mais tous n'ont pas à faire, vers cette terre d'union, le même chemin.

La différence entre les pauvres et les nantis me paraît être, qu'aux pauvres, le Christ dit de transformer leur condition en utilisant leur pauvreté, alors qu'il enjoint aux riches d'abandonner leur situation. « *Si quelqu'un veut venir à ma suite, qu'il renonce à lui-même et prenne sa croix, et qu'il me suive* » (Mt 16, 24). « Quelqu'un » et, par conséquent, tous les hommes sont également appelés. La différence est dans la croix à prendre. Chacun aura la sienne et celle des pauvres ne sera pas celle des riches et des instruits, alors que les plus pauvres en portent une si lourde, que le Christ est venu les aider à la porter.

La croix des pauvres est d'oser se mettre debout et d'agir en bienheureux, assumant pleinement leur milieu, quand ils préféreraient se faire petits et se tasser sur eux-mêmes. Celle des nantis consiste, au contraire, à se faire petits quand ils se voudraient maîtres, à s'expatrier quand ils se voudraient bien intégrés. Ils commenceront par cesser de poser la question des fils de Zébédée, voulant siéger à la droite et à la gauche du Maître dans sa gloire (Mc 10, 35-38). Ils se feront serviteurs et se tiendront au dernier rang.

Vous le savez, ceux
qu'on regarde comme les chefs des
nations les tiennent sous leur pouvoir
et les grands sous leur domination.
Il ne doit pas en être ainsi parmi vous.
Au contraire, si quelqu'un veut être grand
parmi vous, qu'il soit votre serviteur.
Et si quelqu'un veut être le premier
parmi vous, qu'il soit l'esclave de
tous. Car le Fils de l'homme est
venu non pour être servi, mais pour
servir et donner sa vie en rançon pour
la multitude.

(Marc 10, 42-45).

Pour les riches, donner leur vie en rançon pour tous, signifie vraiment abandonner tout l'acquis pour le mettre au service des pauvres. Jésus pouvait-il leur offrir un dessein plus exaltant ? En faisant fructifier leurs capacités, toute leur personne et aussi leurs communautés pour la multitude, ils vont enrichir l'humanité de façon presque inconcevable. La tâche ainsi confiée est magnifique.

Je suis certain que Jésus-Christ aima les nantis autour de lui et qu'il les honora autant qu'il honora les pauvres. Eux aussi reçurent leur place unique dans l'édification de la justice. Si les Béatitudes s'adressaient aux pauvres, le jugement dernier n'est-il pas la promesse solennelle faite aux riches qui se dépouillent ?

Alors le roi dira à ceux qui seront à sa droite :
« Venez, les bénis de mon Père, recevez en partage le Royaume qui a été préparé pour vous depuis la fondation du monde.
Car j'ai eu faim et vous m'avez donné à manger ;
j'ai eu soif et vous m'avez donné à boire ;
j'étais un étranger et vous m'avez recueilli ;
nu, et vous m'avez vêtu ;
malade, et vous m'avez visité ;
en prison, et vous êtes venus à moi. »
Alors les justes lui répondront :
« Seigneur, quand nous est-il arrivé de te voir affamé et de te nourrir, assoiffé et de te donner à boire ? Quand nous est-il arrivé de te voir étranger et de te recueillir, nu et de te vêtir ? Quand nous est-il arrivé de te voir malade ou en prison, et de venir à toi ? »
Et le roi leur répondra :
« En vérité, je vous le déclare, chaque fois que vous l'avez fait à l'un de ces plus petits, qui sont mes frères, c'est à moi que vous l'avez fait ! »

(Matthieu 25, 34-40)

« A l'un de ces plus petits », dit Jésus et nous ne pouvons pas douter de qui il s'agit. La foule est toujours là et il n'a pas l'habitude de confondre les pauvres et les exclus. « Les plus petits », ce n'est pas, pour lui, une manière de parler. Le Christ désigne des hommes, des visages précis. Des visages qui font peur. Jésus honore les riches par sa confiance qu'ils sauront vaincre leur épouvante. A eux aussi, il étend sa tendresse. Tout l'Évangile me paraît d'ailleurs constamment les rassurer : venez, les bénis de mon Père, votre place aussi est préparée. « *En vérité, je vous le déclare, un riche entrera difficilement dans le Royaume des cieux (...) Aux hommes c'est impossible, mais à Dieu tout est possible* » (Mt 19, 23-26). Ces paroles me semblent à la fois une promesse et un mystère. Riche, cela te sera impossible, mais dépouillé, tu entreras. Je ne peux pas t'en dire plus au nom de mon Père qui, Lui, est incapable de renier un seul de ses enfants. Sache que, pour Lui, tout demeure possible. Moi, je te dis : dépouille-toi et entre, je t'attends avec impatience.

La proposition honore les riches parce qu'elle est sans mesure. Comme les pauvres, ils auront des craintes et des résistances considérables à vaincre, ils auront grand besoin d'être encouragés. Je ne puis m'empêcher de songer à eux en entendant ces paroles : « *" C'est un fantôme ", disaient-ils et, de peur, ils poussèrent des cris. Mais aussitôt, Jésus leur parla : " Confiance, c'est moi, n'ayez pas peur ! "* Même Pierre demande un signe : *" Si c'est bien toi, ordonne-moi de venir vers toi sur les eaux ". — " Viens ! " dit-il* » (Mt 14, 26-30). Pierre viendra et se tiendra sur les eaux tant qu'il aura confiance. Au moment où il reprend peur, il coule. Je songe aux nantis, invités à se tourner vers ces plus pauvres qui leur apparaissent comme des fantômes, du fin fond de leurs villes ou de périphéries urbaines où ils n'ont jamais mis les pieds. Devant eux, toute ma vie, j'ai vu tant d'hommes et de femmes interdits, ayant à vaincre leur incrédulité que le Christ ait pu choisir des compagnons aussi malmenés par la misère. Ils croyaient que les pauvres étaient autrement : éduqués, polis, reconnaissants. Ils les espéraient plus accueillants. N'auraient-ils pas le droit d'être rassurés, sachant qu'en allant vers ceux-ci, ils vont vers le Christ et seront les bénis du Père ? Jésus leur fait ce mystérieux cadeau : ce que vous faites aux plus petits d'entre les miens, c'est à moi que vous l'aurez fait. Même si vous ne m'avez pas reconnu, si vous les avez aimés et servis, vous serez bénis. Ce mystère de la solidarité du peuple de Dieu, il me semble que le Christ le confie aux nantis. Vous faites partie de l'Alliance, même si, ne le sachant pas, vous laissez pourtant votre cœur vous conduire vers les plus pauvres.

Mais Jésus dit aussi aux riches qu'ils sont indispensables dans cette Alliance. S'il reprochait aux pharisiens d'empêcher les pauvres d'entrer dans le Royaume, c'est qu'ils pouvaient les faire entrer. Si Jésus se lamentait : « Mais malheureux, vous les riches... vous qui êtes repus maintenant... vous qui riez maintenant... », c'est que les riches pouvaient et devaient vivre autrement. Hélas ! malheureux êtes-vous, quand par votre façon de vivre, vous portez malheur aux pauvres. C'est une lamentation, non pas une malédiction. J'avais besoin de vous, vous m'étiez indispensables pour l'achèvement du Royaume... Les plus pauvres eux-mêmes se lamentent ainsi, tous les jours de leur vie : j'ai besoin d'eux et ils ne sont pas là.

Je ne crois pas que les entretiens de Jésus avec les pharisiens, les prêtres ou les sadducéens furent de simples polémiques. Je ne pense pas non plus qu'ils furent des condamnations. Jésus-Christ ne traite les hommes ni en objets ni en condamnés. Même sur la Croix, il demanda à Dieu de leur pardonner. Il le demanda en son nom, mais sans doute aussi au nom du bon larron à son côté. Lui savait que les possédants étaient, eux aussi, capables de croire en lui et il ne cessait pas de le leur dire. C'est ainsi qu'il parla à Nicodème : « *Ne t'étonne pas si je t'ai dit : ''Il faut naître d'en-haut'' (...) Dieu, en effet, a tant aimé le monde qu'Il a donné son Fils, son unique, pour que tout homme qui croit en lui ne périsse pas mais ait la vie éternelle. Car Dieu n'a pas envoyé son Fils dans le monde pour juger le monde, mais pour que le monde soit sauvé par lui* » (Jn 3, 7; 16-17).

Dieu ne mène pas une lutte partisane, dit Jésus à cet homme d'âge, pharisien, venant le trouver sous le couvert de la nuit. Aucun homme ne doit périr. Mais il ne suffit pas que tu croies en moi, Nicodème, encore te faut-il devenir un homme nouveau, vivant une vie nouvelle, car Dieu a besoin de toi. « *Celui qui fait la vérité vient à la lumière pour que ses œuvres soient manifestées, elles qui ont été accomplies en Dieu* » (Jn 3, 21). Dieu a besoin de tous les hommes, il me semble que le Christ le confirme tout au long de sa prédication. « *Si tu veux être parfait, va, vends ce que tu possèdes, donne-le aux pauvres, et tu auras un trésor dans les cieux* » (Mt 19, 21). Est-ce tout ce qu'il tient à dire au jeune homme riche ? Non ! « *Puis viens, suis-moi* », ajoute Jésus. Suis-moi, non pas pour former ma cour ou mon cortège. Suis-moi car j'ai besoin de toi.

Dans l'annonce du Jugement Dernier, Jésus-Christ le rappelle une dernière fois. « Ils s'en iront..., les justes à la vie éternelle. » Les nantis peuvent devenir des justes. A des conditions précises, certes. Ils n'échafauderont plus de grands projets de société au seul profit de leurs intérêts ni ne prendront la tête de grands mouvements politiques pour éprouver gloire et privilèges. Ce n'est pas cela, suivre le Christ, c'est même le contraire. « *Voici mon serviteur que j'ai élu, mon Bien-Aimé qu'il m'a plu de choisir (...) Il ne cherchera pas de querelles, il ne poussera pas de cris, on n'entendra pas sa voix sur les places (...) jusqu'à ce qu'il ait conduit le droit à la victoire. En son nom les nations mettront leur espérance* » (Mt 12, 18-21). Cela aussi est à prendre au pied de la lettre.

« Les nations », et par conséquent les pauvres, ont plus de confiance en Dieu que dans les hommes. Ils espèrent la justice de Dieu plus que celle des hommes. Les nantis doivent le savoir et les croyants en tirer leçon. Le Christ ne leur demande pas d'inventer d'autres manières de diriger les affaires ni de conduire les luttes au nom des opprimés. Ce serait encore une façon de garder le dessus. Jésus les invite à réaliser avec lui cette révolution totale consistant à proclamer les pauvres, la lumière du monde, et à agir en conséquence. La lumière ne viendra plus seulement d'eux-mêmes, leur savoir ne sera plus le seul ayant cours, ils devront réapprendre à mener les affaires. Le leadership leur échappera, ils seront obligés de se faire serviteurs de la justice et élèves.

Les hommes ont sans doute fait leurs arrangements avec l'Évangile en tous les siècles. Nous-mêmes avons appris à attribuer un caractère de plus en plus abstrait ou relatif à ces préceptes concrets et précis. Les pauvres ne peuvent pas le faire et je ne pense pas qu'ils le veuillent. Nos compromis sont rarement en leur faveur. De plus, Jésus est des leurs et ils ressentent nos compromis comme des injustices envers lui. C'est certain pour les plus pauvres, eux-mêmes lésés par nos moindres infidélités comme l'est Jésus-Christ. Nos artifices et demi-mesures ne demeurent jamais longtemps cachés devant eux. Ils sont catalyseurs, révélateurs de vérité. N'est-ce pas pour cela que les dossiers des familles du Quart Monde circulent si souvent de service en service, sans jamais aboutir ? Personne ne peut dire oui à leurs demandes, personne n'ose avouer l'échec en disant non. Quand un fonctionnaire finit par refuser, il le fait avec véhémence : « Vous n'avez pas à réclamer, vous n'avez pas de droits... » Obliger sans cesse les plus pauvres à prouver leurs droits, est la façon la plus pernicieuse de les empêcher de faire éclater la vérité sur nos communautés, notre société, nos systèmes, nos organisations et mouvements. Ceux-ci sont présentés en référence, les plus pauvres appelés à s'y conformer. Nous pouvons agir ainsi sur la base de l'arrangement néfaste, fait avec l'Évangile, d'admettre le Christ pauvre mais non pas misérable. Cela nous permet de reconnaître le service aux pauvres comme un dû, mais celui des misérables comme facultatif, une vocation spéciale, voire marginale. Le Christ et les plus pauvres nous demandent de renoncer à de tels compromis.

Et nous devons savoir qu'aucune demi-mesure ne résistera au regard des exclus. En leur présence, nous ne pouvons pas longtemps nous prétendre esclaves comme le fut notre Seigneur, si nous ne leur sommes pas attachés corps et âme. Nous ne leur ferons pas croire à notre attachement au Christ. Nous ne pourrons pas les déclarer bienheureux en son nom, si nous ne le croyons pas nous-mêmes au point de réorganiser notre vie en conséquence. Et c'est pourtant cela, l'appel du Christ : allez le dire aux plus pauvres, avant tout ; quittez tout pour aller le leur révéler.

C'est aussi l'appel de tant de mères de familles me disant, à travers les années : « Mon péché à moi, Père, c'est d'avoir mis au monde des enfants malheureux... » « Moi, ce que j'ai fait de mal, c'est d'avoir des enfants qui sont dans la misère. » Elles attendaient que je leur dise : « Mais non ! Vous avez aimé. Vos enfants ne sont pas seulement la chair de votre chair, ils sont votre tendresse quotidienne et celle-ci vous coûte tellement cher. » Elles avaient tant besoin d'entendre que, certes, leurs enfants n'avaient pas tous le même père, mais que l'important était les menaces, les peines qu'elles supportaient pour eux. « Vos enfants n'ont pas tout ce qu'il faut, mais ils ont une mère qui s'efforce d'imaginer mille choses pour qu'ils n'aient pas faim ; une mère qui se démène à tirer à droite et à gauche quelques affaires pour les habiller et les envoyer en classe. » Je devais leur affirmer souvent qu'elles n'étaient pas coupables ni indignes d'aimer Dieu, qu'elles pouvaient prier sans crainte.

Toute ma vie de prêtre, les familles du Quart Monde ont attendu de moi cette parole : qu'elles n'avaient pas à se torturer ainsi, puisque Dieu les aimait. Plus jeune, cela me surprenait. Elles me demandaient de prouver l'amour de Dieu pour elles. J'étais constamment obligé de leur rappeler les signes que le Seigneur était là et ne les abandonnait pas. Ces signes étaient l'enfant ne rentrant pas en pleurs mais souriant et se jetant à leur cou ; la voisine partageant des légumes obtenus au marché à bon compte ; le facteur apportant un arriéré d'allocations familiales ou le mari ayant trouvé du travail pour quelques jours. Signes d'amour toujours imprévisibles, à saisir au vol. Mais signes, aussi, qui se démultipliaient, tant était grand le besoin de passer le bonheur reçu à d'autres. « J'ai reçu un arriéré de la caisse, je cours le dire à la voisine... » « Mon mari a du boulot, il monte le marché et le démonte ce soir ; les gosses vont être heureux, Gino aura son anorak ! » Ainsi, Dieu n'était pas seulement un Dieu pour soi mais le Père de tous. Il était essentiel de révéler ce Dieu dans les cités. Cela l'est toujours et de plus en plus, en ces temps de chômage à vie.

Que de fois dois-je répéter, à ces hommes qui n'en peuvent plus d'énervement : « Comprenez pourquoi le voisin boit et vous agresse ; soyez miséricordieux, laissez passer les injures. Soyez de son côté, protégez-le s'il veut se battre, car vous le savez bien, il est complètement découragé. » Il faut le redire, inlassablement : « Soyez du côté de cet homme qui souffre, car alors le Christ est en vous. » Mais pour pouvoir témoigner de Dieu, il me faut être témoin de la vie, savoir lire dans la vie de ces hommes. Pour les encourager à se dépasser, il me faut vivre avec eux le dépassement. Pour les aider à développer leurs expériences et intuitions en discernement, il me faut élaborer avec eux une pensée plus cohérente sur Dieu et la vie, sur l'homme et sur l'amour. Jésus-Christ le fit et il me demande de le faire.

Jésus enjoint aussi aux nantis d'aller dire aux pauvres

et aux exclus qu'ils ont des choses essentielles à apporter au monde. Les plus pauvres ne sont pas bienheureux parce qu'ils assistent au festin, mais parce qu'ils ont une contribution indispensable à y offrir. Cette contribution, les riches doivent apprendre à la reconnaître et, pour cela, ils doivent être présents. Sinon comment sauront-ils ce que signifie d'être un homme jusqu'au bout, un homme totalement, parce que tous les moyens de paraître, de vous envelopper dans des rôles et des situations vous sont interdits ? Les pauvres vivent la vérité la plus dépouillée de l'homme. Ils ont, pour cela, le sens des réalités. Pour eux, la vie n'est pas faite de mots, de constructions idéologiques ni de grands projets politiques. Ils n'ont pas ces recours. Seuls comptent la vie quotidienne, l'amour des enfants, le maintien envers et contre tout du foyer, la dignité d'avoir une occupation utile. Ces choses sont sauvegardées par des gestes de rien du tout, faisant que cela réussisse malgré tout : une mère se privant plusieurs jours de manger pour offrir une sortie au cinéma à ses fils ; un homme rapportant de ses explorations dans les remises et décharges un petit poêle rouillé mais utilisable… Au regard du Christ, les pauvres ont de la chance parce qu'ils possèdent une véritable intelligence de ces choses-là. Ils la font fructifier, non pas pour survivre mais pour vivre. Tous les pauvres cherchent à faire plus que de survivre et ils ne cessent, pour cela, de placer des gestes concrets, de créer des réalités au cœur de la vie quotidienne. Ils font ainsi front à l'adversité, la maladie, le mépris, non pas par des idées et des phrases mais par des actes. Ceux-ci sont, en vérité, porteurs d'espérance pour eux-mêmes et pour toute l'humanité. Nous devons apprendre à les lire et, ainsi, à mesurer nos propres distances prises d'avec la réalité.

Ces distances sont incalculables, mais seuls les pauvres s'en rendent compte. Eux, je le disais, ne se trompent pas sur les hommes devant eux. Nous-mêmes, nous nous laissons plus facilement leurrer. Nous nous sommes organisés en fonctionnaires de la vie, au moyen d'idées pré-établies, de règlements, d'attestations, de normes. Ceux-ci nous protègent des hommes qui ne nous conviennent pas parce qu'ils vivent, pensent et souffrent autrement. Nos enfermements de fonctionnaires de l'existence nous font ignorer la souffrance des exclus. Celle-ci est ainsi assortie d'un mépris supplémentaire : le mépris du courage dépensé pour résister. Les pauvres ne sont pas des gens qui s'abandonnent. Même les plus pauvres n'abandonnent pas. Même le paralytique à la piscine de Bezatha ne s'était pas laissé mourir après trente-huit ans d'espoirs déçus. Faut-il que le gouffre nous séparant des plus pauvres soit devenu si profond, pour que nous les imaginions apathiques, parasites volontaires dont nous devrions contrecarrer les mauvais penchants ? N'est-ce pas là une manière terrible d'avoir toujours raison ? Raison dans nos combats, dans notre savoir-faire, dans notre efficacité et, même, dans notre foi.

Nous pensons tellement avoir raison que nous n'imaginons plus avoir à confronter nos idées aux réalités vécues par les familles du Quart Monde. Mais de fait, celles-ci ne demandent pas de nous des idées ni des rêves. Elles n'attendent pas de réfléchir avec nous sur de grands projets économiques. Elles veulent comprendre pourquoi leurs ressources ne sont jamais celles des autres et quoi faire pour acheter les cartables et les tee-shirts pour les enfants. Elles veulent savoir comment résoudre leur situation de chômage chronique, comment l'école va donner l'instruction à leurs enfants. « Comment ferons-nous pour que la famille soit respectée et que les enfants puissent vivre à l'école ?... Comment vont-ils finir leur scolarité, apprendre un métier ?... Comment mon mari obtiendra-t-il un emploi, comment aurons-nous un logement ? Les familles nous ramènent sans arrêt à ces réalités, et cela non pas par étroitesse de vision. Elles savent par expérience que les idées valent pour les autres mais que toutes les théories échouent devant leur extrême pauvreté. Les plus pauvres sont le talon d'Achille de nos théories. Et ils sont bienheureux, artisans d'un monde nouveau, justement parce qu'ils posent sans relâche les questions essentielles : que valent, jusqu'où vont votre justice et votre démocratie, votre respect de la vie et de la famille et votre amour de Dieu ? Ils sont les bienheureux, pour peu que nous nous laissions interroger par eux. Pour peu que nous ne refusions pas le dérangement, l'incertitude, la perte de prestige ainsi en perspective. Nous devrons cesser de nous barricader dans le bien-fondé de nos conceptions.

C'est la condition essentielle. Si nous ne nous défaisons pas de nos supériorités, les pauvres ne pourront pas compter sur nous pour leur libération. Nous empêcherons aussi des hommes moins instruits et plus humbles d'aller vers eux. La lamentation du Christ sur les pharisiens empêchant les pauvres d'entrer au Royaume nous concerne jusqu'au bout. En faisant valoir notre raison, nous retenons aussi des personnes simples et de bonne volonté de tendre la main. Elles ne demandaient qu'à rencontrer des frères, non pas pour leur faire l'aumône ou la charité mais simplement pour faire un bout de chemin et apprendre des choses ensemble. Elles sont des personnes sans prétention et ne se croient pas efficaces. Si elles ne nient pas l'importance de l'organisation, elles pensent que l'essentiel est de rencontrer et respecter les hommes. Ceux qui font étalage et commerce de leur intelligence et de leur raison, les découragent et les humilient, médisent de leur ingénuité, les font passer pour des ignorants des grands combats de l'humanité. Ils les jugent et les paralysent. Ils sont peut-être, parmi les nantis, les plus dangereux pour les pauvres et pour tous les hommes de bonne volonté. Ils contredisent ce que ceux-ci reconnaissent profondément, par toute leur expérience, à savoir que les hommes ne sont pas faits pour ces jugements et ces ruptures. Seul Dieu séparera au jugement dernier l'ivraie et le blé. Sur terre, qui peut prétendre reconnaître les bénis du Père, sinon les pauvres et les exclus ? Et qui seront les bénis, sinon ceux qui tentent de les libérer en se mettant à leur service, plutôt qu'en leur faisant la leçon ? Mais pour apprendre à servir, il faut être présent aux plus refoulés.

Si quelqu'un vient à moi sans me préférer à son père, sa mère, sa femme, ses enfants, ses frères, ses sœurs et même à sa propre vie, il ne peut être mon disciple (...)
Quiconque parmi vous ne renonce pas à tout ce qui lui appartient ne peut être mon disciple.

(Luc 14, 26-28, 33-34)

Si le Christ demande aux pauvres de demeurer dépouillés, proches des exclus, capables de les aider à secouer leur joug, il invite les nantis à se porter garants de cette démarche en y participant. Pour cela, ils deviendront comme les pauvres et même plus petits qu'eux, pauvres de cœur authentiques, versant de vraies larmes parce que la vie des plus fatigués les fait effectivement souffrir.

Cet appel n'est en rien misérabiliste et Jésus ne nous propose pas non plus une auto-punition, la pauvreté et le dépaysement comme pénitence. Il est réaliste comme les pauvres eux-mêmes. Il sait leur besoin et il reconnaît leur droit de trouver à leurs côtés des hommes prouvant qu'il est possible d'être fidèle aux exclus. « Si je le peux, tu le peux d'autant plus »... Sinon, dire aux pauvres qu'ils sont bienheureux serait encore une manière de les abandonner à d'impossibles tâches que les nantis ne sont pas prêts à accomplir. Que signifierait, en effet, de proclamer les habitants d'un quartier pauvre capables de libérer les familles de la cité sous-prolétarienne voisine, si nous-mêmes ne rendons pas l'honneur au Sous-prolétariat en demeurant avec lui ? Nous nous moquerions des pauvres et des misérables en même temps.

L'Évangile est, pour moi, d'une incroyable logique et d'un réalisme jamais pris en défaut. Les hommes n'y sont pas seulement reconnus mais vraiment connus. De façon insoutenable, impitoyable même, si n'était le rappel constant de l'amour de Dieu pour tous. « *Quand tu donnes un déjeuner ou un dîner, n'invite pas tes amis ni tes frères (...) Au contraire quand tu donnes un festin, invite des pauvres, des estropiés, des boiteux, des aveugles (...) Cela te sera rendu à la résurrection des justes* » (Lc 14, 12-13). Les festins pour les estropiés, cela n'a rien d'abstrait dans la pensée du Christ. Cela n'a rien à voir non plus avec nos systèmes d'aide ou de transferts sociaux aux pauvres. Ceux-ci ne sont sans doute pas mauvais ni ne doivent disparaître. Mais l'affaire des chrétiens est ailleurs. Le festin n'est pas une aide mais un partage d'honneur. C'est aussi une extravagance : vous les estropiés, êtes bienheureux, je vous lave les pieds et vous sers à table.

C'est l'extravagance de Zachée, riche collecteur d'impôts n'hésitant pas à grimper dans un sycomore pour voir passer Jésus. Il ne cherche même pas à lui parler. Simplement, il veut poser les yeux sur lui. Bouleversé et tout joyeux de voir le Sauveur lui demander l'hospitalité, il va faire don aux pauvres de la moitié de ses biens. L'autre moitié servira à rendre le quadruple de l'argent injustement extorqué à ses frères. C'est tout à fait exagéré aux yeux de l'assistance. Le Christ devra expliquer : « *Aujourd'hui, le "Salut" est venu pour cette maison* » (Lc 19, 9). Zachée sera le seul riche à être ainsi personnellement déclaré sauvé par Jésus. En se dépouillant, il aura mis sens dessus dessous l'ordre de l'exploitation et de la duperie économique, celui de l'exclusion des plus pauvres. Il se fera critiquer. Rien d'abstrait non plus dans l'avertissement du Christ : « *On vous persécutera (...) vous serez livrés même par vos pères et mères (...) Vous serez haïs de tous à cause de mon nom* » (Lc 21, 12-19). Les nantis suivant les traces de Zachée gêneront profondément le monde social, économique et religieux. Ils ne se feront pas aimer pour cesser d'empêcher les pauvres d'entrer dans le Royaume. Le Christ honore les nantis en leur proposant un chemin à la fois si difficile et si nécessaire.

Car les pauvres n'ont pas seulement besoin de s'entendre rappeler sans cesse leur rôle. Ils doivent aussi recevoir les moyens de l'assumer. Le service des nantis consiste aussi en cela : découvrir les moyens et les apporter. Il faudra apprendre d'abord auprès des plus pauvres la nature et la forme des biens nécessaires. Quelles sont les priorités, comment les poursuivre ? Nous n'en savons rien, depuis le temps que nous leur dictons nos idées, nous arrogeant le droit de déterminer leurs besoins.

Auprès des familles du Quart Monde dans nos pays et en d'autres continents, nous avons vraiment à prendre la dernière place. Les plus proches d'elles comprennent mieux que nous l'école, la formation professionnelle, l'emploi, le syndicat, l'habitat, l'environnement, les moyens de vie culturelle susceptibles de les entraîner. Nous n'en savons rien pour l'Europe. Nous ne connaissons pas les moyens de développement pour les affamés en Afrique. Nous ne savons même pas comment faire pour les nourrir et les garder en vie. Seuls, nos calculs des quintaux à acheminer vers eux ont des chances de représenter des estimations valables, et encore… Nous connaissons mal l'état du corps et de l'esprit des plus pauvres dans le monde. Nous vivons avec des approximations et des stéréotypes parfois tout à fait douteux. Nous ne connaissons pas la recherche de leur âme, à moins d'être de ces missionnaires si peu écoutés, de ces prêtres ignorés sinon oubliés par la plupart. La justice et le Royaume, la démocratie et les Droits de l'Homme tels que nous les avons appris, nous risquons d'avoir à les désapprendre pour les redécouvrir tout autres. Nous n'avons plus de réprimandes à adresser à d'autres citoyens ni aux gouvernements, surtout pas sur les Droits de l'Homme. Nous-mêmes ne savons même pas quel cabinet de conseil juridique offrir aux familles du Quart Monde, dans nos propres villes et campagnes.

Le rôle de leader, de donneur de leçons n'est guère compatible avec celui des sages ayant à découvrir ce qui est révélé aux petits. Le leader peut continuer à rechercher le confort, poursuivre son besoin de cumuler sécurités et honneurs. Il pourra même dire qu'il les accumule pour pouvoir en distribuer. Si de maître il devient serviteur, il n'aura de souci que pour créer des richesses à son maître. Une situation en exclut une autre. Nous ne pouvons pas concevoir d'apporter la Bonne Nouvelle aux pauvres durant nos temps libres, menant par ailleurs une vie dont ils sont absents. Nous ne leur consacrerons pas un an ou deux de notre vie, nous dépêchant ensuite de rattraper le temps pour faire notre carrière personnelle. Tout cela, les pauvres et les exclus ne le refusent pas. Mais cela ne les convainc pas. Et ce n'est pas avec des chrétiens peu convaincants, qu'ils oseront entreprendre le combat de la libération.

« *C'est un feu que suis venu apporter sur la terre et comme je voudrais qu'il soit déjà allumé* » (Lc 12, 49). Ce n'est pas par nos tiédeurs, nos solidarités bien mesurées et nos froides supériorités, que nous allumerons des feux ou entretiendrons celui allumé par le Sauveur. Jésus misérable, c'est une passion à partager et on ne partage pas ses passions comme on partage ses biens matériels. « Là où est votre trésor, là aussi sera votre cœur », dit le Christ. Décidez où vous placerez votre trésor. Là aussi sera votre passion. Ne prétendons pas être plus malins, pouvoir faire des compromis, servant un peu les pauvres, un peu Mammon, la non-violence par-ci, la violence par-là. C'est ce que nous ferons de toute manière, tant il est difficile de se dépouiller sans jamais se reprendre. Je suis terrifié à la pensée de certaines populations exténuées par la misère et que des militants s'étaient proposé de libérer. Tenues ignorantes, bousculées au nom de leurs intérêts, elles sont toujours également traitées en objets. Les uns le font au nom de l'ordre, les autres au nom de la libération. Cela demeure toujours également contraire à l'Évangile, aux Béatitudes comme au Jugement Dernier.

La proposition faite par Jésus aux riches était absolue à l'époque. Car que voulait dire de se faire visiteur de prison, allant dans ces enfers, ces lieux de souillures où étaient enfermés les condamnés et leurs gardiens ? Que signifiait de visiter les lépreux, de nourrir les affamés impurs et maudits ? C'était une manière certaine de renoncer à sa condition de fils de famille pure, à son arbre généalogique prouvant ses droits aux honneurs, au métier respectable. On ne pourrait plus exercer ce métier-là. La proposition me semble aussi absolue aujourd'hui. Comment garder sécurité, prestige, métier et situation honorable, quand on se naturalise dans une cité sous-prolétarienne entre un canal et une autoroute ? Abandonne déjà son prestige celui qui propage l'idée ou qui soutient moralement la démarche. Il ne trouvera plus ni l'ordre établi, ni la révolution de son côté. Il pensait être du monde et il ne l'est plus.

Je me souviens de la situation cruelle faite à un prêtre s'installant auprès d'une équipe ATD Quart Monde dans un bidonville aux conditions terrifiantes, au Nord de Paris. Dans les paroisses ouvrières voisines, beaucoup le critiquaient et le décourageaient. Sa façon de lutter pour les pauvres n'était pas la bonne. Elle était même très mauvaise, disait-on, car elle divisait le combat ouvrier. Le prêtre s'arrangeait des rats et des cafards dans sa baraque; il supportait avec courage le lot des malheurs quotidiens à partager avec les familles. Mais il souffrait amèrement d'être incompris, d'entendre son amour dénigré dans des réunions paroissiales. Je ne sais pas s'il s'en est jamais remis.

Sorti de son propre milieu, lâché par celui-ci, le nanti quittant les siens n'aura même pas la consolation de trouver les plus pauvres d'emblée à ses côtés. Il sera, parmi eux, un expatrié. Il ne verra plus les visages, les objets familiers, ne marchera plus dans les mêmes rues. Et là où il ira, il ne connaîtra ni la langue ni la mentalité. Il fallait une conviction singulière pour suivre Jésus-Christ jusqu'au bout en son temps. Il en faut autant de nos jours. Nous devrions avoir à cœur de nous armer, de nous organiser pour nous soutenir tellement plus que nous le faisons. De nous soutenir en Église. Il en va du sort des plus pauvres, il en va du Royaume, et nous en paraissons parfois si peu inquiets. Nous nous organisons si mal pour nous former et agir ensemble au nom de l'Église et du peuple de Dieu.

Nous ne pourrons pourtant pas faire autrement que de nous soutenir, si nous voulons avoir nos chances et surtout offrir à d'autres la chance d'être parmi les bénis du Père. Aucun de nous ne peut prétendre avancer seul. Cela aussi serait contraire à l'Évangile. La vérité est chose commune, vécue en commun autour du Christ. Et la vérité est que, si les nantis ne partagent pas à pleines mains, *ensemble,* leurs biens, leur cœur, leur intelligence et leur vie, les pauvres, les très pauvres et les riches ne se réuniront jamais pour bâtir un monde juste et fraternel. Alors, chacun ira son propre chemin. Les pauvres seront libérés à l'occasion, selon le bon vouloir des nantis. Et les plus pauvres ne seront jamais libérés.

Je suis conscient des oppositions soulevées à la seule idée que riches et pauvres puissent s'unir. Les hésitations sont légitimes. Les pauvres ne payeront-ils pas, une fois de plus, l'alliance par la soumission ? Le danger plane et il faut le savoir. Mais aurions-nous raison d'ignorer cet autre danger : que faute de s'unir, même les hommes de bonne volonté finissent par se dresser les uns contre les autres ? Ils vivent souvent dans une méfiance mutuelle qui peut aboutir à la haine. Tous semblaient pourtant vouloir la même libération au départ. Ainsi, les hommes de bonne volonté font échouer eux-mêmes le Royaume. Une lettre reçue ces jours-ci d'un syndicat familial me le rappelle. Elle me reproche amèrement d'avoir fondé, avec les familles sous-prolétaires, une organisation où d'autres familles puissent les rejoindre, soutenant leur combat. La lettre est tout entière condamnation et nous voilà dans l'impossibilité de faire route ensemble.

A force de refuser l'unité des hommes ou de vouloir l'imposer par la violence, ne poussons-nous pas les nantis à s'enfermer dans leur campus intellectuel, financier ou religieux ? Ils en feront toujours plus le centre de gravité du monde. Ainsi naissent bien des mouvements où les pauvres ne vont pas devant, des luttes pour la paix ou la liberté dont ils ne sont pas les maîtres. Dieu peut changer le cœur des riches, Dieu peut tout, dit le Christ. Et si nous Le laissions faire, si nous aidions l'Église ? L'Église n'a pas à faire des œuvres de justice, elle *est* œuvre de justice et par conséquent d'unité. Au nom de qui l'empêcherions-nous de l'être ? Au nom de quelle justice laisserions-nous les riches de côté, obnubilés par leurs richesses, obligeant les pauvres à mener de tristes combats solitaires et impossibles ? De quel droit certains se figureraient-ils plus dignes que d'autres d'aimer leurs frères ?

L'Action Catholique, il est vrai, nous avait enseigné le salut des hommes par leur propre milieu. C'était un énorme pas en avant, un temps important dans la marche du peuple de Dieu. Nous devons à l'Action Catholique de nous avoir aidés à dépasser nos idées d'un salut personnel obtenu dans une sorte de chacun pour soi. Maintenant, nous sommes sur le point d'aller plus loin. L'Action Catholique divisée entre riches et pauvres, la séparation imposée entre ouvriers et cadres ou intellectuels ne peuvent plus nous satisfaire. Elles sont trop contraires à la soif d'unité inscrite au cœur des hommes ; elles sont étrangères à l'esprit même de l'Évangile. Tout comme lui est étrangère cette « auto-suffisance » imposée aujourd'hui, trop tard, aux pays les plus pauvres. Nous sommes au temps de la *co-responsabilité*. Les plus pauvres, leur lecture de l'Évangile nous le disent. Il y a des rôles complémentaires à assumer. Les chrétiens peuvent-ils encore admettre, en conscience, les ruptures entre partenaires dans un même dessein de Dieu pour tous les hommes ?

Ils admettraient, alors, que le Royaume soit fermé aux riches. Mais le chemin vers l'unité des hommes ainsi barré, quel Royaume resterait-il aux pauvres ? En l'interdisant aux uns, nous le fermons aux autres. Le temps n'est-il pas venu de vivre pleinement la co-responsabilité ? Seuls et de par leur état, les nantis ne peuvent pas aller au ciel. Ils entreront avec les pauvres, leur cédant le passage. Et les pauvres iront en entraînant tous les hommes. C'est leur honneur, et c'est le dessein de Dieu.

Sans doute, pour demeurer fidèles à ce dessein, avons-nous tous également besoin de séjourner en Évangile ? Il nous faut voir Jésus marcher, s'asseoir dans la foule, sentir passer son souffle, l'entendre parler aux exclus et aux autres. Lui, a pris parti, pour l'éternité, pour les hommes et les femmes dont les enfants sont retirés, élevés par d'autres ; pour les familles sans-logis et ceux qui errent de bureau de placement en bureau de placement ; pour ces hommes qui s'arrêtent au café pour oublier ; pour ceux qui se jettent sur le voisin pour pouvoir dégorger leur cœur, faire partir la haine et pouvoir aimer encore. Le Christ est lui-même le feu qu'il voulait allumer, passionné de son Père et suscitant la passion autour de lui. Il faut le prier constamment, le prier en famille, en Église, accepter que nos prêtres soient toujours avec lui, nous parlant de lui, du plus profond de leur prière. Lui seul peut maintenir le feu en nous et dans l'Église. A condition que nous nous placions ensemble sur son chemin, ayant à soutenir son regard et aussi celui du lépreux, de l'aveugle guéri, de Marie Madeleine et de l'écervelé Zachée.

Les riches doivent savoir que c'est un regard d'amitié, de tendresse et non pas de haine. « Ils m'ont fait tant de mal, ils m'ont pris mes enfants. Pourtant, j'ai tout pardonné. » J'ai entendu des centaines d'hommes et de femmes dans les cités sous-prolétariennes parler ainsi. Ils disent aussi, comme Jésus sur la Croix, « ce n'est pas de leur faute, ils ne savent pas, ils ne peuvent pas savoir ». Ils ne sont pas pour autant des héros. Simplement, ils ne peuvent pas faire autrement que de pardonner pour survivre. Mais ils attendent que les croyants viennent leur dire : « Ton pardon est le pardon de Dieu. De ton pardon, toute l'humanité a besoin. Car il fonde le Royaume. »

Tous les riches, tous les croyants ne se rendront pas dans les zones de misère porter la Bonne Nouvelle en partageant la vie. Restent toutes les portes à ouvrir dans le monde alentour, les institutions à préparer à l'accueil, les structures à changer. Et les cœurs à changer pour cela. Les plus pauvres sont des maîtres exigeants, nous révélant toutes nos responsabilités. Elles sont nombreuses et difficiles : changer l'école, l'hôpital, la vie démocratique... Préparer nos paroisses, nos communautés, nos instances diocésaines à former à la fois une Église présente en Quart Monde, par ses envoyés et ses moniales, et une Église attendant ses hôtes au festin. Si ces chrétiens ne sont pas le Christ en Quart Monde, qui le sera ? Si les chrétiens n'apportent pas aux familles la passion du Royaume dont elles ont la nostalgie, qui le fera ? Qui partira dans les quartiers inconnus, dans les banlieues reculées, dans les hameaux et les brousses oubliés où les corps et les esprits s'étiolent ? Mais aussi, qui mettra la table et attendra les invités à la fête et qui la fera durer, sinon les chrétiens ? Non pas parce qu'ils sont meilleurs que les autres, mais parce que le Christ leur en donne mission.

Alors, quel retour sur nous-mêmes et quel remue-ménage dans nos institutions ! Quel changement de regard sur les plus pauvres ! Ils cesseront d'être des assistés dépendants de nos œuvres, fichés et comptabilisés à l'entrée. Quelle transformation radicale de nos relations, si eux deviennent nos interlocuteurs, nos formateurs, nous-mêmes des quémandeurs de leur parole et de leur confiance. Quelle joie, mais aussi quel bouleversement, de nous retrouver pleinement Église, parce que les plus pauvres peuvent nous dire que le droit premier et aussi l'aboutissement de tous les droits de l'homme est le droit à la spiritualité ! Permettre aux plus pauvres d'aller jusqu'au bout de leurs aspirations et leurs rêves, pour puiser leur force en Dieu, est possible si nos cœurs, mais aussi nos organisations se portent garants et suivent le mouvement. Rêver tellement haut et tellement loin que l'utopie d'un monde neuf est déjà réalité en Église, cela risque de changer bien des choses dans notre action catholique, notre enseignement libre, nos universités catholiques, nos communautés de base et charismatiques, nos recherches de nouvelles formes de vie consacrée. Les plus pauvres, nous-mêmes, leurs peines, nos peines et leur attente, leur joie, leurs exultations, les nôtres, quel changement pour nous et le monde !

Tel l'enfant nouveau-né changeant tout entre époux et dans la famille, les plus pauvres transforment tout, en rentrant dans les églises où ils n'osaient plus venir.

Rien ne sera plus comme avant, non pas en raison d'une nouvelle liturgie, mais parce que le cœur des hommes, riches et pauvres, aura changé, Jésus-Christ étant reconnu et aimé dans le plus misérable d'entre eux.

J'ai un ami, général à la retraite. Il rencontra un jour le Mouvement ATD Quart Monde et se mit à vouloir servir les familles. Il accepta des tâches administratives, rédigea des dossiers, alla les défendre dans les ministères. Vint le jour où il se chargea des relations avec l'Assemblée Nationale. Il s'évertua à obtenir la création d'un groupe inter-partis Quart Monde à la Chambre. Grâce à lui, le terme Quart Monde fut prononcé pour la première fois dans l'hémicycle, en 1978. Alors, il étendit ses efforts au Sénat, puis sa démarche fit école au Parlement Européen. Mon ami ne parlait pas haut dans les réunions ni n'écrivait des livres. Il n'avait pas à la bouche des théories d'aucune sorte sur la pauvreté. D'homme d'autorité, il s'était fait serviteur et, dépouillé de toute ambition personnelle, il devint l'artisan silencieux, ignoré de beaucoup, d'une véritable première dans la vie démocratique européenne. Des élus se compromettaient avec les plus pauvres.

M. Philippe Gouraud n'a pas quitté son appartement à Paris. Je ne sais pas ce qui a changé dans sa vie personnelle, car il n'est pas homme à se répandre en confidences. Mais je sais, pour en avoir été souvent témoin, ce que pouvait lui coûter, en relations familiales et sociales, de se compromettre avec les familles du Quart Monde. Ayant établi de nouvelles priorités dans sa vie dont il ne pouvait pas se cacher dans son entourage, il a dû — je l'imagine — se trouver parfois étranger, devenu autre dans le milieu qui, toute sa vie, avait été sa patrie. Expatriation sans bruit ni éclat. Beaucoup de mes amis la vivent, je le sais, acceptant les dénigrements, les haussements de sourcils, les humiliations quand, dans des réunions familiales ou des dîners officiels, ils mettent sur le tapis le Quart Monde. Mon ami Gouraud ne s'est jamais cru béni du Père. Jusqu'au jour, peut-être, où une volontaire le lui dit : « Vous ne comprenez donc pas ? Les bénis du Père, c'est vous ! » Il en fut étonné. Il aimait Dieu, il aimait les plus pauvres, il n'avait pas le regard tourné vers lui-même. De nombreux amis parmi les nantis me semblent avoir cela en commun. Ils ne se demandent pas : quelle est ma place, ai-je une place ? Ils sont trop occupés à bâtir leur action, leur service. Ils s'inquiètent de savoir si les familles en profitent. Ils arriveront au Jugement Dernier, tout étonnés d'apprendre qu'en devenant des personnes nouvelles, vulnérables, compromises et compromettantes, ils devenaient des justes, les partenaires que Jésus-Christ attendait.

Je crois que la situation d'hommes et de femmes restant dans leur milieu peut devenir difficile et parfois intenable. Car ils sont obligés de révéler leur propre entourage à lui-même. Celui-ci ne leur en saura pas gré. Il ne devait pas être facile pour Nicodème de « venir à la lumière », manifestant les œuvres de Dieu dans un milieu faisant tout pour écarter les vérités gênantes. Pour certains de mes amis, tout quitter eût été plus facile, si leur état de père ou de mère de famille ne les en eut empêchés. En observant leur pénible et fidèle cheminement, je me demande comment nous pouvons imaginer Jésus-Christ aimant les pauvres *contre* les riches. Il aima les pauvres *pour* les riches, il aima Zachée *pour* les pauvres et les exploités. Il aima Nicodème qui avait encore du chemin à faire. Il aima les nantis au point de les vouloir, à tout prix, les bénis de son Père.

CHAPITRE XII

Saint Joseph
le croyant de tous les temps

Le salut des plus pauvres, l'engagement des pauvres dans le Royaume, la bénédiction des nantis abandonnant leurs privilèges, par où a commencé cette incroyable histoire ? Par où est-elle entrée dans l'histoire du monde, la transformant du tout au tout ? Joseph et Marie formèrent, ensemble, la porte par laquelle Jésus-Christ s'introduisit dans l'humanité. Un homme et une femme, les premiers pauvres que l'Évangile nous fait découvrir, que savons-nous d'eux ? Ils ont fondé la Sainte Famille, accueilli Jésus ; ils l'ont élevé et éduqué. Ils demeurent jusqu'à la fin des temps le modèle, l'idéal pour toutes les familles. Mais comment les rencontrons-nous dans l'Évangile ? Je voudrais m'arrêter auprès d'eux, pour clore ce livre.

Pourquoi Joseph et Marie au terme et non pas au début de cette pérégrination en Évangile ? Ma raison est personnelle. Je ne crois pas avoir été capable de me représenter ces immenses personnages, avant d'avoir suivi et médité longtemps le Messie qu'ils offrirent au monde. La vie adulte de Jésus m'enseigne sur leur vie et leur personne. Je m'approche d'eux autrement, après avoir vu le Christ dans la foule, touchant les paupières d'un aveugle, multipliant les pains ou parlant dans une synagogue. La Mère de Dieu, la Sainte Famille demeureront toujours un mystère. Mais j'ai vécu une bonne partie de mon existence à une époque où, dans l'Église, il n'était pas coutume de les contempler ni de s'émerveiller devant elles. La Sainte Famille prenait dans les esprits une place de retrait, la famille en général n'était pas au centre des préoccupations. De Joseph, l'on retenait surtout sa qualité de travailleur. Tout cela fut un peu juste pour rendre compte du don fait par le peuple juif à toute l'humanité, un peu sommaire peut-être pour saisir les personnages sortis des entrailles de son histoire et choisis par Dieu pour recevoir Son Fils. Les familles les plus pauvres qui, elles, ne pouvaient pas perdre le sens de la famille — leur dernière défense contre la cruauté du monde — me conduisirent par nécessité auprès de la Sainte Famille. Le Christ misérable, Sauveur d'un peuple pauvre fit de même avec force. Les opprimés d'aujourd'hui et d'hier me firent voir le mystère plus grand, plus exaltant. Ceci alors que les personnages, à travers la vie adulte du Christ, prirent des traits plus accusés, un visage nouveau, une densité toujours plus impressionnante. Jésus, ceux qui l'entourent et qu'Il aime aujourd'hui comme hier m'ont éclairé et je reviens vers Joseph et Marie, comprenant mieux pourquoi ils se tiennent là, porte d'entrée du Christ dans l'histoire des hommes. Je suis rassuré de les savoir pour toujours campés au cœur du monde.

Il y a Joseph, je parlerai de lui d'abord. Peut-être parce que les Évangiles nous le confient en très peu de mots. Cela nous permet de faire plus ou moins de cas de lui selon les époques. Les Évangiles *semblent* tout au moins nous laisser une certaine liberté d'interprétation. Nous la saisissons pour enrichir ou appauvrir son image à notre convenance. Les croyants semblent pouvoir aller jusqu'à le manipuler, l'utiliser, l'exploiter selon leurs caprices. Saint Joseph partage en cela le sort des plus pauvres. Il demeure plus que bien d'autres personnes dans la vie du Christ, témoin de l'évolution des cœurs et des esprits au fil des siècles. Ce n'est pas par hasard qu'aujourd'hui, nous nous faisons de lui une image de style, le présentant comme un symbole, plutôt qu'en homme à rencontrer personnellement. Pour autant qu'il prenne corps, c'est en travailleur manuel ou même en artisan. Cette représentation laisse à l'ombre toute l'histoire de ce fils de famille davidique, ses dimensions essentielles, son rôle crucial. N'est-ce pas une perte considérable ?

Par nos manipulations imprudentes, la personnalité de Joseph se trouve à la fois faussée, estompée et figée. Elle ne peut plus nous conduire, nous enthousiasmer ni nous étonner. Je me demande comment nous pouvons l'aimer. L'Église nous l'enseigne sans trop nous encourager à marcher avec lui, nous laissant surprendre et bousculer par lui. Je crains que, dans l'esprit de certains, il ne soit devenu une silhouette sans trop de consistance, une touche nécessaire pour achever le fond du tableau, non pas une figure de premier plan. Son existence était-elle vraiment effacée à ce point, Joseph symbole de l'homme obéissant, brave charpentier acceptant sans murmurer l'intervention d'un tiers dans sa vie conjugale, afin que les œuvres de Dieu s'accomplissent ? Cela me paraît tout à fait invraisemblable. La foule de l'Évangile, les plus pauvres autour de moi, le Christ lui-même me conduisent vers un tout autre homme.

« Joseph, son époux, qui était un homme juste et ne voulait pas la diffamer publiquement, résolut de la répudier secrètement » (Mt 1, 19). La T.O.B. se montre déconcertée. Qu'est-ce que cette répudiation secrète, inconnue dans l'Ancien Testament ? Mais y a-t-il vraiment à s'étonner ? Saint Matthieu vient de dire que Joseph, Fils de David, était un homme juste. Un homme pétri des Écritures et de la tradition davidique, par conséquent, et qui avait ses idées sur la justice, sur celle de Dieu comme sur la Loi développée par les docteurs et les scribes. Un charpentier instruit dans la parole de Dieu ne vit pas sa condition ni celle du peuple juif de Galilée, opprimé par les Romains et par ses propres riches, sans avoir ses idées sur la justice. Il compare la parole et la conduite des pharisiens au dessein de Dieu appris dans les livres saints. Il fait lui-même l'expérience des distorsions et incompatibilités. Peut-être la répudiation publiquement attestée d'une jeune femme enceinte hors mariage figure-t-elle parmi ces distorsions-là ? Fils de David respecté du bout des lèvres en fils de famille pure, mais en réalité abandonné avec tant d'autres à l'effondrement d'une culture, charpentier détenteur d'un

métier respectable mais voyant s'écrouler sa clientèle, comment n'eût-il pas réfléchi sur la justice des hommes et de Dieu ? Le contraire est peu probable, un Joseph sans idées personnelles tout à fait invraisemblable au regard des pauvres. Il eût fallu, pour cela, qu'il soit un homme mou, sans caractère. Peut-on croire cela de l'homme choisi comme père et éducateur de Jésus ? Je suis persuadé comme le sont les familles du Quart Monde, que la vision de Joseph, homme juste, est à prendre au pied de la lettre. Juste parce qu'à la fois profondément croyant en Dieu et profondément marqué par les oppressions des hommes. « Il devait avoir son idée à lui sur tout cela », nous dit un père de famille écoutant le récit de l'annonce à Joseph, lors d'une veillée de Noël dans une baraque aux limites de la ville de Breda.

Joseph, un homme de conviction aux idées propres, comparant les réalités de son temps aux Écritures et les trouvant insupportables, Joseph suivant en cela les pas de ses pères davidiques, voilà une première façon de le rencontrer apprise du Quart Monde. Si Jésus était si familier des pharisiens sans en être, s'il était si perspicace à l'égard de leurs erreurs et hypocrisies, sans doute était-ce dû à sa divinité faisant tomber devant lui tous les voiles. Je ne puis cependant pas m'empêcher de retrouver en lui, aussi, Jésus éduqué par Joseph, élevé dans un foyer où, dès son jeune âge, il entendit son père se lamenter sur les pharisiens. Peut-être celui-ci disait-il déjà que les pharisiens barraient aux pauvres le chemin vers Dieu ? Je suis sûr que cela était un sujet de conversation au foyer de Joseph et Marie. Sujet brûlant d'actualité, j'entends Joseph en parler avec chaleur. Je n'ai pas de raisons de l'imaginer taciturne. Jésus n'a pas appris ses premiers intérêts ni ses premières prières d'un homme sans consistance, effacé, silencieux et rêvant surtout la nuit.

Joseph se place parmi les justes en compagnie de Marie, mais aussi de Syméon, d'Anne, de Zacharie. Ils se connaissaient tous à l'époque et je ne vois pas les raisons de présenter Joseph en figurant, tout juste bon à être le mari de sa femme. Cela me paraît une manière de dévaloriser non seulement l'intervention de Dieu dans le monde, mais aussi sa mystérieuse alliance avec le peuple juif pour tous les temps.

Je reviens souvent sur le manque de respect envers Dieu consistant à le représenter en metteur en scène, créant des situations pour la bonne cause. Il ne déconsidère pas la libération des pauvres, la réduisant à un acte d'opportunité soutenu par des interventions ad hoc, parallèles à l'histoire. Dieu *est* la libération des pauvres, entrant Lui-même dans leur histoire temporelle qui signifie et éclaire l'histoire de tous les hommes. Une théologie de la libération qui l'ignore n'a pas lieu d'être. Elle n'est pas théologie au sens de l'Église. Aussi, si Dieu faisait entrer en jeu des figurants, Il ne serait pas Dieu. Il interviendrait d'en-dehors de l'histoire des hommes, alors qu'Il en fait partie. Dieu n'a pas besoin de créer des décors et Joseph ne faisait pas partie d'un décor artificiel. Dieu prend pour décor l'histoire de l'humanité et Joseph était un homme de son temps, un juste de son temps, comme l'histoire en avait façonné.

En l'ignorant, ne risquons-nous pas aussi d'oublier l'alliance de Dieu avec le peuple juif ? Alliance de toujours par laquelle Dieu chemine avec les Juifs et, par eux, va cheminer avec tous les hommes. Joseph, descendant de David, pouvait accueillir le Sauveur parce que comme Anne, Zacharie, Syméon et tant d'autres, il attendait la venue d'un Sauveur. Dieu ne lui parla qu'en songe. C'est dire l'homme priant, pétri de la réalité de Dieu qu'il était. Dieu ne parle pas ainsi aux rêveurs mais aux hommes qui L'interrogent sans arrêt pour agir selon Sa volonté. Aussi, les réponses de Joseph sont-elles immédiates. Jamais il n'hésite. Ce que Dieu lui disait, il l'attendait.

Je pense que, comme Marie, comme les zélotes et bien d'autres, il appelait ardemment un Messie amenant le temps où les puissants cèdent leur trône et cessent la domination des humbles. A la manière de son temps, sûrement attendait-il le Messie apportant ce royaume intérieur où tout homme trouverait sa pleine identité de fils de Dieu. Songeons à ce qu'il voyait se passer sous ses yeux, la paupérisation systématique de son peuple, la spoliation des terres communales et, par là, la cassure de la communauté et de son système d'entraide. Les latifundia à la place des champs de ses pères, les usuriers saignant à blanc des paysans incapables de payer les charges, la disparition de la protection des femmes, des veuves, des orphelins, des pauvres... Joseph, homme juste et aimant Dieu pouvait-il admettre l'iniquité ? Pouvait-il accepter cette autre injustice que représentait la superbe, l'orgueil des détenteurs du Temple à Jérusalem face à un nombre croissant de foyers incapables de payer la dîme et de se conformer aux rites ? Je pense que Joseph attendait avec ferveur un Sauveur libérant son peuple des Romains, mais aussi de tout péché, de toute infidélité à Dieu. Sans doute ne refusait-il pas la sobriété de l'existence. Mais il espérait sûrement un royaume de justice, de fraternité et de vérité.

J'imagine d'ailleurs que, dans cette famille davidique, Joseph devait avoir entendu parler dès l'enfance d'un Messie à venir. Dans les familles descendant des patriarches, n'était-il pas depuis longtemps coutume de rappeler d'une génération à l'autre la vocation messianique ? Joseph m'apparaît dans sa pleine appartenance à l'une de ces familles-là. Son père à lui devait tenir des propos et un langage appris des ancêtres. Lui-même les transmettra à Jésus. Le Magnificat de Marie, Joseph aussi devait le porter en lui et ce langage, cette vision allaient devenir familiers à Jésus. Plus tard, le Christ emporte sur son chemin les mots entendus depuis toujours : le Seigneur aveugle les puissants et leur cache ce qu'Il révèle aux petits ; Il les renverse de leur trône et élève les humbles. L'application qu'en fera le Christ dépassera et, même, renversera tout ce que pouvait imaginer Joseph. Pourtant, l'avertissement vient du fond de sa mémoire et de celle de son peuple, et lui-même l'aura transmis à Jésus. Le Christ, en accomplissant le dessein, ne fut pas une punition envoyée au peuple juif, mais la récompense de sa fidélité dans l'attente. Il ne fut pas une charge confiée à Joseph, mais la récompense de l'homme juste ayant attendu dans la confiance.

Ainsi, la filiation davidique de Jésus n'eut rien d'une formalité ou d'un faire semblant. Joseph n'était pas là seulement pour assurer l'enregistrement en bonne et due forme de la naissance du Seigneur. Homme de son temps et aussi profondément enraciné dans l'histoire, il accueillit Jésus dans sa famille pour prendre pleine responsabilité de son éducation. Peut-on penser qu'il ne l'eût pas fait avec soin et conviction ? Peut-on songer qu'il n'eût pas entrepris activement de former son intelligence et son cœur ? D'autant que lui-même se trouvait entraîné dans le courant emportant son peuple vers la désintégration. Il devait avoir le temps et des raisons de réfléchir, ce fils de David charpentier, en attendant les commandes qui ne venaient plus. Il devait aussi avoir des motifs urgents de vouloir affermir son fils dans la justice de Dieu, dans un temps où les traditions se désagrégeaient.

Pas étonnante, l'extraordinaire connaissance des Écritures de Jésus. Il en tenait sûrement la compréhension de Dieu, mais n'était-il pas aussi constamment instruit par Joseph ? Ses explications des textes sont évidemment d'inspiration divine. Mais elles portent en même temps la marque de la lecture d'un homme pauvre, affronté aux réalités essentielles de la vie quotidienne. L'expérience et les propos de Joseph n'y seraient-ils pour rien ? Dans ce que dit Jésus aux prêtres dans les synagogues, beaucoup eût pu être dit par le charpentier confrontant le comportement et les préceptes des érudits et des pharisiens aux enseignements des prophètes.

J'ai connu beaucoup d'artisans : bourreliers, forgerons, tanneurs, menuisiers... nés d'un artisanat rural pauvre et tombés dans la misère à mesure que mourait leur communauté. Je me souviens de M. Bonnavo, sage du Camp de Noisy-le-Grand, citant la parole de Dieu avec un regard désapprobateur sur le rejet grandissant infligé aux plus pauvres. Sa mère, femme d'un aide-bourrelier, lui avait appris l'Évangile en même temps que l'alphabet. Mais il n'avait jamais franchi l'état d'apprenti auprès de son propre père, lui-même homme de main. Son patron avait dû fermer boutique, faute de clients. M. Bonnavo ne se plaignait pas de son dénuement matériel, bien que lui et sa famille ne mangaient pas tous les jours à leur faim. Mais il se plaignait de la dureté du cœur des hommes, de leur mépris de leurs frères dans le malheur.

Il devait y avoir beaucoup d'hommes comme lui autour de Joseph en Galilée, avant le recensement ordonné par César Auguste. Si lui-même maniait encore l'outil, il devait pourtant être très pauvre du fait d'avoir à partager le fruit de son labeur avec plus désœuvrés que lui, dans sa famille et son entourage. Rien de surprenant à ce qu'il se présente à l'auberge de Bethléem, en fin de voyage, d'aspect à être renvoyé vers une grotte. Pourquoi les gens de l'auberge en eussent-ils eu l'idée ? Je le vois arriver homme vraiment exténué et je ne l'imagine pas le seul à être éconduit vers un abri de fortune. Toute une population très mal lotie ne se trouvait-elle pas à fréquenter l'univers des grottes ?

Mais à travers le regard du Quart Monde, je vois surtout un homme qui vit, regarde, pense et évolue. Un homme parcourant un chemin de son temps, vivant une destinée en conformité avec son histoire et tirant toujours plus de leçons de son expérience. Un homme qui ne cesse de progresser et d'affermir sa personnalité. Le Joseph se fiançant avec Marie n'est pas encore celui arrivant à Bethléem, Jésus sur le point de naître. Et ce Joseph-là va faire une longue route encore, partir en exil comme partirent ses ancêtres, en exil volontaire ou en déportation. Par le séjour en

Egypte où le fugitif venant du Nord n'obtint du travail qu'à titre de travaux forcés ou d'esclave, Joseph va revivre et résumer dans son seul foyer, le destin de tout son peuple. Et comme tout père, il acquiert une densité d'homme et de père, tandis que son fils grandit. De ces temps de maturation, l'Évangile ne nous parle pas. Ce n'est pas une raison de ne pas y songer. Ce silence de l'Évangile ne nous conduirait-il pas pour le moins à faire silence et à méditer ? À chercher, aussi ? Je ne puis faire autrement, face à l'homme ayant conduit les premiers pas, les premières pensées et prières de Jésus enfant. Joseph fournit à Jésus adolescent le vocabulaire, l'habituera à une tournure d'esprit, l'entourera d'un univers où exercer sa sensibilité. Je suis certain que la vie, la personne, le cœur de Joseph étaient propres à introduire ainsi le Christ parmi les hommes. Comment ne pas avoir un désir profond de le mieux connaître ?

Pour ma part, le silence de l'Évangile sur le séjour en Egypte me remplit d'effroi. Que furent ces années d'errance, de solitude peut-être et d'humiliation pires que celles vécues en Galilée et en Judée ? Eurent-ils faim, furent-ils en compagnie d'autres malheureux ? A quoi fut employé Joseph ? Faute de savoir, nous imaginons la situation désespérante et nous demeurons silencieux, interdits devant cette Sainte Famille en fuite.

Après leur départ, voici que l'Ange du Seigneur apparaît en songe à Joseph et lui dit :
« Lève-toi, prends avec toi l'enfant et sa mère, et fuis en Égypte ; restes-y jusqu'à nouvel ordre, car Hérode va rechercher l'enfant pour le faire

périr. »
Joseph se leva, prit avec lui l'enfant et sa mère, de nuit, et se retira en Égypte. Il y resta jusqu'à la mort d'Hérode, pour que s'accomplisse ce qu'avait dit le Seigneur par le prophète : « D'Égypte j'ai appelé mon fils. »

(Matthieu 2, 13-15)

Saint Matthieu en dit trop ou il n'en dit pas assez. Tout cela ne s'est pas passé dans le calme. « Hérode va rechercher l'enfant pour le faire périr... », quelle frayeur ! Quelle fébrilité pour ramasser l'essentiel, prendre la route et atteindre le désert où les soldats ne suivront pas ! Après cela, nous n'avons plus d'image du tout. Sur quel environnement Jésus ouvrit-il les yeux et les oreilles ? Que furent l'isolement, les angoisses et aussi le courage et l'espoir de Joseph et Marie ? Que faire devant notre ignorance, sinon méditer et chercher, redoubler nos prières.

En rentrant au pays, Joseph devait avoir beaucoup mûri, ses convictions plus ancrées, son espérance plus ardente. Le feu que voulut allumer Jésus-Christ dans le monde, plus tard, ne l'avait-il pas pressenti, adolescent, dans le cœur de son père ? L'amour de Dieu, un feu dans le cœur des hommes, Joseph ne l'avait-il pas vécu devant lui ? Joseph aura besoin d'un grand amour, en reprenant la vie à Nazareth. Sa place de charpentier est sûrement prise, les clients qui demeuraient s'étant tournés vers un autre. Il va retrouver le mensonge, la suspicion, la délation, la domination qui ont fait main basse sur les communautés de Galilée, sur les pauvres et les plus pauvres surtout. Ce peuple qui se défigure lui-même en défigurant les pauvres, il faudra beaucoup l'aimer et beaucoup aimer Dieu, pour reprendre les habitudes d'avant et voyager vers Jérusalem, chaque année, pour la fête de Pâques. Cela signifie bien plus que de se remouler dans de vieilles coutumes. Joseph doit ré-épouser son peuple et son histoire pour y intégrer Jésus. C'est en tout cas ce que je crois entendre de saint Luc me relatant les premières paroles de Jésus au Temple. Quels que pouvaient être ses déceptions et découragements, Joseph n'oubliait pas Dieu ni la mission confiée d'accepter pour fils celui qui sauverait son peuple de ses péchés.

Jésus va trop vite, aux yeux de son père, c'est certain. Qu'a-t-il à s'asseoir au milieu des maîtres, à les écouter et les interroger, au Temple ? Il est bien trop jeune pour cela et ce n'est pas ainsi que Joseph se représente la conduite du Sauveur. Alors, il ne comprend pas. *« Mon enfant, pourquoi as-tu agi de la sorte avec nous ? Vois, ton père et moi, nous te cherchons tout angoissés »* (Lc 2, 48). L'angoisse pour le Messie, les incompréhensions du projet de Dieu sur le Messie n'ont d'ailleurs sûrement pas manqué jusqu'alors. La terrible menace d'Hérode, le massacre des innocents, le dur exil en Égypte, le retour à Nazareth où les relations des hommes sont tissées d'injustice et de mépris..., Joseph n'aurait-il pas souvent interrogé Dieu sur cette façon de protéger et de préparer le Sauveur ? Dieu ne lui parle plus, depuis son retour dans cette Galilée où les commandements s'étiolent. Se serait-il trompé, ce qu'il croyait vivre, au service du Seigneur, n'était-ce qu'une illusion ? *« Ne saviez-vous pas qu'il me faut être chez mon*

Père ? Mais eux ne comprirent pas ce qu'il leur disait » (Lc 2, 49-50). En contemplant Joseph à Nazareth, je crois être en présence d'un homme juste et fort, qui a pris fermement toutes ses responsabilités et qui lutte avec Dieu. « Je fais ce que tu m'as demandé, Seigneur, mais que fais-tu pour réaliser le Salut ? »

A ce combat de Joseph, Dieu aurait-il mis un terme très tôt, le rappelant à lui ? Je me suis souvent demandé pourquoi nous le supposions mort, lorsqu'advint la vie publique du Christ. Nous n'avons pas de certitude à cet égard et en abrégeant sa vie, nous arrêtons la méditation sur un homme qui aurait peut-être encore tant à nous dire, à nous inspirer. Pour garantir la virginité de Marie, fallait-il la voir veuve de très bonne heure ? Je l'ignore. Dans l'incertitude, risquer de déclarer Joseph mort prématurément, me paraît une imprudence. Si Jésus était orphelin à trente ans, eût-on dit de lui à Nazareth : « *N'est-ce pas le fils du charpentier ?* » (Mt 13, 55). Si le charpentier n'était plus, les habitants de Nazareth auraient dit : « N'est-ce pas le fils de Joseph de la maison de David ? » Et si, en le faisant mourir avant l'heure, nous passions à côté d'une phase essentielle de sa destinée, à côté d'une leçon, d'une inspiration dont nous avons grand besoin ?

pour ma part, je m'interroge souvent sur ce qu'aurait pu être Joseph voyant partir Jésus-Christ pour se laisser engloutir par la foule. « *Il était leur soumis (...) Jésus progressait en sagesse et en taille, et en faveur auprès de Dieu et auprès des hommes* » (Lc 2, 51-52). Joseph avait eu en lui un bon fils et il le voyait sur le bon chemin pour devenir un serviteur écouté de Dieu et des hommes. Le voilà qui part, non pas en direction du Temple, pour prendre sa place face aux détenteurs de pouvoirs, mais en direction des pauvres, des estropiés, des misérables, des gens de mauvaise vie. Que peut-il attendre d'eux, qu'est-ce que cette libération-là ? Il va se perdre assurément.

Quelle compromission en effet avec des hommes et des femmes paupérisés, les corps et les visages défaits, le manque d'instruction inscrit dans tous leurs comportements. Car Joseph connaît les pauvres et les misérables. Il les connaît d'autant mieux qu'il les aime pour être des victimes innocentes de la domination des possédants. Il a partagé avec eux ce qu'il avait, au point de se priver lui-même. Sûrement Jésus a-t-il dû sauter des repas, manquer du nécessaire, apprenant ainsi la misère en raison même de la générosité de ses parents. Il faut imaginer ce que signifiait d'être un homme juste à Nazareth en pleine crise économique. J'ai connu des hommes justes dans toutes les zones de misère du monde. Ils ne sont pas tranquilles, eux-mêmes toujours en route pour redresser un tort fait au voisin, alors que leur femme vide les réserves, partage en deux le dernier litre de lait, le dernier pain pour passer de quoi manger à une autre mère frappant à leur porte. La vie d'un homme reconnu comme juste par son entourage en temps et en zone de misère est une vie mouvementée. Les pauvres sont toujours là à quémander quelque chose, les misérables l'attendent au coin des rues, comme par hasard. Sa femme et ses propres enfants ont le choix de se rebiffer, venant à manquer eux-mêmes, ou à rejoindre le combat du mari ou du père. Marie et Jésus ne se rebiffaient pas. Joseph lui-même a enseigné à l'enfant, au jeune homme, son amour toujours grandissant pour ces pauvres qui le harcelaient. Maintenant, il le voit partir, non pas d'abord pour harceler les possédants, infidèles à Dieu, mais pour convertir les foules. Cela ne pouvait-il pas attendre ? Ce n'est pas cela que firent les Prophètes avant lui. Il va perdre tout son prestige, lui qui eût pu devenir docteur de la Loi. « Mon fils était tellement intelligent, tellement honnête et capable, il pouvait rivaliser avec n'importe quel scribe, pharisien ou docteur. Il avait un bel avenir devant lui et voilà qu'il gâche tout !... »

De ces pères angoissés et déçus, j'en connais beaucoup. Je pense au père de Gabrielle, volontaire ATD Quart Monde. Il lui avait tout enseigné : sa foi, sa probité, son respect des pauvres... Elle avait une belle carrière devant elle. Un jour, elle partit pour le Camp de Noisy-le-Grand. Même pas pour mener une action professionnelle au départ, mais pour partager la vie, les peines et les espérances de familles enfoncées dans la boue, les détritus, la misère. Si Gabrielle s'était engagée avec d'autres gens de son milieu dans la Croix-Rouge ou la Caritas, pour secourir les pauvres, ce n'eût pas été la même chose. Si elle s'était faite religieuse, son père eût été très heureux et reconnaissant à Dieu. Mais elle allait se perdre dans une population en pleine décomposition, coupant les amarres justement d'avec toutes les institutions reconnues. Elle cassait toutes les manières de faire et toutes les relations usuelles entre pauvres et possédants, elle renversait les priorités établies. Pour le père de Gabrielle, cela était impensable. Il ne savait pas, ne pouvait pas encore comprendre que c'était ainsi que s'opérait le changement radical des cœurs et des coutumes voulues par Dieu. Ce Dieu voulant la justice dans le monde, lui-même l'avait enseigné à sa fille. Sûrement attendait-il que sa fille non seulement suive dans ses traces d'homme juste, mais qu'elle fasse mieux et plus que lui-même. Un de ses fils était devenu Jésuite. Il en était infiniment fier. Mais Gabrielle ne fit pas mieux et plus, elle fit *autrement*. Et elle le fit avec une poignée de compagnes et de compagnons recrutés autour d'un prêtre inconnu, sans prestige ni pouvoir ni aucune influence. Son père ne pouvait pas comprendre et durant des années, il fit tout pour l'entraîner à revenir, à se marier ou à reprendre son poste d'enseignante. Puis, il se résigna, mais sans jamais l'accepter devant elle. Sa fille avait renoncé à tout statut, à toute sécurité non seulement financière, mais aussi morale, intellectuelle et religieuse. S'il lui fallait se résigner, il ne pouvait pas s'en réjouir ni même en être rassuré. Après sa mort seulement, on trouva un papier de sa main disant qu'il se félicitait d'avoir donné à l'Église deux de ses enfants : son fils Richard, le Jésuite, et sa fille Gabrielle.

Mystère d'un cœur de père, mystère de la miséricorde de Dieu, ces pères de volontaires me font tourner le regard vers Joseph. Les volontaires ne sont pas le Christ. Joseph n'aurait-il pas vécu au centuple le déchirement de ces parents d'aujourd'hui ? Son fils Jésus partit non pas vers les synagogues, les pharisiens, les ésséniens ou, même, les zélotes (il avait pourtant un vaste choix entre tant de groupes déjà reconnus). Il partit seul et pauvre comme Job vers les foules. Son fils, le Messie, sans une pierre où reposer sa tête et se mettant à dos tous les groupes reconnus. Il eût pu se servir de l'un d'eux pour le moins, comme Gabrielle eût pu rejoindre la Caritas ou une congrégation religieuse. Mais il s'entoure de quelques pêcheurs, le suivant les mains vides, eux aussi. Puis, horreur, il s'adjoint un collecteur d'impôts. Il va finir par s'attirer la disgrâce de tout le monde !

Défenseur des faibles lui-même, désireux depuis toujours de voir tous les hommes trouver entre eux les rapports d'amour et d'égalité dignes des enfants de Dieu, rien ne permettait pourtant à Joseph de prévoir le dessein du Christ. Ce dessein, lui-même en était une pièce essentielle : l'homme juste mais aussi malaxé et formé par la pauvreté, l'exclusion et la misère, appelé à introduire Jésus dans la vie humaine par le bas. Mais il faisait ainsi partie de l'histoire de Dieu dans le monde, sans avoir les moyens de la comprendre. Lui n'imaginait pas le Royaume arrivant par le bas. Toute sa culture lui disait que les grands rétablissements se faisaient par le haut. Les familles susceptibles, selon la tradition, de donner naissance au Messie, étaient des familles haut placées, les grands retours vers Dieu ne pouvaient s'opérer que par l'intervention d'hommes de savoir, de prestige, de conduite irréprochable. Le Christ prend le chemin inverse. C'est bien en cela que consiste non pas sa révolution sociale mais sa révolution religieuse et culturelle. Jésus s'est profondément imprégné des enseignements de Joseph, a formé son cœur et son esprit au contact des pauvres et des misérables que son père attirait autour de lui-même. Mais il ne l'a pas fait pour imiter Joseph.

Jésus s'est fait totalement homme, non pas pour suivre une vision développée par les hommes mais pour transformer, de l'intérieur, la condition humaine de fond en comble. La condition humaine, y compris celle de Joseph, son père, avec toute la manière de penser s'y rattachant. Comment Joseph eût-il pu comprendre ? Il croyait avoir accompli tous ses devoirs envers le Messie. Voici ses propres vues et convictions remises en question par le Sauveur. Il participait activement au salut. Le voici invité à se convertir avec tous les pauvres autour de lui. Est-ce une dérision ? Soit Jésus se trompe, soit lui-même n'a rien compris. Se convertir, lui ? Se convertir à ce Jésus qui fait tout de travers ? Il est totalement fidèle aux Écritures, c'est certain, et il est pourtant totalement différent des modèles et stéréotypes que les Juifs se sont façonnés, au nom de la foi et en toute bonne foi. Et il prend un chemin qui ne peut aboutir. Joseph connaît trop bien son monde pour ne pas le savoir. Or, échouer pour réussir, réussir par l'échec est chose aussi étrangère à sa culture que refaçonner le monde par le bas. Alors, lui-même qui a tant donné pour qu'advienne le salut des hommes, ne le verra-t-il pas ? « Qui aime son père ou sa mère plus que moi n'est pas digne de moi. » Quitter son père, avoir à choisir entre son père et Dieu, quel père eût plus souffert de ces paroles que Joseph ?

Le Christ renversa le monde, même celui de Joseph. Et celui-ci, même réduit à la pauvreté extrême, était demeuré, malgré tout, un fils de David, instruit en affaires de religion. Son instruction va faire obstacle à la compréhension du Salut opéré par le Messie. Il n'échappera pas à l'avertissement de Jésus : que les sages ne comprendront pas ce qui sera révélé d'emblée aux humbles. Le vrai bouleversement dans la vie de

Joseph n'aurait-il pas été là ? Lui, l'homme juste, expérimenté et sage doit tout oublier, tout réapprendre sur le salut et la justice de Dieu. Je doute que la révolution dans sa vie ait été la demande du Seigneur d'accueillir le Messie. Cette proposition était propre à combler l'espérance d'un homme de famille davidique. Je demeure silencieux devant Joseph plus âgé et plus mûr, sa tâche achevée et à qui, peut-être, après tant de fidélité, Dieu a demandé de se convertir.

Je ne sais pas si Joseph vivait, mais je le crois. Comment Dieu ne l'eût-il pas conduit jusqu'au bout de son rôle, jusqu'au bout du déchirement ? Y a-t-il des raisons de penser que Dieu ne l'eût pas invité à achever sa destinée, pour trouver la conversion finale au terme ? N'eût-il pas, comme le père de Gabrielle, reçu la chance de se convertir à ce Jésus si fidèlement aimé, protégé et éduqué, qui se montrait en fin de compte si incompréhensible ? Je reste en silence devant Joseph peut-être déçu, désorienté, déchiré. Comment son cœur a-t-il fini par accepter ? Il me semble que Joseph ainsi éprouvé jusqu'au bout va au-devant de nous et de toute l'Église. Les croyants, n'est-ce pas lui, de génération en génération, s'imaginant sauvés pour se découvrir même pas encore convertis ? Car qui de nous est vraiment converti à Jésus-Christ misérable, mourant sur la Croix entre le bon et le mauvais larron ? Saint Joseph allant devant, parce que — comment en douter ? — au bout de sa tâche il accepta de tout recommencer.

CHAPITRE XIII

Magnificat !

Alors Marie dit :
« Mon âme exalte le Seigneur
et mon esprit s'est rempli d'allégresse
à cause de Dieu, mon Sauveur,
parce qu'Il a porté son regard sur
son humble servante.
Oui, désormais, toutes les générations
me proclameront bienheureuse,
parce que le Tout-Puissant a fait
pour moi de grandes choses :
saint est son Nom.
Sa bonté s'étend de générations en générations
sur ceux qui le craignent.
Il est intervenu de toute la force de son bras :

Il a dispersé les hommes à la pensée
orgueilleuse ;
Il a jeté les puissants à bas de leurs
trônes et Il a élevé les humbles ;
les affamés, Il les a comblés de biens
et les riches, Il les a renvoyés les mains vides.
Il est venu en aide à Israël son serviteur
en souvenir de sa bonté,
comme il l'avait dit à nos pères,
en faveur d'Abraham et de sa descendance
pour toujours. »

(Luc 1, 46-55)

Dieu est intervenu, Il a dispersé les orgueilleux, élevé les humbles, c'est chose faite. Le Magnificat est le plus beau des chants de victoire. Une telle exultation ne sort pas de la bouche d'une jeune fille timide, pieuse, mais ne connaissant pas le monde. Marie nous apparaît resplendissante dans sa confiance en Dieu et son engagement aux hommes. Promise à Joseph, elle fait partie de ces familles donnant souvent naissance à des justes. Familles pures, se transmettant de père en fils les Écritures, mais sans fortune et proches des pauvres comme le furent les patriarches. Ces familles nourries des prophètes étaient l'un de ces berceaux d'hommes de probité, mais aussi de solidité et d'énergie, car on y menait une vie frugale et rude. Considérant Marie fille d'une de ces lignées-là, son Magnificat, à moins d'être un exercice de style ou le fruit de la seule inspiration divine, exprime une extraordinaire volonté de participer au dessein de Dieu.

Cette volonté, Marie l'a manifestée d'emblée, comme Joseph, en répondant à l'Ange : « Je suis la servante du Seigneur, que tout se passe pour moi comme tu l'as dit ! » Servante, non pas encore à la manière du Christ, mais selon la tradition, femme servant Dieu dans la droiture, femme active accomplissant les œuvres de Dieu. Elle est la femme parfaite de la Bible, dépeinte dans les Proverbes :

> *Une femme de caractère, qui la trouvera ? (...)*
> *Elle se lève quand il fait encore nuit pour préparer la nourriture de sa maisonnée et donner des ordres à ses servantes. Elle jette son dévolu sur un champ et l'achète, avec le fruit de son travail elle plante une vigne. (...)*
> *Elle considère que ses affaires vont bien et sa lampe ne s'éteint pas de la nuit. (...)*
> *Elle ouvre sa main aux misérables et la tend aux pauvres. (...)*
> *Aux réunions de notables, son mari est considéré, quand il siège parmi les anciens du lieu.*
>
> (Proverbes 31, 10-23)

Cette femme parfaite de la Bible peinait beaucoup dans le ménage, au regard des femmes de l'ère de l'électronique en notre partie du monde. Elle avait pourtant un rôle social et économique beaucoup plus important que ses consœurs d'aujourd'hui, même quand celles-ci travaillent en dehors du foyer. Même quand elle n'avait pas de servantes, elle réglait la consommation, contrôlait la qualité des produits, pouvait se faire un revenu indépendant de celui de son mari, « faisait la leçon », c'est-à-dire, avait son avis à donner dans les affaires familiales et communautaires, pouvait œuvrer directement à la justice, car c'était elle qui décidait de ce que le foyer partageait avec les misérables et les pauvres.

En Marie, Dieu a choisi la femme parfaite, fière, prête à prendre pleine responsabilité de sa mission. Devant elle, je pense aussi sans arrêt au climat social déconcertant qui l'enveloppe et qui l'a façonnée. Climat de Galilée à la dérive, le peuple s'accrochant à des traditions ne répondant plus aux exigences de la vie quotidienne. Peuple sur lequel le Temple ne peut plus compter et qui ne peut compter sur personne. Face à lui, au premier plan, les détenteurs de la religion et de la Loi s'acharnant à maintenir la coutume, souvent sans miséricorde et réglementant la vie d'autant plus qu'elle leur échappe. Derrière eux, également iniques, Hérode et les Romains. Marie s'est formée, forgée dans cette situation-là. Elle est une femme avertie des affaires de son peuple et qui voyage, ne serait-ce que vers Jérusalem, chaque année, pour la Pâque.

Femme parfaite, active, femme pauvre, Marie est partie prenante de l'histoire vécue en Galilée, autant que Joseph ou peut-être plus. Les hommes portent l'aumône rituelle à la synagogue, les femmes se chargent du vrai partage, donnant nourriture et couvertures sur le seuil de leur porte, dans la cour de leur maison. Elles « ouvrent leur main », comme disent les Proverbes. Elles rencontrent face à face, elles parlent, elles touchent, elles soignent, elles sont personnellement impliquées. Il en a presque constamment été ainsi à travers le monde et ce rôle personnel direct demeure encore dans bien des endroits. Seules les femmes des pays riches ne rencontrent plus les misérables et les pauvres. Ailleurs, ceux-ci connaissent les femmes bien plus que les hommes, et les femmes les connaissent. Je vois Marie plus engagée encore que Joseph, touchant de plus près la misère s'accroissant autour d'elle. Elle devait ressentir dans tout son être, en fréquentant les estropiés, les affamés, que sans justice, l'amour est impossible et sans amour, la justice est inique aux pauvres.

Dans cette situation de lutte quotidienne qu'elle assumait, il lui fallait d'autant plus de courage. Jeune fille d'une population juive rurale et pauvre, elle savait ce qui l'attendait si elle donnait le jour à un enfant non reconnu. Même si elle faisait confiance à Joseph, devenir mère dans les conditions données ne serait pas sans problèmes. Mais beaucoup plus sérieux, elle devenait Mère du Fils de Dieu, destiné à occuper le trône de David. Marie connaît l'histoire de son peuple. Les Juifs n'avaient pas pour habitude de bien recevoir leurs prophètes. Les justes attendant le Sauveur ne pouvaient pas espérer que sa venue se passerait dans la paix. Les puissants devraient abandonner leur trône et Marie les connaissait. Elle rencontrait ces hommes dont les doctrines n'étaient « que des préceptes d'hommes » (Mt 15, 1-9). « Hypocrites » « transgressant le commandement de Dieu au nom de leur tradition », ils n'étaient pas prêts à se rendre. Alors, qu'adviendrait-il de son enfant ?

Marie allait, les yeux ouverts, au-devant de grandes difficultés et souffrances. Elle serait sans défense, si Dieu ne la protégeait. Elle devait s'en remettre à Lui pour la réalisation de son plan mais aussi pour la sécurité quotidienne de la famille à fonder. Elle ne pouvait plus se fier à ses propres capacités comme avant. Si elle accepta, son âme exaltant Dieu, c'est qu'elle mettait sa confiance et sa force en Lui.

Elle avait aussi, il me semble, cette obstination des pauvres inhérente à leur condition. Car la pauvreté qui est injustice engendre l'obstination. J'ai vécu toute ma vie parmi des familles obstinées. Elles se barricadaient dans le refus de l'indignité et de l'injustice, au point de s'enfermer, de « n'en plus faire qu'à leur tête », comme dit l'Administration. Marie a la force de ne point s'enfermer et je la vois d'autant plus volontaire et obstinée. Pour assumer sa tâche, elle devait être la Reine du Courage. Sinon, la vie l'eût conduite à abandonner.

Marie paraît ainsi aux familles ayant l'expérience de la misère. Ma mère la voyait ainsi. Elle mesurait le courage de la Vierge d'après la volonté dont elle-même devait faire preuve pour ne pas se laisser arracher ses enfants, pour les nourrir et les élever dans la crainte de Dieu. C'était déjà bien difficile. Aussi, ma mère était-elle têtue. Et elle se tournait vers la Vierge en confiance. Celle-ci pouvait comprendre, car elle avait supporté, osé, accompli tellement plus. Ma mère avait aussi pitié d'elle, imaginant ses souffrances, ses humiliations, ses déceptions. Elle ne pensait pas avoir besoin de raconter à la Sainte Vierge sa vie dure dans la rue Saint-Jacques. Marie la connaissait d'expérience.

La piété populaire ne tient pas toujours compte de l'existence des très pauvres, leur permettant d'approcher Marie comme la femme prenant sur elle ce qu'eux-mêmes rêvaient d'accomplir. Nous présentons souvent l'image d'une Vierge innocente, pieuse, distante des basses réalités du monde et des affres de la misère. Cette Vierge-là accomplit son destin dans une solitude distinguée, elle est très loin des pauvres. Marie devait pourtant être tellement concrète, active, participant pleinement à la rude existence de sa communauté. Je ne sais pas d'où naissent les images derrière lesquelles disparaît la femme vivante à rencontrer. Certaines réactions des femmes du Quart Monde m'ont posé question à ce sujet.

Ces femmes disent : « Mais qu'a-t-elle fait de si extraordinaire ? Elle n'a eu qu'un seul enfant et son mari avait un métier. Nous, on a six gosses à supporter, à élever, à nourrir et toute notre vie, on nous menace de nous les prendre. Mon mari, lui, n'a même pas de boulot... Elle avait de la chance, la Sainte Vierge ! » Des jeunes filles du Quart Monde semblent parfois lui en vouloir. On lui attribue toutes les vertus, toutes les grâces, on la considère comme la plus belle, la plus extraordinaire des femmes. Qu'a-t-elle fait pour mériter cela ? « On fait bien des histoires autour d'elle. Elle était sans péché ? Et alors ! Il n'est pas difficile d'être comme il faut et tout, quand on n'est pas dans la misère. » En somme, puisqu'elle était intouchable, invulnérable, où est le mérite ? Selon notre position sociale, nous ne voyons pas les représentations de Marie de la même façon. Les images nées de l'amour et de la foi en d'autres milieux risquent de créer des ruptures entre Marie et des femmes submergées dans la misère. Et si la Sainte Vierge n'est pas reconnaissable pour les plus pauvres, est-elle la Sainte Vierge ?

La Vierge reconnue en Quart Monde est la femme en chair et en os de plain-pied dans les réalités de son époque. De plain-pied, c'est-à-dire enracinée dans la pauvreté, ne planant pas dans une situation protégée, aisée. Elle n'est pas une Vierge ré-interprétée selon les penchants du temps. Elle sort directement de l'Évangile. Les familles ne l'ont pas imaginée selon leurs convenances, au contraire ! La Marie de l'Évangile est bien plus contraignante que toutes les interprétations. Elle est irréfutable, bien campée dans son monde et frappée de plein fouet par tous ses malheurs. Elle est exigeante parce qu'elle les affronte jusqu'au bout. Certes, elle étend son cœur à tous les hommes, elle n'est pas vengeresse, mais elle est militante. Elle est pleine de tendresse pour tous, mais pas de cette tendresse mièvre dont on veut trop souvent revêtir les chrétiens. Elle a la tendresse forte des femmes prenant les problèmes à bras le corps. Elle est la première d'entre les pauvres bienheureux.

Les familles auraient-elles tort de la voir ainsi trépidante, enthousiaste, entreprenante ? Marie serait alors une femme exaltant Dieu par la bouche mais non par les actes et toute sa personne. Soumise mais passive, quelle serait sa place parmi les bienheureux, bâtisseurs du Royaume ? Il est vrai que notre amour pour la Vierge, notre désir de la voir Mère de tous les hommes, nous a conduits à proclamer son rôle de Notre Dame des Pauvres. Il ne faudrait pourtant pas voir, là, un attribut supplémentaire : les pauvres aussi... Si Marie n'était pas *d'abord*, par essence même, reine des pauvres, eût-elle pu devenir la reine de tous les hommes ? Le Christ pouvait sauver l'humanité en épousant la misère de la façon la plus tangible. La Vierge pouvait-elle se contenter d'une pauvreté symbolique n'ayant pas vraiment de prise sur elle ?

Les femmes très pauvres autour de moi m'ont obligé à préciser ces questions. Ce ne sont pas des questions pièges, car les pauvres ne posent pas de pièges. Elles naissent de la réalité vécue. La pauvreté et la misère sont des situations tellement concrètes, il faut avoir tant d'à-propos et d'obstination pour les maîtriser. Il faut tant d'énergie et de force de caractère, si l'on veut, *de plus,* prendre part à un combat pour les autres. Si l'on ne résiste pas, on coule. Et si l'on veut créer la justice autour de soi, résister seulement ne suffit pas. Il faut se dépasser. La question est de savoir si nous voyons Marie façonnée par ces réalités-là ou si elle se situe ailleurs, au-dehors, bénéficiant d'une situation hors-histoire, spécialement protégée de Dieu.

Une fois de plus, je n'ai pas les réponses. Mais je suis témoin de la manière dont les familles du Quart Monde désencombrent l'histoire de Marie de Nazareth de certaines interprétations accumulées au fil des âges. Elles voyagent en Évangile, pauvres et sans bagage. Et elles semblent confirmer, chemin faisant, que les humbles saisissent ce qui est caché aux savants. Jésus le leur avait promis et c'est donc dans l'ordre des choses. Ainsi, toute ma vie de prêtre, ai-je vu le regard des plus pauvres rendre l'Évangile lumineux, majestueux et tout à fait accessible en même temps. Devant la Marie des pauvres, comment ne pas nous tenir à la fois interdits d'admiration et remplis d'amour ? Elle est tellement vraie et tellement grande dans sa rayonnante humanité.

Il est impossible de saisir la puissance de cette Mère de Dieu, de conduire les pauvres vers Dieu, de maintenir leur courage à se dépasser en route. Le courage des femmes surtout. Elles en ont un insondable besoin, comme Marie à l'heure de la rencontre avec l'Ange. La façon dont Dieu renforce sa foi me paraît une leçon essentielle. Il lui dit : « Va voir Élisabeth, elle aussi est enceinte. Tu verras que rien ne m'est impossible. » C'est une parole propre à être entendue par une femme pauvre, bâtie non pas par des idées mais par une histoire. Elle a pour habitude de se fonder sur des faits. Non pas sur des preuves comme le font les intellectuels, mais sur des faits tangibles, situés dans une histoire. Dieu qui connaît les pauvres, agit avec elle en conséquence : « Va voir Élisabeth et tu sauras que c'est moi qui te parle. » Marie ne perd pas de temps, elle se hâte vers le haut pays saluer Élisabeth et Zacharie. Alors, trouvant Élisabeth enceinte, sa joie éclate. Quoi qu'il arrive, Dieu est son Sauveur, Il tiendra sa promesse. Je me suis toujours senti redevable de cette leçon. Pour cela, je n'ai jamais cessé de parler de Marie dans les cités sous-prolétariennes : « Allez voir Marie, elle peut vous dire que Dieu est avec vous. Allez aussi voir la voisine, elle se dépasse jour après jour. Marie est avec elle et avec vous. »

Sans doute la Vierge Marie aura-t-elle grand besoin de revenir souvent aux instants passés avec l'Ange. Elle devra pouvoir se redire souvent : « Dieu m'a parlé, tout m'arrive par Sa volonté et Il tiendra Ses promesses. » Sa foi sera mise à si rude épreuve, l'angoisse l'envahissant dès l'annonce de la poursuite jalouse d'Hérode. Les bergers chantant la gloire de Dieu, les mages se prosternant devant Jésus, les plus humbles et les possédants réunis dans la jubilation seront le dernier signe de la tendresse de Dieu pour longtemps. Signe convaincant, certes. Les bergers quittant le troupeau la nuit, chantant le Seigneur, est un miracle, l'œuvre des Anges. Un berger garde le troupeau la nuit et non le jour, quand guettent, non seulement des bêtes sauvages, mais des bandits. Alors quel risque à prendre, que la perte de l'emploi, si le propriétaire se découvre lésé. C'est le dernier emploi possible, il compte parmi les plus impurs, on peut difficilement tomber plus bas, à moins de devenir bandit soi-même. Emploi rude où l'on a affaire aux brutalités du brigandage, les bergers taxés d'impiété ne sont pas portés à chanter louange. Ainsi, leur venue joyeuse vers la grotte ne peut être que l'œuvre de Dieu. Elle prouve qu'injustement rejetés, leur cœur était pur. Dieu délivre les humbles, quel bonheur pour Marie !

Les bergers émerveillés vont d'ailleurs courir à droite et à gauche, répandre la nouvelle parmi d'autres personnes et familles pauvres alentour. Sûrement, Marie et l'Enfant n'ont-ils manqué de rien en ces jours dans la grotte. Sûrement les bergers s'en retournèrent-ils chantant louange de plus belle, parce qu'eux-mêmes avaient fait le nécessaire pour que cette famille ne demeure pas dans le dénuement. De tout ce qui touche à leur visite nocturne, Marie fera réserve dans son cœur. Elle l'emportera dans sa vie, le méditera. Viennent encore les mages, porteurs inconscients de malheur. Mais cela, Marie ne le saura que plus tard. Pour l'instant, les riches et les savants suivent ainsi les pauvres vers le Messie. Dieu a déjà tenu Sa promesse.

Cet avant-goût du Royaume a-t-il été effacé à la nouvelle du massacre des innocents ? Comment imaginer l'horreur ? Les chemins de Dieu devaient-ils passer par là ? Marie tellement engagée avec les siens, à la libération de son peuple, qu'a-t-elle bien pu dire au Seigneur ? Elle devait sentir dans toutes les fibres de son être le désespoir de Rachel pleurant ses enfants méprisés, non désirables, comptés pour funestes et sauvagement assassinés. Son fils né dans un bain de sang, la Vierge pouvait-elle savoir qu'elle devenait la mère de tous ces enfants pauvres à travers le monde, poursuivis, suspectés d'être néfastes, contrôlés, malmenés, abandonnés hypocritement à la mort par la famine ou carrément tués avant la naissance ? Les enfants de la misère, les enfants de populations de peu d'intérêt économique, les enfants de pauvres à charge vont demeurer une menace pour les possédants tout au long des âges, jusqu'en notre temps. Hérode, pour les persécuter, n'avait pas nos manières. Sa cruauté se présenta à visage découvert, il ne se référa ni au développement ni à la santé des femmes ni à des conjectures sur la démographie mondiale. Plus tard, les choses se passeront autrement, les possédants se faisant tyrans par des actions plus subtiles, en affamant, en avortant, en stérilisant, gardant leurs moyens pour créer dans les éprouvettes les enfants de leur choix. Mais les pleurs et la longue plainte annoncée par Jérémie durent toujours. « *C'est Rachel qui pleure ses enfants et ne veut pas être consolée parce qu'ils ne sont plus.* » (Mt 2, 18).

Marie, Notre Dame des enfants des pauvres, doit avoir pressenti mieux qu'avant son immense responsabilité. Mais quelle douleur d'apprendre ainsi son rôle par ses sœurs meurtries, les mères juives pauvres de cet humble chef-lieu de Bethléem où la plupart des mères vivaient dans un grand dénuement. Elles sont ses proches, ses cousines. Ainsi commence cette dure reconversion au jour le jour, cette découverte progressive angoissante de ce que la prédiction de Siméon signifiait concrètement : « *Il est là pour la chute ou le relèvement de beaucoup en Israël et pour être un signe contesté. Toi-même, un glaive te transpercera l'âme. Ainsi seront dévoilés les débats de bien des cœurs.* » (Luc 2, 34-35). Jésus serait là pour le relèvement de toutes les mères d'enfants pauvres, humiliées et broyées à cause d'eux. Mais Marie ne pouvait pas imaginer d'avance la douleur atroce de son âme pour que vive le Sauveur. Elle allait avoir à redire toujours à nouveau : « Je suis la servante du Seigneur. »

Nous ne savons pas comment Marie a appris la nouvelle. Pas plus que nous ne connaissons son séjour en Égypte. De notre ignorance, les enfants du Quart Monde s'étonnent. N'avons-nous donc pas essayé de savoir ? Il s'agissait du Fils de Dieu et nous n'aurions pas tenté d'y voir de plus près ? « Comment vivaient-ils, comment vivaient les travailleurs migrants en Égypte ? Avaient-ils un logement, du boulot ? L'enfant ne fut-il pas placé à l'assistance publique ? » Ainsi m'interrogeaient les enfants au catéchisme. J'étais obligé de leur dire que j'ignorais tout ou presque. J'en étais désemparé. Les enfants m'obligeaient à me demander si connaître l'antiquité en Égypte était vraiment affaire d'érudits seulement. Que faisaient les universités catholiques pour rendre l'histoire du Christ aux enfants les plus pauvres ?

Pour le moins pouvais-je me recueillir avec ces enfants avides de savoir, devant cette mystérieuse Marie d'Égypte, leur dire son courage de supporter l'exil pour sauver son fils. Ils reconnaissaient ainsi quelque chose de familier dont ils ne savaient pas toujours le nom : l'endurance, le courage de leur propre mère. Certes, aucune femme ne peut ressembler à la Mère de Dieu. Mais il y a une telle parenté dans les conditions et les gestes. Que d'enfants cachés derrière des parois ou dans les combles d'un logement, que de foyers partis en hâte d'un taudis, la nuit, pour échapper au retrait par les autorités publiques. Encore, quand le danger est passé, faut-il vivre. Les mères de famille du Quart Monde, la Vierge Marie en Égypte, toutes doivent poser envers et contre tout, les gestes essentiels de la vie. Quand on ne possède rien, il faut inventer les moyens, de jour en jour. De quoi vêtir l'enfant ? Que préparer à manger ? Où glaner quelques légumes pour faire la soupe ? « Comment mon mari va-t-il pouvoir se laver et comment vais-je nettoyer ses vêtements ? Il va finir par perdre toute dignité, avec les chaussures qu'il porte. » C'est cela, le souci de garder vivable la vie, entre l'aube et la tombée de la nuit, la nuit devant servir à ruminer le lendemain. Et la garder vivable, c'est peut-être surtout : continuer à vouloir vivre pour les siens, être une mère sachant consoler et encourager quand il n'y a rien à attendre. Concrètement, c'est cela être une mère très pauvre : demeurer dans les pires dénuements celle qui sait trouver les paroles, faire les gestes pour soutenir mari et enfants. C'est le rôle qui demeure quand tout le reste s'est écroulé.

C'est cela ou rien, il n'y a plus d'alternative. « Sans

cela, autant se suicider », me disait une jeune mère de famille venue de Bretagne à Paris avec son mari et ses quatre enfants. Son mari portait le dernier-né, elle-même tenait à la main, pour tout bagage, une petite valise en carton contenant des vêtements de bébé. Ils se sont installés dans un igloo et Mme Meulan s'est créé un décor familial et une vie familiale avec du carton, des chiffons, de vieux journaux et, pour les repas, des pâtes. L'assistante sociale se lamentait, mais les enfants étaient souriants. Un jour pourtant, Mme Meulan a craqué, elle s'est mise à boire et l'humble ménage est parti à vau-l'eau. Alors, il devint évident que jusque-là, elle avait fait des miracles. Sans elle, tout s'effondrait, les enfants étaient ingouvernables, le mari abandonnait le foyer pour d'autres femmes. Pendant des années, la mère avait réussi, par sa seule volonté, l'impossible pour maintenir debout sa famille.

En Quart Monde, toutes les mères font l'impossible, comme le fit sans doute Marie en exil. Aucune ne peut avoir sa force et certaines craquent et restent cassées longtemps. Ce fut le cas pour madame Meulan qui vit bientôt ses enfants partir au « Dépôt » de l'Aide Sociale à l'Enfance. La plupart résistent et celles qui lâchent, se reprennent par des efforts toujours renouvelés pour remonter la pente. Par des efforts tellement humbles, faute de moyens, qu'ils échappent à notre regard. En effet, qui s'aperçoit que, pour coucher les enfants, un vieux matelas défoncé a remplacé les chiffons ? Mais ces gestes n'échappent pas à la famille où les enfants, soudain, retournent en classe, alors que le père se remet à la recherche d'un emploi. La différence n'est pas dans le matelas mais dans la mère qui a repris la lutte. Le proche voisinage lui non plus n'est pas aveugle. Une femme qui abandonne ou qui reprend le dessus, cela se remarque. Toute la dynamique sociale, dans les zones de misère autour de nos villes occidentales, est entretenue par les femmes. Alors, quand la voisine est debout de bonne heure, à allumer le poêle, on a un peu plus de courage soi-même.

Mères de famille du courage, portant sur leurs maigres épaules un peuple du courage, elles me paraissent tellement faites pour rencontrer Marie. Elles ont vécu tant d'insécurités et d'abandons. Elles pressentent l'angoisse de la Vierge. Elles ont tant refusé l'injustice et l'indignité. Elles reconnaissent d'emblée les gestes, les signes de ce refus dans la vie d'autres femmes. Je suis toujours ému en assistant à des rencontres ou des rassemblements de familles démunies de différents pays. Des hommes et des femmes séparés par la barrière de la langue se regardent et communiquent. Les femmes surtout se montrent fières et heureuses, se rangent sans hésiter autour d'une table, parlent de leurs aspirations et problèmes sans réticence. « Avec ces familles de Londres, on a tout de suite fraternisé », dit une mère de famille wallonne. — « Fraternisé ? vous avez donc pu parler ensemble ? » — « Oh, pour parler, pour ce qu'elles voulaient dire, on a su après, avec la traduction. Mais ces femmes, on a vu aussitôt que c'était des femmes bien. »

Parmi les plus pauvres, les femmes surtout ont un langage mystérieux entre elles, fait de signes : une façon de se tenir, une manière de se vêtir quand on n'a pour s'habiller que les vêtements usagés d'un vestiaire, trop larges ou trop serrés. Il y a des manières presque imperceptibles de les porter dans la dignité. Et il y a la façon de regarder l'autre sans s'étonner, le geste souvent inachevé d'avancer un siège : venez, asseyez-vous... Gestes et regards rarement rencontrés ailleurs, au-dehors du milieu. Même à l'Église, lors d'un baptême ou d'une communion, les fidèles posent sur vous des yeux étonnés et gardent leurs distances. Ainsi, quand les familles très pauvres se rencontrent, les visages et les corps sont ceux de la misère, mais la tenue et les gestes sont ceux du refus de l'injustice. Refus opiniâtre mais pas toujours efficace, le résultat pas toujours probant, l'étranger au milieu ignore la passion de justice habitant ces femmes. Il ne voit pas qu'elles suivent, sans trop le savoir, Marie. Il les trouve « très énervées » et, s'il est médecin, il leur prescrit des tranquillisants. Dans toutes les cités sous-prolétariennes de France et d'Europe est ainsi endormie la volonté des femmes de refuser, de lutter. Mais elles se reconnaissent entre elles et elles sont éminemment capables de reconnaître Marie. Elles devinent l'intensité sans pareille de sa passion, de son partage du destin angoissant de son peuple. Plus que d'autres, elle se fit servante, toujours à la tâche librement choisie. Plus que d'autres, elle fut fidèle au Dieu de la Bible et en paya le prix. Alors, « il est normal que Dieu l'ait aimée plus que d'autres », dit une jeune mère hollandaise.

Ainsi pour ces femmes démunies, la majesté de la Vierge s'enracina dans la réalité de l'existence. Le choix de Dieu ne fut pas arbitraire, il se fonda dans une « histoire vraie ». Marie porta activement l'espérance du peuple juif et de ses justes. Juste, elle fut du côté des pauvres, certes, mais surtout du côté des justes. Elle réunit en elle la pauvreté, la foi, la sagesse et l'histoire des ancêtres. Dans sa vie, elle plaça les pauvres au centre de sa foi et elle les situa aussi au centre de l'histoire du peuple tout entier. Leur libération serait le signe que le peuple tout entier aurait retrouvé la bonté du Tout-Puissant. Pour les familles du Quart Monde, la Vierge n'est pas seulement médiatrice entre les hommes et Dieu. Elle crée aussi la justice et donc la concorde entre les hommes. C'était le dessein de Dieu évidemment. Mais les femmes du Quart Monde sont heureuses de découvrir ce dessein dans la Vierge les plaçant au cœur de toute l'humanité. Elle ne les mit pas à part, ne les fit pas se dresser contre d'autres femmes. Elle leur apporta ce dont elles étaient assoiffées : l'honneur dans la paix. « Elle nous honore », disent les femmes et nous ne terminons jamais la Messe sans prier « Notre Dame de ceux qui ne sont rien, Notre Dame de ceux qui ne peuvent rien, Notre Dame de tout le monde, Notre Dame de toute gloire. » « Si elle a pardonné, disait l'une d'elles, c'est que tout le monde peut pardonner. »

La vie de Marie, une médiation constante : c'est ainsi que nous la voyons se dérouler dans l'Évangile. Elle continue de voyager vers Jérusalem, à la Pâque. Avec Joseph, elle demeure parfaitement partie prenante d'une existence où pauvres, misérables et nantis, justes et moins justes, détenteurs de connaissances et détenteurs du pouvoir se confondent. Zachée sur le sycomore, Nicodème, les prêtres hostiles et les mendiants aveugles sont tous mélangés. Quitter les uns serait quitter les autres, la Sainte Famille ne peut pas prendre le maquis. Elle doit se tenir au milieu du brassage d'hommes. Il sera d'autant plus difficile à Marie de vivre sa passion des humbles, et de la faire partager toujours plus à Jésus et Joseph. À Nazareth, sur la route de Jérusalem, elle porte en elle le Magnificat. Mais où est la victoire ? Sous ses yeux se trouvent des hommes affamés, bordant le chemin vers la vigne, désespérés de voir passer la onzième heure sans être appelés à travailler. Tous les ans, ils sont un peu plus nombreux, un peu plus épuisés.

Au Temple, la Vierge apporte son inaltérable respect du sacerdoce. Pour elle, le sacerdoce est affaire de Dieu. Elle ne confond pas comme nous le sacerdoce institué par Dieu et la faiblesse des hommes appelés à l'assumer. S'en détourner, le dénigrer, ce serait toucher au Christ, annuler sa venue dans le monde. Pourtant, Marie a sous les yeux des prêtres n'assumant pas leur mission de libérer les pauvres. Sans doute se tient-elle toujours parmi les femmes sacrifiant le minimum — « deux tourterelles » — , demeurant témoin du peu de cas fait d'elles ? Ainsi, Marie ne peut pas plus accepter le faux Dieu de Jérusalem, qu'elle ne peut se couper du Temple et rejoindre les zélotes. Comment fit-elle pour enseigner à Jésus que ne comptaient pas la splendeur des offices ni le nombre des agneaux égorgés, mais la prière dans le cœur des hommes ? Car j'imagine que cet enseignement vint à Jésus par Marie, elle-même dans l'impossibilité de prier son Seigneur, Sauveur des humbles, sinon au plus profond, au plus caché de son cœur.

Marie a-t-elle parfois flanché ? Cela est tout à fait impensable. Elle ne le pouvait pas pour Dieu et Son Fils. Elle ne le pouvait pas pour l'enfant à éduquer ni pour le mari. Mais alors, de quelle foi devait-elle être munie ! Cela aussi, les mères de famille sous-prolétaires le soupçonnent. Elles-mêmes ne réussissent pas à tenir loin d'elles la désespérance et l'amertume. La Vierge montre l'exemple et dans les cités du Quart Monde, elle apparaît plus admirable encore qu'ailleurs. Insondable mystère de son alliance avec Dieu, que cette foi et cette espérance jamais trouvées défaillantes. Comment fit-elle pour ne jamais faiblir, au fil de ses découvertes des cruelles réalités à assumer par le Christ, et par elle-même en voie de conséquence ? Dieu a placé sur sa route toutes les indications pour ne pas se tromper de chemin : l'accueil méprisant à Bethléem, la fuite en Égypte, les pleurs de Rachel... Ainsi, elle apprend pas à pas, afin d'apprendre à Jésus, la prophétie sur cet homme de douleur dont parle Isaïe. Prophétie gravée à tout jamais dans le cœur de l'Église, parce que Marie accepta de devenir sa mère, condamnée à la vivre avec son fils.

Qui donc a cru à ce que nous avons entendu dire ?
Le bras du Seigneur, en faveur de qui a-t-il été dévoilé ?
Devant Lui, celui-là végétait comme un rejet,
comme une racine sortant d'une terre aride.
Il n'avait ni aspect ni prestance tels que nous le remarquions,
ni apparence telle que nous le recherchions.
Il était méprisé, laissé de côté par les hommes,
homme de douleur, familier de la souffrance,
tel celui devant qui l'on cache son visage.
Oui, méprisé, nous ne l'estimions nullement.
En fait ce sont nos souffrances qu'il a portées,

ce sont nos douleurs qu'il a supportées,
et nous, nous l'estimions touché,
frappé par Dieu et humilié.
Mais lui, il était déshonoré à cause de nos révoltes,
broyé à cause de nos perversités :
la sanction, gage de paix pour nous, était sur lui
et dans ses plaies se trouvait notre guérison.
Nous tous, comme du petit bétail, nous étions errants,
nous nous tournions chacun vers son chemin,
et le Seigneur a fait retomber sur lui
la perversité de nous tous.
Brutalisé, il s'humilie ;
il n'ouvre pas la bouche,
comme un agneau traîné à l'abattoir,
comme une brebis devant ceux qui la tondent :
elle est muette ; lui n'ouvre pas la bouche.
Sous la contrainte,
sous le jugement il a été enlevé,
les gens de sa génération,
qui se préoccupe d'eux ?
Oui, il a été retranché de la terre des vivants,
à cause de la révolte de son peuple, le coup est sur lui.
On a mis chez les méchants son sépulcre,
chez les riches son tombeau,
bien qu'il n'ait pas commis de violence
et qu'il n'y eût pas de fraude dans sa bouche.
Mais, Seigneur,
que broyé par la souffrance il te plaise ;
daigne faire de sa personne un sacrifice d'expiation,
qu'il voie une descendance,

qu'il prolonge ses jours
et que le bon plaisir du Seigneur par sa main aboutisse.
Ayant payé de sa personne,
il verra une descendance, il sera comblé de jours ;
sitôt connu, juste, il dispensera la justice, lui, mon Serviteur, au profit des foules, du fait que lui-même supporte leurs perversités.
Dès lors, je lui taillerai sa part dans les foules,
et c'est avec des myriades
qu'il constituera sa part de butin,
puisqu'il s'est dépouillé lui-même jusqu'à la mort
et qu'avec les pécheurs il s'est laissé recenser,
puisqu'il a porté, lui, les fautes des foules
et que, pour les pécheurs, il vient s'interposer.

(Isaïe 53)

« Brutalisé, il s'humilie... Seigneur, que broyé par la souffrance il te plaise... » Autre chose sont les mots, autre chose est de les vivre, étant sa mère. Marie a passé sa vie à s'affermir et à conforter Jésus, pressentant les menaces mais ne sachant pas quand ni comment elles allaient devenir une terrible et inconcevable réalité. Et quand la vie parfois semblait s'aplanir un peu et qu'elle voyait Jésus « progresser en faveur auprès de Dieu et auprès des hommes », sans doute fut-elle prise d'un espoir fou. Peut-être les choses se passeraient-elles de façon moins atroce, puisque Dieu et les hommes étaient bons ? De voir Jésus dans la foule guérir les plus malheureux en les déclarant sauvés, quelle merveille ! Voilà le Christ vivant pleinement l'amour des humbles qu'elle-même lui a inculqué. Mais désormais, Dieu ne cessera plus d'envoyer des signes : prépare-toi ; l'issue fatale est inéluctable. Dieu lui-même la prépare, la faisant vivre tout le lent déroulement : la joie des pauvres toujours suivie de la jalousie et de la vengeance des puissants. De refus en délation, de délation en condamnation, ceux-ci complotent sa chute. Découverte désarçonnante ; même les justes ne le défendront pas. Il n'est pas celui qu'ils attendaient pour délivrer leur peuple, sa manière est vraiment trop déconcertante. De crainte en angoisse en certitude, Marie n'en finit pas de se convertir à la volonté de Dieu. Même Joseph ne peut plus l'aider et vient le jour accablant où elle entend ces paroles du seul appui qui lui reste parmi les hommes : « Qui est ma mère ? » Même Jésus ne lui appartient plus, elle est seule et, comme Rachel, elle ne peut être consolée.

L'arrivée triomphale du Christ devant Jérusalem ne pouvait plus faire illusion à sa mère. Pour elle, cela ne devait être qu'un court instant de répit. « Béni soit au nom du Seigneur celui qui vient. » Une dernière assurance de Dieu pourtant aussi : « Ne crains rien, il est roi, je tiendrai parole. » Mais Marie sait désormais que rien de la prophétie d'Isaïe ne sera épargné à son fils ni à elle-même. Elle doit vivre le calvaire, elle aussi, jusqu'au bout, ses pieds la portant, elle aussi, vers Golgotha. « Je suis toujours ta servante, Seigneur. Pourquoi m'as-tu abandonnée ? » C'étaient les paroles mêmes de son fils sur la Croix. Que pouvaient être les siennes, montant vers Golgotha ? Au pied de la Croix, la mère du Christ s'est, elle aussi, abîmée dans la mort. Avec son fils, elle avait compris, pas à pas, que la souffrance totale était le refus total de l'injustice. Le Christ avait avancé cette souffrance comme seule arme contre le péché, l'oppression et la misère. Elle-même, sans encore savoir la conséquence ultime, lui avait appris que la souffrance d'être ignoré, méprisé et rejeté, n'avait pas entamé le peuple d'Israël. Au contraire, elle lui avait donné sa force contre les oppresseurs. De même, Marie, toute sa vie, n'avait cessé d'être cette femme de la lignée de David, forte et se confortant encore dans l'adversité. Ainsi, elle put apporter au pied de la Croix tout le poids des adversités de son peuple et du monde : la faim, la maladie, la misère, la haine. De toute l'humanité souffrante, elle n'était pas seulement le signe mais la réalité. Et pour toute cette humanité, elle offrit à Dieu sa propre souffrance totale, la coupe bue jusqu'à la lie. Elle n'avait plus rien à offrir que sa propre vie conduite jusqu'à la douleur extrême.

C'est pourquoi le Christ put lui dire : « Femme, voici ton fils », puis dire à Jean : « Voici ta mère. » Sur la croix, grâce à Marie, le Christ fonda l'Église. Jean et Marie à ses pieds, comment en douter, étaient l'Église. Lui-même, cloué à la Croix entre les deux larrons témoins de sa condition : esclave et Fils de Dieu, était l'Église. Au-dessus de sa tête, l'écriteau « Roi des Juifs », à ses pieds Marie offrant sa vie de douleur et Jean son disciple qui l'aime, l'Église ne se dressait-elle pas sur le Golgotha, humiliée et meurtrie ? L'Église se dressera ainsi au centre du monde pour les temps des temps.

La mort du Sauveur, L'Eucharistie, le non parfait et intégral à l'absence d'amour, l'oppression et la misère, Marie y a participé en premier et totalement. Le Christ, en donnant son corps en nourriture, ne pose aucune condition sinon celle de croire qu'à chaque fois, il s'engage lui-même à travers les siècles à ce que les hommes partagent. A ce qu'ils partagent le même repas, le même festin, la même joie, un seul et même amour qui renverse l'ordre du monde, car les plus pauvres sont rassasiés. Marie a cru, au point d'offrir sa vie, elle aussi. Ayant accompli sa tâche, elle reste à tout jamais la Mère de Dieu. Reine des Cieux, mais aussi Mère de l'Église sur terre. Mère de l'Église désormais persécutée pour glorifier le Christ misérable ressuscité. Mère des plus pauvres depuis le début et pour l'éternité.

TABLE DES MATIÈRES

DÉJÀ PARUS AUX ÉDITIONS cana

Collection « Des idées, des hommes »

A.C.A.T., Chrétiens contre la torture
Hervé BOURGES, Décoloniser l'information
Jean-Pierre CHEVÈNEMENT, Être socialiste aujourd'hui
Gérard DEFOIS, Jonas ou l'insurrection de Dieu
Marie-Paule DÉFOSSEZ & MEDICUS MUNDI, Un nouveau combat pour la santé
Raphaël GUÉRIN, Le cœur au travail
Marielene LEIST, Dis, pourquoi la mort ? (des enfants interrogent...)
Pascal PERCQ & Jean-Michel STIÉVENARD, Villeneuve d'Ascq : Une ville est née
Yehoshua RASH, Catholiques de France, un Israélien vous parle
U.C.I.P., Pour une société de communication

Collection « Mémoire vivante »

Tito de ALENCAR, Alors les pierres crieront
Michel BAVAREL, Chrétiens du bout du monde
Bill COLEMAN, Trumpet story
Paul HOUÉE, Les chemins creux de l'espérance
Lucie LICHERI, Que vos actes parlent Jésus-Christ
Jean OFFREDO, Jerzy TUROWICZ, Tadeusz MAZOWIECKI et autres, Nous chrétiens de Pologne
Wanda PRZYBYLSKA, Le journal de Wanda
Andrzej WAJDA, Entretiens avec Jean-Luc DOUIN
John LITTLETON, Chanter l'amour, crier l'espoir
André LENDGER, Le cloître des sans visage

Collection « L'histoire à la une »

Aline COUTROT, « Sept », un journal, un combat
Mona OZOUF, L'École, l'Église et la République
René RÉMOND, Les catholiques dans la France des années 30
Stefan WILKANOWICZ et la rédaction de ZNAK, Pologne, année 39.

Collection « Rencontre »

Dominique GAUTHIEZ, Jean ROUS, Un homme de l'ombre
Miguel Angel ESTRELLA, Musique pour l'Espérance (Entretiens avec Jean Lacouture)

Collection « Foi et Histoire »

Yvan DANIEL, La religion est perdue à Paris
Cardinal L.-E. DUVAL, Au nom de la vérité (Algérie 1954-1962)
André NOZIÈRE, Algérie : les chrétiens dans la guerre (1954-1962)

Collection « L'Évangile lu par... »

Xavier de CHALENDAR, L'Évangile lu par...
Michel DUBOST, Se battre avec Dieu
Pierre TALEC, Dieu la nuit
Georges WIERUSZ KOWALSKI, La route qui nous change
Maurice DELEFORGE, Vers la vérité toute entière

Collection « Prières pour aujourd'hui »

Alain de la MORANDAIS, Aux quatre vents de l'Esprit
André DUMAS, Cent prières possibles
Janusz KORCZAK, Seul à seul avec Dieu
Jean-Jacques LAUDE, Prières en liberté
Roman BRANDSTAETTER, Je chante mon Christ

Hors Collection

Jean OFFREDO, Lech Walesa
Jean OFFREDO, Jean-Paul II en Pologne
Guy SUARÈS, Veilleur, où en est la nuit ? Lettres imaginaires entre trois fils d'Abraham
Béchir BOUMAZA, Ni Emir ni Ayatollah, le monde arabe et musulman à l'épreuve du conflit Iraq-Iran

Coédition avec les Éditions du *Cerf*

Karol WOJTYLA, Poèmes
Karol WOJTYLA, La boutique de l'orfèvre (théâtre)
Karol WOJTYLA, Frère de notre Dieu (théâtre), suivi d'Écrits sur le théâtre
JEAN-PAUL II, Le travail humain (lettre encyclique).

Achevé d'imprimer le 5 avril 1985
sur les presses de l'imprimerie Jugain à Alençon (Orne)
Dépôt légal : avril 1985

Imprimé en France
2e édition - 10e mille